高等职业教育"十四五"规划旅游大类精品教材
专家指导委员会、编委会

专家指导委员会

总顾问　王昆欣
顾　问　文广轩　李　丽　魏　凯　李　欢

编委会

编　委（排名不分先后）

李　俊	陈佳平	李　淼	程杰晟	舒伯阳	王　楠	白　露
杨　琼	许昌斌	陈　怡	朱　晔	李亚男	许　萍	贾玉芳
温　燕	胡扬帆	李玉华	王新平	韩国华	刘正华	赖素贞
曾　咪	焦云宏	庞　馨	聂晓茜	黄　昕	张俊刚	王　虹
刘雁琪	宋斐红	陈　瑶	李智贤	谢　璐	郭　峻	边喜英
丁　洁	李建民	李德美	李海英	张　晶	程　彬	林　东
崔筱力	李晓雯	张清影	黄宇方	李　心	周富广	曾鸿燕
高　媛	李　好	乔海燕	索　虹	安胜强	刘翠萍	

高等职业教育"十四五"规划旅游大类精品教材

总顾问 ◎ 王昆欣

旅游政策与法规

Tourism Policy and Regulation

主　编◎高　媛　索　虹
副主编◎乔海燕　张芳蕊　李诗佳
　　　　朱　茜
参　编◎周晓斐　杨惟萱　李路遥
　　　　杨　琴　栗书河

华中科技大学出版社
http://press.hust.edu.cn
中国·武汉

内 容 提 要

本书为国家级导游专业教学资源库标准化课程和河北省高等职业教育创新发展行动计划职业教育精品在线开放课程"旅游法规实务"的配套教材。本书由企业专家和5所院校的骨干教师联合编写，符合国家优质核心教材编写要求，遵循国家导游资格考试大纲，紧扣思政要点，精心设计十大章节。教材内容动态更新，全面且系统地涵盖了我国旅游业及其新兴业态所涉及的最新的法律法规，符合产业发展趋势和职业岗位要求。本书既可作为各类院校旅游相关专业的教材，也可供广大旅游从业人员学习参考。

图书在版编目(CIP)数据

旅游政策与法规 / 高媛，索虹主编 . -- 武汉：华中科技大学出版社，2025.1. --（高等职业教育"十四五"规划旅游大类精品教材）. -- ISBN 978-7-5772-1690-4

Ⅰ . F592.0；D922.296

中国国家版本馆CIP数据核字第2025RL5392号

旅游政策与法规　　　　　　　　　　　　　　　　　　　　　　　　　高　媛　索　虹　主编
Lüyou Zhengce yu Fagui

总 策 划：李　欢
策划编辑：王　乾
责任编辑：王梦嫣
封面设计：原色设计
责任校对：张会军
责任监印：周治超

出版发行：华中科技大学出版社（中国·武汉）　　　电话：(027)81321913
　　　　　武汉市东湖新技术开发区华工科技园　　　邮编：430223
录　　排：孙雅丽
印　　刷：武汉科源印刷设计有限公司
开　　本：787mm×1092mm　1/16
印　　张：16.25
字　　数：341千字
版　　次：2025年1月第1版第1次印刷
定　　价：49.80元

本书若有印装质量问题，请向出版社营销中心调换
全国免费服务热线：400-6679-118　　竭诚为您服务
版权所有　　侵权必究

总序

习近平总书记在党的二十大报告中深刻指出,要"统筹职业教育、高等教育、继续教育协同创新,推进职普融通、产教融合、科教融汇,优化职业教育类型定位","实施科教兴国战略,强化现代化建设人才支撑","要坚持教育优先发展、科技自立自强、人才引领驱动","开辟发展新领域新赛道,不断塑造发展新动能新优势","坚持以文塑旅、以旅彰文,推进文化和旅游深度融合发展",这为职业教育发展提供了根本指引,也有力地提振了旅游职业教育发展的信念。

2021年,教育部立足增强职业教育适应性,体现职业教育人才培养定位,发布了《职业教育专业目录(2021年)》,2022年,又发布了新版《职业教育专业简介》,全面更新了职业面向、拓展了能力要求、优化了课程体系。因此,出版一套以旅游职业教育立德树人为导向、融入党的二十大精神、匹配核心课程和职业能力进阶要求的高水准教材成为我国旅游职业教育和人才培养的迫切需要。

基于此,在全国有关旅游职业院校的大力支持和指导下,教育部直属大学出版社——华中科技大学出版社,在党的二十大精神的指引下,主动创新出版理念、改进方式方法,汇聚一大批国内高水平旅游院校的国家教学名师、全国旅游职业教育教学指导委员会委员、全国餐饮职业教育教学指导委员会委员、资深教授及中青年旅游学科带头人,编撰出版"高等职业教育'十四五'规划旅游大类精品教材"。本套教材具有以下特点:

一、全面融入党的二十大精神,落实立德树人根本任务

党的二十大报告中强调:"坚持和加强党的全面领导。"坚持党的领导是中国特色职业教育最本质的特征,是新时代中国特色社会主义教育事业高质量发展的根本保证。因此,本套教材在编写过程中注重提高政治站位,全面贯彻党的教育方针,"润物细无声"地融入中华优秀传统文化和现代化发展新成就,将正确的政治方向和价值导向作为本套教材的顶层设计并贯彻

到具体项目任务和教学资源中,不仅培养学生的专业素养,还注重引导学生坚定理想信念、厚植爱国情怀、加强品德修养,以期落实"立德树人"这一教育的根本任务。

二、基于新版专业简介和专业标准编写,权威性与时代适应性兼具

教育部2022年发布新版《职业教育专业简介》后,华中科技大学出版社特邀我担任总顾问,同时邀请了全国近百所职业院校知名教授、学科带头人和一线骨干教师,以及旅游行业专家成立编委会,对标新版专业简介,面向专业数字化转型要求,对教材书目进行科学全面的梳理。例如,邀请职业教育国家级专业教学资源库建设单位课程负责人担任主编,编写《景区服务与管理》《中国传统建筑文化》及《旅游商品创意》(活页式);《旅游概论》《旅游规划实务》等教材为教育部授予的职业教育国家在线精品课程的配套教材;《旅游大数据分析与应用》等教材则获批省级规划教材。经过各位编委的努力,最终形成本套"高等职业教育'十四五'规划旅游大类精品教材"。

三、完整的配套教学资源,打造立体化互动教材

华中科技大学出版社为本套教材建设了内容全面的线上课程资源服务平台:在横向资源配套上,提供全系列教学计划书、教学课件、习题库、案例库、参考答案、教学视频等配套教学资源;在纵向资源开发上,构建了覆盖课程开发、习题管理、学生评论、班级管理等集开发、使用、管理、评价于一体的教学生态链,打造了线上线下、课内课外的新形态立体化互动教材。

本套教材既可以作为职业教育旅游大类相关专业教学用书,也可以作为职业本科旅游类专业教育的参考用书,同时,可以作为工具书供从事旅游类相关工作的企事业单位人员借鉴与参考。

在旅游职业教育发展的新时代,主编出版一套高质量的规划教材是一项重要的教学质量工程,更是一份重要的责任。本套教材在组织策划及编写出版过程中,得到了全国广大院校旅游教育教学专家教授、企业精英,以及华中科技大学出版社的大力支持,在此一并致谢!

衷心希望本套教材能够为全国职业院校的旅游学界、业界和对旅游知识充满渴望的社会大众带来真正的精神和知识营养,为我国旅游教育教材建设贡献力量。也希望并诚挚邀请更多旅游院校的学者加入我们的编者和读者队伍,为进一步促进旅游职业教育发展贡献力量。

王昆欣

世界旅游联盟(WTA)研究院首席研究员

高等职业教育"十四五"规划旅游大类精品教材总顾问

近年来,随着城乡居民生活水平不断提高,居民文化和旅游消费需求持续扩大。文化和旅游在满足人民群众对美好生活向往方面的作用日益凸显。一方面,文化和旅游业蓬勃发展;另一方面,文旅市场出现的价格欺诈、非法经营、虚假宣传、强迫消费等违法违规行为严重扰乱了市场秩序,侵害了消费者的合法权益。

党中央、国务院对旅游业发展高度关注。建设文化强国、推动文化和旅游高质量发展,是以习近平同志为核心的党中央作出的重大战略决策,党的二十大针对这一决策进行了全面部署。为规范文化和旅游市场秩序,弘扬中国特色社会主义先进文化,保障旅游者和旅游经营者的合法权益,促进文化和旅游市场高质量发展,国家陆续出台了《中华人民共和国旅游法》《旅行社条例》等一系列法律、行政法规、部门规章及司法解释,以适应旅游市场的新形势与新需求,为"法治+文旅"深度融合,以及文化和旅游高质量发展提供坚实法治保障。本书在此背景下应运而生。

本书根据目前教育改革对教材的要求进行编写,具有以下几个特点。

1.立德树人,强化价值塑造

为学习贯彻习近平新时代中国特色社会主义思想,并坚定落实立德树人的根本教育使命,本书巧妙且有机地融入了丰富的思政元素,旨在全方位提升学生的综合素养。每章开篇,我们设立了"素养目标",为学生勾勒出本章培养的核心能力与价值观导向,且在书中穿插"慎思笃行"与"知行合一"两大特色板块。"慎思笃行"板块旨在激发学生的深度思考,培养其严谨的逻辑思维与法律意识;"知行合一"板块则鼓励学生将所学理论知识与实际行动相结合,促进理论与实践的深度融合,从而在潜移默化中强化学生的旅游法律意识,并引导学生树立正确的世界观、人生观和价值观,促进其全面发展与成长。

2. 双元开发，典型案例引领

本书由5所院校的骨干教师和企业专家携手合作，实现双元开发。编写团队阵容强大，实力雄厚。同时，本书匠心独运，在每一章的开篇都引入了业界典型案例，旨在以鲜活的实例为引，通过启发性提问，点燃学生思维的火花，有效激发其探索欲与学习兴趣，符合职业院校学生的认知特点和学习规律。针对那些既是核心内容又易引发法律争议的理论要点，书中不仅进行了深入浅出的阐释，还特意穿插了"同步案例"和"点评"，力求通过实例剖析，加深学生对知识点的理解与记忆。书中还巧妙地设计了"案例分析"，鼓励学生运用所学知识，自主剖析案例，从而在实践中巩固新知，实现知识的内化与提升。全书融入了丰富多样的案例资源，其中不乏法院权威判例及旅游行政部门处理的真实案例，这些案例不仅贴近实际，还蕴含深刻的指导意义，为学生搭建起一座从理论到实践的坚实桥梁。

3. 动态更新，融入新业态完善知识体系

本书精心规划为十章，全面而系统地涵盖了我国旅游业及其新兴业态所涉及的法律法规，特别强调知识的基础性、全面性与普遍性。在内容编排上，本书紧密贴合导游人员资格考试大纲的核心要求，并及时追踪法律动态，融入了最新的法律法规，旨在第一时间将我国旅游法治建设的最新进展与成就呈现给广大读者。本书力求成为一本广泛适用的工具书，既满足旅游从业人员的专业需求，又兼顾学生群体的学习需求，同时助力考生备考，实现全方位覆盖与适用。

本书的编写思路、结构等得到了教育部全国旅游职业教育教学指导委员会委员、浙江旅游职业学院王昆欣教授的指导。秦皇岛职业技术学院高媛、索虹担任主编，构建了本书的整体思路和框架，对全书内容、数字资源进行了统稿、定稿和补充修改工作，并组织了行业、企业专家进行论证，使本书适用于模块化、案例式的多元教学。本书编写分工具体如下：秦皇岛职业技术学院高媛、李路遥编写了第一章，索虹编写了第二章、第五章第三节及第八章第三节，张芳蕊编写了第四章；嘉兴职业技术学院乔海燕、周晓斐编写了第三章；贵州经贸职业技术学院杨惟萱编写了第五章第一、二节和第九章；四川职业技术学院李诗佳、杨琴编写了第六章和第七章；长沙商贸旅游职业技术学院朱茜编写了第八章第一、二、四、五、六节和第十章。全国院校旅游专业课程建设共享联盟副理事长、资深旅游行业专家栗书河担任顾问指导。感谢本书所参阅、引用的信息和资料的作者所给予的理解和支持，感谢华中科技大学出版社旅游分社王乾编辑为本书出版作出的贡献。

由于编者水平有限，书中难免存在不足之处，真诚地欢迎各位读者和有关专家、学者批评指正，在此表示衷心的感谢。

编　者
2024年

第一章 依法治"旅","游"法可依
——旅游法概述

第一节　旅游法律法规体系概述　　003

第二节　旅游新业态法律法规　　007

第三节　旅游法基础知识　　013

第二章 合同保障,权益分明
——旅游服务合同法律法规制度

第一节　旅游服务合同及包价旅游合同的订立、转让、解除　　028

第二节　旅游合同的履行和违约责任　　036

第三章 守法经营,信誉至上
——旅行社法律制度

第一节　旅行社管理法律制度　　045

第二节　旅行社经营规则　　060

第三节　在线旅游经营服务管理法律制度　　075

第四节　旅游责任保险法律制度　　081

第四章 服务守则,底线不越
——导游管理法律法规制度

　　第一节　导游执业管理制度　　089

　　第二节　导游的权利、职责与义务　　097

第五章 权义并重,文明同行
——旅游者与消费者法律法规制度

　　第一节　旅游者的权利与义务　　108

　　第二节　旅游不文明行为记录管理与治安管理相关法律制度　　112

　　第三节　消费者权益保护法律制度　　118

第六章 出入有序,通途有法
——出入境与交通法律法规制度

　　第一节　出入境法律制度　　132

　　第二节　交通管理法律制度　　143

第七章 食安乐居,法度为先
——食品安全、娱乐场所、住宿业法律法规制度

　　第一节　食品安全法律制度　　158

　　第二节　娱乐场所管理法律制度　　166

　　第三节　住宿业法律法规制度　　172

第八章 资源保护,文遗共守
——旅游资源管理法律法规制度

　　第一节　风景名胜区法律制度　　186

第二节　自然保护区法律制度　　　　　　　　　　191

第三节　文物保护法律制度　　　　　　　　　　　195

第四节　博物馆管理法律制度　　　　　　　　　　199

第五节　非物质文化遗产保护法律制度　　　　　　204

第六节　保护世界遗产、非物质文化遗产公约　　　208

第九章　无危则安，无损则全
——旅游安全法律法规制度

第一节　旅游安全及旅游经营者安全责任　　　　　215

第二节　旅游突发事件应急处理　　　　　　　　　221

第三节　旅游目的地安全风险提示制度　　　　　　225

第十章　纠纷化解，法治为基
——解决旅游纠纷的相关法律法规制度

第一节　旅游投诉受理与处理制度　　　　　　　　230

第二节　审理旅游纠纷案件适用法律的规定　　　　236

参考文献　　　　　　　　　　　　　　　　　　244

第一章
依法治"旅","游"法可依
——旅游法概述

本章概要

　　旅游业作为一个跨越多领域的综合性行业,其运作与发展自然伴随着复杂的法律框架。在我国,这一体系的核心基石是《中华人民共和国旅游法》,此外,为了更加全面、细致地规范旅游市场的各个环节,国家还制定了一系列与旅游紧密相关的法律、行政法规及部门规章等,这些法律文件相互补充、协同作用,共同构建了一个系统而完善的旅游法律规范体系。本章主要介绍旅游法的基础知识和旅游法律规范体系,从而为后面的学习奠定基础。

学习目标

知识目标

(1) 了解《中华人民共和国旅游法》的框架、旅游法律关系及旅游新业态法律法规的内容。
(2) 熟悉《中华人民共和国旅游法》关于总则、旅游规划和促进的内容。
(3) 掌握旅游经营及旅游监督管理的内容。

能力目标

(1) 能够深入理解《中华人民共和国旅游法》及相关法律法规的主要内容,能够将法律条文与具体旅游实践相结合,准确判断旅游活动中的法律关系和法律责任。
(2) 提升学生解决旅游法律纠纷的能力,包括进行应急处理、提出有效的解决方案、协调各方利益等。

素养目标

(1) 培养学生的法律意识,使学生能够在旅游活动中自觉遵守法律、维护法律尊严、尊重法律权威。

（2）强调旅游从业人员的职业道德规范，如诚信经营、尊重游客等，培养学生的职业道德观。

（3）培养学生跨文化的沟通与协作能力，使其能够理解和尊重不同文化背景下的旅游需求和行为习惯，能够在多元文化环境中与不同背景的人共同工作，实现共同目标。

知识导图

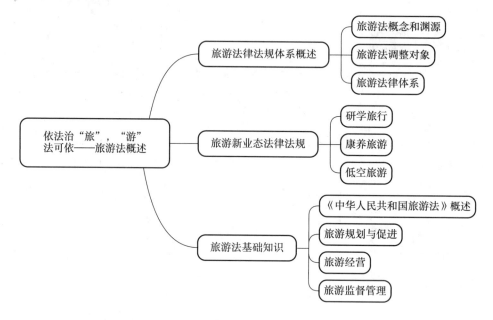

章节要点

旅游法、旅游法律关系、旅游新业态、旅游规划、旅游经营、旅游监督管理。

章首案例

学生研学时受伤，各方如何担责？

某学校与某旅行社签订了研学旅行合同。合同约定：学校负责从交通、饮食等方面，对学生进行有针对性的安全教育，协助旅行社进行监督管理。研学期间，旅行社负责提供交通、餐饮、门票等服务，负责制定完整的安全预案，负责整个研学过程中的安全教育和管理工作。

学生朱某参加了此次研学旅行，在景区及旅行社工作人员的带领下，游览了某森林公园。下山途中，由于带队的旅行社工作人员未能控制好团队行进速度，也未对学生尽到安全告知、警示等义务,导致朱某在赶路过程中,不慎踩空台阶摔伤。旅行社工作人员对其进行了紧急处理,并于当日下午将其送至医院治疗。经诊断,朱某的伤情为脾破裂、右外踝撕脱骨折。朱某将学校、旅行社及景区起诉至法院,要求三方共同承担赔偿责任。

(资料来源:《中国旅游报》)

思考:

在此案例中,研学旅行的参与方(学校、旅行社、景区、学生本人)都应该承担什么样的责任呢?

案例分析

1-1

第一节 旅游法律法规体系概述

一、旅游法概念和渊源

(一)旅游法概念

广义的旅游法是指调整旅游活动领域中各种社会关系的法律规范的总称。广义的旅游法包括狭义的旅游法(即《中华人民共和国旅游法》),以及其他调整旅游活动领域社会关系的法律法规等规范性文件。这些法律规范规定了旅游业各主体的权利、义务及法律责任,为旅游业的健康发展创设了一套完整的法律秩序。

(二)旅游法渊源

旅游法渊源是指旅游法律规范的制定和表现形式。在我国,旅游法主要包括以下法律规范。

1. 宪法

我国宪法由全国人民代表大会制定。宪法以法律的形式确认了中国各族人民奋斗的成果,规定了国家的根本制度和根本任务,是国家的根本法,具有最高的法律效力。一切法律、行政法规和地方性法规都不得同宪法相抵触。

2. 法律

我国法律由全国人民代表大会及其常务委员会依照立法程序制定,由国家主席签署主席令予以公布。其法律效力仅次于宪法,一般以"法"称谓。和旅游业相关的法律有《中华人民共和国民法典》《中华人民共和国旅游法》《中华人民共和国消费者权益保护法》《中华人民共和国食品安全法》《中华人民共和国文物保护法》《中华人民共和国海关法》《中华人民共和国护照法》《中华人民共和国出境入境管理法》《中华人民共和国治安管理处罚法》《中华人民共和国突发事件应对法》《中华人民共和国保险法》《中华人民共和国非物质文化遗产法》《中华人民共和国民用航空法》《中华人民共和国铁路法》《中华人民共和国公路法》《中华人民共和国刑法》《中华人民共和国反不正当竞争法》《中华人民共和国环境保护法》等。

3. 行政法规

行政法规由国务院根据宪法和法律制定，并由国务院总理签署国务院令发布，其效力仅次于宪法和法律。行政法规一般由条例、办法、实施细则、规定等组成。和旅游业相关的行政法规有《旅行社条例》《导游人员管理条例》《旅馆业治安管理办法》《娱乐场所管理条例》《国内水路运输管理条例》《风景名胜区条例》《中华人民共和国自然保护区条例》《博物馆条例》《中华人民共和国消费者权益保护法实施条例》等。

4. 部门规章

部门规章是由国务院各部门（包括具有行政管理职能的直属机构）根据法律和国务院的行政法规、决定、命令，在本部门的权限范围内制定的，由部门首长签署命令予以公布。和旅游业相关的部门规章有《旅行社条例实施细则》《导游管理办法》《旅行社责任保险管理办法》《娱乐场所管理办法》《旅游安全管理办法》《旅游投诉处理办法》等。

5. 地方性法规、地方政府规章

地方性法规由省、自治区、直辖市的人民代表大会及其常务委员会制定，如《河北省旅游业管理条例》《山西省五台山文化景观保护条例》《贵州省食品安全条例》等；地方政府规章则由有地方立法权的地方人民政府制定，如《云南省旅馆业治安管理实施细则》《广东省民宿管理暂行办法》《山东省省级旅游度假区管理办法》等。这类法规仅限于其辖区内适用。

6. 我国缔结或参加的国际条约与协定

中国政府对外缔结或参加了大量政治、经贸、文化、卫生、科技等领域的双边、多边条约、协定，为深化中国与世界各国及国际组织的全方位合作、推进中国特色大国外交提供了坚实的法律保障。和旅游业相关的有《统一国际航空运输某些规则的公约》《保护世界文化和自然遗产公约》《濒危野生动植物种国际贸易公约》等。

二、旅游法调整对象

旅游法用于调整旅游活动中所产生的各种社会关系，这些关系主要包括以下几类。

（一）旅游行政管理部门与旅游经营者和旅游从业人员之间的关系

旅游行政管理部门与旅游经营者和旅游从业人员之间是一种纵向的关系。旅游行政管理部门除了制定、贯彻旅游业发展的方针、政策，还对旅游经营者的经营活动及旅游从业人员的服务负有管理、监督的责任，它与旅游经营者及旅游从业人员之间存

在着管理与被管理、服务与被服务、监督与被监督的关系。

(二)旅游经营者与旅游者之间的关系

旅游经营者与旅游者之间是一种横向的关系。参与关系的各主体之间的地位是平等的。主体间的关系一般以合同的形式确立,各主体在享有权利的同时承担相应的义务。

(三)旅游经营者之间的关系

旅游经营者之间是一种横向的关系。旅游者在旅游活动中的食、住、行、游、购、娱等服务需要各旅游企业相互协作、互相配合,形成一个旅游服务的整体,这样才能使游客的旅游活动顺利进行。主体间的关系一般以合同的形式确立,各主体在享有权利的同时承担相应的义务。

(四)旅游经营者内部的关系

旅游经营者内部的关系,是一种综合的关系,如旅行社总社与分社之间的关系、旅行社与员工之间的关系等。

(五)具有涉外因素的关系

具有涉外因素的关系主要包括外国旅游者和旅游经营者在中国的法律地位,中国旅游经营者与外国旅游经营者之间的关系,中外合资、合作旅游经营者中的中外双方的关系,外商独资旅游经营者与中国政府之间的关系等。这些关系一般由我国法律进行调整,但涉及我国加入的国际公约、条约及国际惯例除外。

三、旅游法律体系

旅游法律关系是指由旅游法律规范确认和调整的,在旅游活动中形成的,各方当事人享有的权利和承担的义务的关系。旅游活动中的社会关系是一个庞大的体系,只有经过旅游法律规范调整之后的社会关系,才具有法律的性质,才能构成法律关系。例如,旅游者一旦与酒店签订了住宿服务合同,旅游者与酒店之间便形成了旅游法律关系。

旅游法律关系由主体、客体及内容三个要素构成。其中任何一个要素发生改变,都必然会引起旅游法律关系的改变。

(一)旅游法律关系的主体

旅游法律关系的主体,是指在旅游法律关系中享有权利或承担义务的人。在旅游活动中,旅游法律关系的主体主要有以下两种类型。

1. 旅游法律关系的管理、监督主体

(1)旅游行政管理部门,包括国家和地方旅游行政管理部门,它们分别负责管理、监督全国和地方的旅游工作。

（2）根据法律的规定,在旅游法律关系中实行监督权的各级公安、物价、审计、税务、海关、园林、文物等部门。

2. 旅游法律关系的实施主体

（1）旅游经营者。

（2）旅游从业人员。

（3）旅游者,包括国内旅游者和国外旅游者。

（二）旅游法律关系的客体

旅游法律关系的客体,是指旅游法律关系主体之间的权利和义务所指向的对象,通常包括物、行为、智力成果等。

1. 物

物是指在旅游法律关系中可以作为财产权对象的物品或其他物质财富,如旅游消费品、旅游资源、旅游设施等,货币作为旅游费用的支付手段,也是旅游法律关系的客体。

2. 行为

行为是指在旅游法律关系中主体行使权利和履行义务的活动,如旅游服务、旅游管理等。

3. 智力成果

智力成果是指旅游法律关系主体在从事智力活动中所创造的成果,如旅游经营者的名称、标志、管理模式等。

（三）旅游法律关系的内容

旅游法律关系的内容,是指旅游法律关系主体依法享有的权利和承担的义务。

1. 旅游法律关系主体的权利

旅游法律关系主体的权利主要包括以下几个方面。

（1）旅游法律关系主体有权依法作出或不作出一定的行为。例如,旅游饭店有权依法拒绝携带危险品的客人进入饭店,旅行社有权依法拒绝旅游者不合理的要求。

（2）旅游法律关系主体有权要求另一方依法作出或不作出一定的行为。例如,旅游者有权要求旅行社按照约定的行程和标准提供服务;旅游者在饭店消费后,有权要求饭店提供票据。

（3）旅游法律关系主体的合法权益受到侵害时,有权要求国家机关依据法律,保护其合法权益。例如,旅游者因旅行社而受到的人身损害得不到赔偿时,有权要求国家机关保护自己的合法权益。

2. 旅游法律关系主体的义务

旅游法律关系主体的义务主要包括以下几个方面。

（1）旅游法律关系主体按照其权利享有人的要求作出一定的行为。例如，旅行社在收取旅游者支付的费用后，有义务按照约定的行程和标准为旅游者提供服务，不得擅自更改。

（2）旅游法律关系主体按照其权利享有人的要求，停止一定的行为。例如，当客人在客房内休息并表示不需要客房服务时，服务员不得随意进入客人的房间打扫卫生。

（3）旅游法律关系主体不履行或者不适当履行义务，将承担相应的法律责任。例如，旅游活动中因旅游经营者的责任发生重大事故，造成旅游者人身损害或财产损失，旅游经营者不仅要承担赔偿责任，还要受到法律的制裁。

第二节　旅游新业态法律法规

2019年政府工作报告中提出"发展全域旅游，壮大旅游产业"。国家与地方的政策支持、良好的经济环境、社会观念和社会结构的改变以及技术共同推动全域旅游。旅游产业的边界持续拓宽，通过"旅游＋"和"＋旅游"，促进旅游与文化、体育、农业、交通、商业、工业、航天等多领域深度交融。冰雪旅游、亲子旅游、乡村旅游、工业旅游、康养旅游、海洋旅游、低空旅游、研学旅行、夜经济等蓬勃兴起。国家也发布了一系列文件，为旅游新业态的发展提供了有力的政策支持。

一、研学旅行

自2016年11月，《教育部等11部门关于推进中小学生研学旅行的意见》发布后，"研学旅行"一词正式走进人们的视野。研学旅行是国家推进素质教育的重要内容，是校外综合实践教育活动，也是一种新型的文旅发展业态，为学生提供了开放、实践、互动的学习机会。

过去十年间，一系列关键政策的支持使得研学旅行成为教育旅游市场的热点，这些政策促进了研学旅行向规范化、精品化、体系化的方向发展。

（一）政策支持

2013年2月，国务院办公厅印发了《国民旅游休闲纲要（2013—2020年）》，提出了"逐步推行中小学生研学旅行"的设想，这是国家首次提出"研学旅行"的概念。

2014年7月，教育部发布了《中小学学生赴境外研学旅行活动指南（试行）》，这是我国第一份针对研学旅行的、细化的、可遵循的、可操作的措施性文件。它对行程安排、安全保障等提出了指导意见，规范了带队教师人数、教学内容占比等具体内容，为整个研学旅行活动奠定了行业基本标准和规则。

2014年8月,《国务院关于促进旅游业改革发展的若干意见》印发,该意见首次明确了研学旅行要纳入中小学生日常德育、美育、体育教育范畴,第一次明确了研学旅行自身的体系和框架,提出要建立小学阶段以乡土乡情研学为主、初中阶段以县情市情研学为主、高中阶段以省情国情研学为主的研学旅行体系,促进研学旅行制度进一步完善,建立基地,强化保障,推动研学旅行普及化、常态化。

2016年1月,国家旅游局(现文化和旅游部)下发了《关于公布首批"中国研学旅游目的地"和"全国研学旅游示范基地"的通知》,要求各研学旅游目的地和示范基地要进一步挖掘研学旅游资源,打造主题品牌,扩大其对青少年的政策优惠。

2016年11月,《教育部等11部门关于推进中小学生研学旅行的意见》指出,中小学生研学旅行是由教育部门和学校有计划地组织安排,通过集体旅行、集中食宿方式开展的研究性学习和旅行体验相结合的校外教育活动,是学校教育和校外教育衔接的创新形式,是教育教学的重要内容,是综合实践育人的有效途径。

2016年12月,国家旅游局发布了《研学旅行服务规范》,初步制定了研学旅行行业标准,以规范研学旅行服务流程,提升服务质量,引导和推动研学旅行健康发展。它是国家旅游局针对研学旅行实施所制定的权威性的规范文件,对人员配置、产品分类、服务改进、安全管理提出了明确的要求。研学旅行机构或学校可以根据此文件查漏补缺、及时调整。

2017年9月,教育部印发了《中小学综合实践活动课程指导纲要》,该纲要进一步从课程目标、课程内容与活动方式等方面提出了将研学旅行纳入综合实践活动课程领域的方向和要求。

2020年3月,国务院印发了《中共中央 国务院关于全面加强新时代大中小学劳动教育的意见》,强调要以日常生活劳动、生产劳动和服务性劳动为主要内容开展劳动教育,特别强调要结合产业新业态、劳动新形态,注重选择新型服务性劳动的内容。

2021年4月,文化和旅游部印发了《"十四五"文化和旅游发展规划》,提出要推出一批具有鲜明非物质文化遗产特色的主题旅游线路、研学旅游产品,开展国家级研学旅行示范基地创建工作,推出一批主题鲜明、课程精良、运行规范的研学旅行示范基地。

2022年4月,教育部印发了《义务教育课程方案(2022年版)》,将劳动从原来的综合实践活动课程中完全独立出来,并发布了《义务教育劳动课程标准(2022年版)》。

2022年9月,《海南省教育厅关于做好义务教育课程设置有关工作的通知》明确提出,各中小学要根据教育教学计划科学合理地安排研学实践活动,研学实践活动可与劳动教育、综合实践等活动统筹安排。

2023年8月,文化和旅游部、教育部、共青团中央、全国妇联、关工委联合印发了《用好红色资源 培育时代新人 红色旅游助推铸魂育人行动计划(2023—2025年)》,该行动计划明确了主要目标:到2025年,红色旅游助推铸魂育人工作机制更加完善,红色旅游的教育功能更加凸显,红色文化有效融入青少年思想政治教育工作,青少年思想政治素养和全面发展水平明显提升。充分调动各地积极性,因地制宜,因势利导,力争用三年时间,针对青少年在全国打造百堂红色研学精品课程,推出千条红色旅游研学线路,开展万场红色旅游宣讲活动,覆盖众多大中小学师生。

总之,得益于国家政策的大力支持,研学旅行已经成为中国中小学基础教育体系中不可或缺的一部分,同时也是国内旅游行业中新的消费热点。

（二）研学旅行相关的法律法规

在开展研学旅行活动的过程中,不可避免地会涉及各种法律法规问题。

与研学旅行相关的教育类法律法规主要有《中华人民共和国教育法》《中华人民共和国义务教育法》《中华人民共和国教师法》《中华人民共和国未成年人保护法》《学生伤害事故处理办法》等。与研学旅行相关的旅游类法律法规主要有《中华人民共和国旅游法》《中华人民共和国民法典》《旅行社条例》《导游人员管理条例》《导游管理办法》《最高人民法院关于审理旅游纠纷案件适用法律若干问题的规定》《中华人民共和国突发事件应对法》《中华人民共和国道路交通安全法》《中华人民共和国自然保护区条例》《风景名胜区条例》《中华人民共和国文物保护法》等。

除此之外,各省市也出台新政策推动研学事业发展。例如,2020年4月,黄山市人民政府办公室印发了《黄山市研学旅行管理暂行办法》;2023年7月,郑州市教育局等11部门联合制定并印发了《关于推进中小学生研学旅行的实施方案》;2023年9月,张掖市人民政府办公室印发了《张掖市推进中小学生研学旅行工作实施方案》;2024年1月,黑龙江省文化和旅游厅印发了《黑龙江省研学旅行服务企业(机构)管理办法(试行)》;2024年3月,安徽省文化和旅游厅印发了《2024年安徽省研学旅游工作要点》。

二、康养旅游

康养旅游是一种健康消费新模式,也是集文化、旅游、养生于一体的新兴业态。它通过养颜健体、营养膳食、修身养性、关爱环境等各种手段,使人在身体、心智和精神上都达到自然和谐的优良状态。

（一）政策支持

2016年1月,国家旅游局发布了《国家康养旅游示范基地》(LB/T 051—2016),并明确了"康养旅游"的概念,标志着康养旅游被国家纳入了经济发展战略。

2016年10月,中共中央、国务院印发了《"健康中国2030"规划纲要》,指出要积极促进健康与养老、旅游、互联网、健身休闲、食品融合,催生健康新产业、新业态、新模式。

2019年8月,《国务院办公厅关于进一步激发文化和旅游消费潜力的意见》指出,要推进国家全域旅游示范区建设,着力开发商务会展旅游、海洋海岛旅游、自驾车旅居车旅游、体育旅游、森林旅游、康养旅游等产品。

2021年4月,文化和旅游部印发了《"十四五"文化和旅游发展规划》,指出要发展康养旅游,推动国家康养旅游示范基地建设。

2021年12月,国务院印发了《"十四五"国家老龄事业发展和养老服务体系规划》,明确提出要促进养老和旅游融合发展,引导各类旅游景区、度假区加强适老化建设和改造,建设康养旅游基地。

2022年8月,中共中央办公厅、国务院办公厅印发了《"十四五"文化发展规划》,指出要推动旅游与现代生产生活有机结合,加快发展度假休闲旅游、康养旅游、研学实践活动等,打造一批国家全域旅游示范区、A级旅游景区、国家级旅游度假区、国家精品旅游带、国家旅游风景道、特色旅游目的地、特色旅游功能区、城市绿道、骑行公园和慢行系统。

2023年2月,中共中央、国务院印发了《质量强国建设纲要》,指出要促进物业管理、房屋租赁服务专业化、规范化发展。提升旅游管理和服务水平,规范旅游市场秩序,改善旅游消费体验,打造乡村旅游、康养旅游、红色旅游等精品项目。

(二)康养旅游相关的法律法规

与康养旅游相关的法律法规主要有《中华人民共和国旅游法》《中华人民共和国民法典》《中华人民共和国食品安全法》《中华人民共和国老年人权益保障法》《中华人民共和国社会保险法》《关于促进中医药健康旅游发展的指导意见》《中华人民共和国消费者权益保护法》《中华人民共和国道路交通安全法》等。

除此之外,各省市也出台新政策推动康养旅游事业发展。例如,2021年11月,《江西省人民政府办公厅关于推进康养旅游发展的意见》明确提出了以下主要任务:构建有江西特色的康养旅游产业体系、构建有世界影响的康养旅游品牌、构建专业化的康养旅游管理体系、培育康养旅游消费市场、培育康养旅游市场主体、优化康养旅游公共服务。2022年8月,黑龙江省文化和旅游厅印发了《黑龙江省康养旅游高质量发展行动方案(2022—2026年)》,提出积极推进康养旅游产业与健康、养老、体育等特色产业联动发展,通过康养旅游与多方面社会生活相融合,构建"康养旅游+"全产业发展格局,形成我省康养旅游创新发展模式。2024年4月,河北省人民政府办公厅印发了《河北省支持康养产业发展若干措施》,提出了强化财政金融支持、完善用地保障措施、提升医疗服务能力、推进人才队伍建设、强化综合配套支撑五大措施,旨在通过一系列切实可行的撬动性创新政策,破除发展障碍,充分激发市场主体参与康养产业的积极性,吸引更多京津地区的老年人到河北康养。

同步案例

深圳某某空间旅游文化有限公司以旅居康养

为噱头,未经许可经营旅行社业务案

2022年11月,深圳市罗湖区文化广电旅游体育局对深圳某某空间旅游文化有限公司进行检查时,发现深圳某某空间旅游文化有限公司涉嫌未经许可经营旅行社业务并予以立案调查。经查实,深圳某某空间旅游文化有限公司存在以"旅居康养+社交旅游"为噱头发展老年会员,推广旅游产品,为旅游活动提供咨询、招徕等相关服务的行为。

(资料来源:广东省文化和旅游厅网站)

点评

1-1

知识活页

壮大健康文旅产业,焕新美好生活方式

三、低空旅游

低空旅游是指在低空空域内使用通用航空器搭载游客开展观赏、游览、娱乐等内容的飞行活动,是"通用航空+传统旅游"融合衍生出的新型旅游方式。

低空旅游以时尚性、体验性、刺激性等特点,正逐渐成为旅游消费需求的焦点之一。低空旅游的运营航空器和航空活动也在不断增加,空中观光类航空器有直升机、固定翼、升空球、载人飞艇、滑翔机、动力悬挂滑翔翼、旋翼机、飞行汽车、飞行摩托等;体验类航空器有跳伞航空器、模拟器航空器、教员带飞体验航空器等。休闲类航空活动有航空科普教育、飞行实操演习等;观赏类航空活动有飞行表演、航空器展览等。

(一)政策支持

2014年8月,《国务院关于促进旅游业改革发展的若干意见》印发,首次提出鼓励探索"低空飞行旅游",还提出继续支持邮轮游艇、索道缆车、游乐设施等旅游装备制造国产化,积极发展邮轮游艇旅游、低空飞行旅游。

2016年11月,国家旅游局会同国家发展改革委、中国民用航空局、体育总局印发了《关于做好通用航空示范推广有关工作的通知》,提出推进通用航空旅游,发展多类型、多功能的低空旅游产品和线路,因地制宜,形成低空旅游环线或网络,并推出16项通用航空旅游示范工程。

2017年3月,国家旅游局联合交通运输部、国家铁路局、中国民用航空局等六部门印发了《关于促进交通运输与旅游融合发展的若干意见》,提出要支持开发低空旅游线路,鼓励开发空中游览、航空体验、航空运动等航空旅游产品。积极开展通用航空旅游试点,鼓励重点旅游城市及符合条件的旅游区开辟低空旅游航线。推动通用机场建设,建设低空旅游产业园、通航旅游小镇与飞行营地。由此,低空旅游培育有了更具实操性的发展方向。

2019年8月,《国务院办公厅关于进一步激发文化和旅游消费潜力的意见》指出,支持有条件的地区发展支线航空、通用航空服务。支线航空是指短距离、中小城市之间的非主干航线。

2020年8月,交通运输部发布了新版《通用航空经营许可管理规定》。修订后的规定对涉及低空旅游经营范围及活动进行了大幅优化,低空旅游也由此进入了有序发展的阶段。

2021年2月,中共中央、国务院印发了《国家综合立体交通网规划纲要》,首次将低空经济纳入发展规划,提出要推进交通与旅游融合发展。支持红色旅游、乡村旅游、度假休闲旅游、自驾游等相关交通基础设施建设,推进通用航空与旅游融合发展。

2021年4月,文化和旅游部印发了《"十四五"文化和旅游发展规划》,提出要推进低空旅游、内河旅游发展。

2022年2月,中国民用航空局发布了《"十四五"通用航空发展专项规划》,提出要推动低空旅游发展。支持文旅主管部门扩大空中游览、高空跳伞等对景区的覆盖,建立连接景区、度假区、主题公园等旅游目的地的低空旅游网。支持地方政府发展"通用航空＋旅游",鼓励依托观光游、主题游、体验游等形态丰富低空旅游内涵,支持脱贫地区发展通用航空特色休闲农业和精品旅游。支持成立跨行业联盟,推动通用航空和旅游、互联网融合发展,打造通用航空消费新格局。

2024年3月,工业和信息化部、科学技术部、财政部、中国民用航空局印发了《通用航空装备创新应用实施方案(2024—2030年)》,提出要拓展新型通用航空消费示范应用。面向低空旅游、航空运动、私人飞行和公务航空消费市场,在山西、内蒙古、上海、河南、湖南、海南、新疆等重点地区,开展"通用航空＋"应用示范。鼓励有条件的地区开发多样化低空旅游产品,推进"通用航空＋旅游"应用示范。支持开展飞行体验、航空跳伞等消费飞行活动,大力推广轻型运动飞机、特技飞行器,推进"通用航空＋运动"应用示范。

2024年3月,国务院总理李强在政府工作报告中提出要积极打造生物制造、商业航天、低空经济等新增长引擎。这是低空经济首次被写入政府工作报告。

10年的渐进式推进和政策引导的不断升级,为低空旅游产业的持续发展创造了良好的环境。

（二）低空旅游相关的法律法规

与低空旅游相关的航空类法律法规主要有《中华人民共和国民用航空法》《民用机场管理条例》《无人驾驶航空器飞行管理暂行条例》《民航局关于通用航空分类管理的指导意见》《一般运行和飞行规则》《小型航空器商业运输运营人运行合格审定规则》等。与低空旅游相关的旅游类法律法规有《中华人民共和国旅游法》《中华人民共和国安全生产法》《中华人民共和国民法典》等。

除此之外,各省市也出台新政策推动低空旅游事业发展,例如,2021年3月,福建省文化和旅游厅发布了《福建省低空旅游产业发展规划纲要(2021—2035年)》,该纲要以"五年培育龙头,十年形成规模,十五年输出体系"为总体发展目标,提出到2035年,福建低空旅游具体分三步走。其中提到以"低空旅游＋"的发展模式,将研发制造、教育研学、青少年科普、飞行培训、军民共建、地产配套、创新创业等加进低空旅游的产业生态,促进供给侧结构性改革,带动传统产业与新兴产业融合发展,实现福建低空旅游产业的兴旺繁荣。2023年7月,三亚市人民政府发布了《三亚市促进低空旅游发展暂行办法》,将低空旅游发展纳入国民经济和社会发展规划,并将低空旅游纳入旅游产业发展专项资金支持范围,用于低空旅游的基础设施建设、公共服务体系建设和人才培养等,促进低空旅游业发展,还组织编制市低空旅游产业发展专项规划,推动低空旅游产业与酒店民宿、会议展览、节庆赛事等其他产业融合发展,为三亚乃至整个海南低空旅游的发展奠定了坚实基础。

慎思笃行

游客反映观看火箭发射遇到虚假宣传

2024年1月17日晚,某航天科普教育基地有限公司组织游客在距离火箭发射塔架约4.9千米处的龙楼镇镇墟自建房楼顶观看火箭发射,现场有大部分游客表示不满,称该公司谎称提供的是火箭发射内场票,并向在场的游客收取1580元至2888元不等的火箭观礼内场费用,实则被带到外围周边自建房楼顶,购买的旅游产品和实际提供的服务不符。

事发当晚,文昌市市场监督管理局和综合行政执法局第一时间介入,开展调查取证。经查,某航天科普教育基地有限公司通过抖音平台销售航天火箭发射观礼套票,VIP贵宾票价分别是1580元/人、1980元/人、2888元/人,共涉及游客295人,涉案金额28.5488万元。该公司宣传购买VIP贵宾票的游客可以到文昌航天发射场内场观看火箭发射,虚构事实与实际情况严重不符。

1月18日上午,文昌市市场监督管理局对涉案企业以涉嫌虚假宣传予以立案,综合行政执法局对涉案企业以无证经营旅行社业务和接团领队人员帅某无证进行导游活动予以立案。

(资料来源:文昌市旅游和文化广电体育局)

第三节 旅游法基础知识

一、《中华人民共和国旅游法》概述

《中华人民共和国旅游法》于2013年4月25日第十二届全国人民代表大会常务委员会第二次会议通过,并于2016年、2018年进行了两次修正。

(一)《中华人民共和国旅游法》框架

《中华人民共和国旅游法》分为十章,共一百一十二条。

张掖七彩丹霞旅游景区低空旅游产品入选全国首批交旅融合典型案例名单

知行合一

1-1

1. 总则

《中华人民共和国旅游法》第一章主要规定了立法目的、适用范围、原则等。

2. 旅游者

《中华人民共和国旅游法》第二章主要对旅游者的权利、义务和责任作出了规定。

3. 旅游规划与促进

《中华人民共和国旅游法》第三章主要对旅游规划的编制、与相关规划的衔接、旅游促进与保障等作出了规定。

4. 旅游经营

《中华人民共和国旅游法》第四章分别对参与旅游经营的各类主体进行了规范,具体包括:旅行社的设立、业务范围以及经营规范;导游和领队执业许可的取得、执业活动规范、权利保障;景区的设立、门票管理、流量控制,以及旅游经营者应遵守的一般经营规则等。

5. 旅游服务合同

《中华人民共和国旅游法》第五章主要对包价旅游合同的订立、变更、转让、解除、违约责任等内容作出了详细规定,并对旅游代办合同、旅游咨询以及住宿服务等内容作出了规定。

6. 旅游安全

《中华人民共和国旅游法》第六章对政府的旅游安全监管职责、建立旅游目的地安全风险提示制度、旅游突发事件的应对、旅游经营者的安全保障、安全警示义务和旅游安全事故救助处置等内容作出了规定。

7. 旅游监督管理

《中华人民共和国旅游法》第七章确立了旅游综合监管制度,规定了行业组织自律规范。

8. 旅游纠纷处理

《中华人民共和国旅游法》第八章明确规定了旅游投诉统一受理制度、纠纷处理途径和方法等。

9. 法律责任

《中华人民共和国旅游法》第九章对违反本法规定的行为,设定了相应的法律责任。根据违法行为的性质和危害的程度不同,法律责任分为行政责任、民事责任、刑事责任三种。

10. 附则

《中华人民共和国旅游法》第十章规定了相关用语的含义、法律的生效。

（二）立法目的

立法目的，也称立法宗旨，是指制定一部法律所要达到的任务目标。立法目的决定着一部法律其他具体规范的内容，统领着一部法律的全部规范的价值取向。

《中华人民共和国旅游法》第一条规定，本法的立法目的包括以下四个方面：①保障旅游者和旅游经营者的合法权益；②规范旅游市场秩序；③保护和合理利用旅游资源；④促进旅游业持续健康发展。上述立法目的是一个有机整体，相互关联，不可分割，本法其他各项规范都是为实现本条的立法目的而服务的。

（三）适用范围

法律的适用范围，是指法律的效力范围，一般包括该法律调整的地域管辖范围、主体范围及客体范围。

《中华人民共和国旅游法》第二条规定，在中华人民共和国境内的和在中华人民共和国境内组织到境外的游览、度假、休闲等形式的旅游活动以及为旅游活动提供相关服务的经营活动，适用本法。

根据本条的规定，本法的适用范围包括以下几个方面。

1. 地域管辖范围

《中华人民共和国旅游法》适用的地域范围包括：①我国公民在境内的旅游活动和外国旅游者的入境旅游活动；②在我国境内，通过旅行社等经营者组织的，由我国境内赴境外的团队旅游活动。

2. 主体范围

《中华人民共和国旅游法》未对适用主体做出限制，凡从事上述活动的组织和个人都应遵守本法。

3. 客体范围

《中华人民共和国旅游法》调整的客体范围为游览、度假、休闲等形式的旅游活动以及为旅游活动提供相关服务的经营活动。

（四）基本原则

1. 发展旅游事业，完善旅游公共服务的原则

依据《中华人民共和国旅游法》第三条的规定，国家发展旅游事业，完善旅游公共服务。

国家为加快旅游事业发展出台了一系列支持政策，诸如《国务院关于加快发展旅游业的意见》和《国民旅游休闲纲要（2013—2020年）》等。

国家完善旅游公共服务，是指国家应当采取各种措施，完善旅游信息咨询服务、旅游安全保障服务、旅游交通便捷服务、旅游便民惠民服务、旅游行政服务等，从而为旅游者开展旅游活动,提供良好的条件。

2. 依法保护旅游者在旅游活动中的权利的原则

依据《中华人民共和国旅游法》第三条的规定,国家依法保护旅游者在旅游活动中的权利。

保障旅游者的合法权益,是《中华人民共和国旅游法》的立法目的之一,也是贯穿《中华人民共和国旅游法》的一条主线。《中华人民共和国旅游法》不仅专设"旅游者"一章,落实对旅游者的保护,其他各章的许多内容也都涉及对旅游者的保护。

3. 社会效益、经济效益和生态效益相统一的原则

《中华人民共和国旅游法》第四条规定,旅游业发展应当遵循社会效益、经济效益和生态效益相统一的原则。国家鼓励各类市场主体在有效保护旅游资源的前提下,依法合理利用旅游资源。利用公共资源建设的游览场所应当体现公益性质。

《中华人民共和国旅游法》第一条明确将保护和合理利用旅游资源作为立法目的之一,第四条又从三个效益统一的原则和国家鼓励、要求的角度,对旅游资源的开发与保护关系进行了规定。

4. 国家鼓励全社会参与旅游业发展的原则

《中华人民共和国旅游法》第五条规定,国家倡导健康、文明、环保的旅游方式,支持和鼓励各类社会机构开展旅游公益宣传,对促进旅游业发展做出突出贡献的单位和个人给予奖励。

健康,强调从事的旅游活动符合社会主义核心价值观,有利于身心愉悦。文明,指在旅游活动中要遵守社会公共秩序,遵守社会公德,遵守文明行为规范。环保,指开展旅游活动要保护生态环境、节约能源资源。为倡导健康、文明、环保的旅游方式,国家鼓励新闻媒体、公益组织及社会企业进行旅游公益宣传,促进旅游业发展。国家对做出突出贡献的单位和个人给予精神或者物质奖励,表彰其成绩,支持其工作。

二、旅游规划与促进

(一)旅游规划

1. 旅游规划的编制主体

政府是组织编制旅游发展规划的主体。

《中华人民共和国旅游法》第十七条规定,国务院和县级以上地方人民政府应当将旅游业发展纳入国民经济和社会发展规划。

国务院和省、自治区、直辖市人民政府以及旅游资源丰富的设区的市和县级人民政府,应当按照国民经济和社会发展规划的要求,组织编制旅游发展规划。对跨行政区域且适宜进行整体利用的旅游资源进行利用时,应当由上级人民政府组织编制或者由相关地方人民政府协商编制统一的旅游发展规划。

2. 旅游规划的内容

《中华人民共和国旅游法》第十八条规定,旅游发展规划应当包括旅游业发展的总体要求和发展目标,旅游资源保护和利用的要求和措施,以及旅游产品开发、旅游服务质量提升、旅游文化建设、旅游形象推广、旅游基础设施和公共服务设施建设的要求和促进措施等内容。

根据旅游发展规划,县级以上地方人民政府可以编制重点旅游资源开发利用的专项规划,对特定区域内的旅游项目、设施和服务功能配套提出专门要求。

3. 旅游规划与相关规划的关系

1）旅游规划与相关规划相衔接

《中华人民共和国旅游法》第十九条规定,旅游发展规划应当与土地利用总体规划、城乡规划、环境保护规划以及其他自然资源和文物等人文资源的保护和利用规划相衔接。

2）政府编制其他规划支持旅游业发展

《中华人民共和国旅游法》第二十条规定,各级人民政府编制土地利用总体规划、城乡规划,应当充分考虑相关旅游项目、设施的空间布局和建设用地要求。规划和建设交通、通信、供水、供电、环保等基础设施和公共服务设施,应当兼顾旅游业发展的需要。

4. 旅游规划的评估

《中华人民共和国旅游法》第二十二条规定,各级人民政府应当组织对本级政府编制的旅游发展规划的执行情况进行评估,并向社会公布。

（二）旅游促进

1. 旅游产业的政策扶持

《中华人民共和国旅游法》第二十三条规定,国务院和县级以上地方人民政府应当制定并组织实施有利于旅游业持续健康发展的产业政策,推进旅游休闲体系建设,采取措施推动区域旅游合作,鼓励跨区域旅游线路和产品开发,促进旅游与工业、农业、商业、文化、卫生、体育、科教等领域的融合,扶持少数民族地区、革命老区、边远地区和贫困地区旅游业发展。

2. 提供资金保障

《中华人民共和国旅游法》第二十四条规定,国务院和县级以上地方人民政府应当根据实际情况安排资金,加强旅游基础设施建设、旅游公共服务和旅游形象推广。

3. 旅游形象推广

《中华人民共和国旅游法》第二十五条规定,国家制定并实施旅游形象推广战略。国务院旅游主管部门统筹组织国家旅游形象的境外推广工作,建立旅游形象推广机构和网络,开展旅游国际合作与交流。

县级以上地方人民政府统筹组织本地的旅游形象推广工作。

4. 构建旅游公共服务体系

《中华人民共和国旅游法》第二十六条规定,国务院旅游主管部门和县级以上地方人民政府应当根据需要建立旅游公共信息和咨询平台,无偿向旅游者提供旅游景区、线路、交通、气象、住宿、安全、医疗急救等必要信息和咨询服务。设区的市和县级人民政府有关部门应当根据需要在交通枢纽、商业中心和旅游者集中场所设置旅游咨询中心,在景区和通往主要景区的道路设置旅游指示标识。

旅游资源丰富的设区的市和县级人民政府可以根据本地的实际情况,建立旅游客运专线或者游客中转站,为旅游者在城市及周边旅游提供服务。

5. 旅游职业教育和培训

《中华人民共和国旅游法》第二十七条规定,国家鼓励和支持发展旅游职业教育和培训,提高旅游从业人员素质。

三、旅游经营

(一)旅游经营者和旅游市场规则

1. 旅游经营者含义、义务与责任承担

1) 含义

《中华人民共和国旅游法》第一百一十一条第一项规定,旅游经营者,是指旅行社、景区以及为旅游者提供交通、住宿、餐饮、购物、娱乐等服务的经营者。

2) 义务

(1) 履行旅游合同。

《中华人民共和国旅游法》第四十九条规定,为旅游者提供交通、住宿、餐饮、娱乐等服务的经营者,应当符合法律、法规规定的要求,按照合同约定履行义务。

(2) 提供合格产品。

《中华人民共和国旅游法》第五十条规定,旅游经营者应当保证其提供的商品和服务符合保障人身、财产安全的要求。

旅游经营者取得相关质量标准等级的,其设施和服务不得低于相应标准;未取得质量标准等级的,不得使用相关质量等级的称谓和标识。

(3) 不得进行商业贿赂。

《中华人民共和国旅游法》第五十一条规定,旅游经营者销售、购买商品或者服务,不得给予或者收受贿赂。

(4) 保护旅游者个人信息。

《中华人民共和国旅游法》第五十二条规定,旅游经营者对其在经营活动中知悉的旅游者个人信息,应当予以保密。

(5) 承担连带责任。

《中华人民共和国旅游法》第五十四条规定,景区、住宿经营者将其部分经营项目或者场地交由他人从事住宿、餐饮、购物、游览、娱乐、旅游交通等经营的,应当对实际经营者的经营行为给旅游者造成的损害承担连带责任。

教学互动

景区游乐项目造成游客人身损害,谁担责?

某公司作为某嘉年华景区的经营者,已向保险公司投保了公众责任保险,其中,被保险人为该公司,营业场所为嘉年华景区。该公司将景区内的骑马场交给魏某实际经营。本案原告为未成年人,随其父亲在骑马场骑马过程中跌落致颅脑损伤,经鉴定构成十级伤残。原告诉至法院要求魏某、该公司、保险公司共同赔偿其各项损失合计17万余元。

(资料来源:江苏法院网)

讨论:

在此案例中,谁应为游客受伤负责?

(6) 履行报告义务。

《中华人民共和国旅游法》第五十五条规定,旅游经营者组织、接待出入境旅游,发现旅游者从事违法活动或者有违反本法第十六条规定情形的,应当及时向公安机关、旅游主管部门或者我国驻外机构报告。

(7) 投保责任险。

《中华人民共和国旅游法》第五十六条规定,国家根据旅游活动的风险程度,对旅行社、住宿、旅游交通以及本法第四十七条规定的高风险旅游项目等经营者实施责任保险制度。

教学互动

"网红"项目惊险刺激,安全不能步步惊心

游客丁某前往某景区游玩,参加了玻璃滑道游玩项目。景区检票处张贴着玻璃滑道游玩须知告示,以及一幅正确坐姿和两幅错误坐姿的图文提示。丁某从玻璃滑道自上往下自由滑落的过程中,其身体在滑道拐弯处翻倒并致右脚受伤。随后,丁某被送往医院治疗,诊断为内踝骨折、胫腓骨干骨折。

丁某认为,在游玩时经营者未告知其该项目的注意事项、风险及操作规范。检票处的游玩须知文字过小且存在多种告示牌,游客无法注意到每个告示牌的具体内容。工作人员事前向玻璃滑道上洒水,导致滑道过滑,滑行速度过快,景区经营者未尽到安全保障义务,存在过错。故提起诉讼,要求景区

知识活页

什么是连带责任?

案例分析

1-2

经营者及其公众责任保险公司承担赔偿责任。

景区经营者认为：①已经尽到安全保障义务，不存在过错。②该玻璃滑道项目的工程质量及运营安全性符合国家规定标准的，并制定了完整的管理制度；对游玩该项目的注意事项、正确坐姿和错误坐姿亦做了提示和说明，履行了其应尽的合理的安全保障义务。③不存在当天洒水的情形。④丁某对其自身受伤具有过错，应承担责任。

保险公司认为：本案中，景区经营者已提交工程质量检验报告证实该项目的工程质量及运营安全性是符合国家标准规定的，且现场检票处已张贴游玩须知告示等，景区经营者不存在过错，故不应承担理赔责任。

（资料来源：《中国旅游报》）

讨论：

谁应为丁某受伤负责任？

3）旅游经营者责任承担

违反《中华人民共和国旅游法》规定的旅游经营者，将受到相应的处罚。构成犯罪的，依法追究刑事责任。

《中华人民共和国旅游法》第一百零四条规定，旅游经营者违反本法规定，给予或者收受贿赂的，由市场监督管理部门依照有关法律、法规的规定处罚；情节严重的，并由旅游主管部门吊销旅行社业务经营许可证。

《中华人民共和国旅游法》第一百零七条规定，旅游经营者违反有关安全生产管理和消防安全管理的法律、法规或者国家标准、行业标准的，由有关主管部门依照有关法律、法规的规定处罚。

《中华人民共和国旅游法》第一百零八条规定，对违反本法规定的旅游经营者及其从业人员，旅游主管部门和有关部门应当记入信用档案，向社会公布。

同步案例

旅游经营者商业贿赂案

案例一：2019年7月5日，云南省昆明市西山区人民法院依法开庭审理了两起旅游业从业行贿、受贿罪案件。被告人李某某在担任深圳市某国际旅行社有限公司业务部经理期间，私下与昆明某旅行社有限公司负责人毛某某商定：李某某负责提供旅游团队，毛某某负责将团队带至购物店进行消费。毛某某按照每个游客约50元的标准向李某某支付回扣。经查证，李某某收受毛某某给予的"回扣"共计30多万元。此外，被告人赵某某在担任某公司总经理期间，私下与毛某某（上案中的同一人）商定，赵某某负责提供旅游团队，毛某某负责将团队带购物店消费。毛某某按每人300元的标准，通过其私人银行账户打到赵某某的私人银行账户。经查证，赵某某收受毛某某给予的回扣共计人民币131万余元。

（资料来源：珠海市文化广电旅游体育局网站）

案例二：2020年12月，厦门某国际旅行社有限公司在为该团游客提供旅游服务过程中，安排游客前往厦门某贸易有限公司选购商品，游客不具有对购物商店的选择权。厦门某贸易有限公司按照游客消费金额的80%给付旅行社回扣。厦门某贸易有限公司承认该回扣未如实入账，回扣比例也未向消费者明示。

（资料来源：国家市场监督管理总局网站）

点评

1-2

2. 旅游市场规则

《中华人民共和国旅游法》第六条规定，国家建立健全旅游服务标准和市场规则，禁止行业垄断和地区垄断。旅游经营者应当诚信经营，公平竞争，承担社会责任，为旅游者提供安全、健康、卫生、方便的旅游服务。

微课

景区开放条件

（二）景区经营规则

1. 开放条件

景区是旅游者和旅游活动密集的区域。景区的开发建设一方面要考虑旅游安全和服务质量，在保障旅游者生命、财产安全的前提下，尽可能提供优质、便捷的旅游服务；另一方面还需要考虑景区的生态环境和旅游资源保护，从而保证景区的长期可持续发展。景区只有在达到一定条件的情况下，才能向旅游者开放，为其提供旅游服务。

《中华人民共和国旅游法》第四十二条规定，景区开放应当具备下列条件，并听取旅游主管部门的意见：

（1）有必要的旅游配套服务和辅助设施；
（2）有必要的安全设施及制度，经过安全风险评估，满足安全条件；
（3）有必要的环境保护设施和生态保护措施；
（4）法律、行政法规规定的其他条件。

《中华人民共和国旅游法》第一百零五条第一款规定，景区不符合本法规定的开放条件而接待旅游者的，由景区主管部门责令停业整顿直至符合开放条件，并处2万元以上20万元以下罚款。

知识活页

国家标准《旅游景区公共信息导向系统设置规范》正式施行

2. 门票管理

《中华人民共和国旅游法》第四十三条规定，利用公共资源建设的景区的门票以及景区内的游览场所、交通工具等另行收费项目，实行政府定价或者政府指导价，严格控制价格上涨。拟收费或者提高价格的，应当举行听证会，征求旅游者、经营者和有关方面的意见，论证其必要性、可行性。

利用公共资源建设的景区，不得通过增加另行收费项目等方式变相涨价；另行收

微课

未购票私自进入景区坠崖身亡，谁担责？

费项目已收回投资成本的,应当相应降低价格或者取消收费。

公益性的城市公园、博物馆、纪念馆等,除重点文物保护单位和珍贵文物收藏单位外,应当逐步免费开放。

《中华人民共和国旅游法》第四十四条规定,景区应当在醒目位置公示门票价格、另行收费项目的价格及团体收费价格。景区提高门票价格应当提前6个月公布。

将不同景区的门票或者同一景区内不同游览场所的门票合并出售的,合并后的价格不得高于各单项门票的价格之和,且旅游者有权选择购买其中的单项票。

景区内的核心游览项目因故暂停向旅游者开放或者停止提供服务的,应当公示并相应减少收费。

《中华人民共和国旅游法》第一百零六条规定,景区违反本法规定,擅自提高门票或者另行收费项目的价格,或者有其他价格违法行为的,由有关主管部门依照有关法律、法规的规定处罚。

同步案例

景区门票销售引争议

沈先生于10月3日在歙县某A级旅游景区游玩,沈先生只想游玩景区中的一个景点,景区售票人员却要求他购买景区联票,且购买门票后未给他开发票。沈先生认为这种捆绑消费不合理,并指出景区售票人员态度恶劣。于是,沈先生要求相关部门核实。

(资料来源:黄山市文化和旅游局)

3. 承载量管理

《中华人民共和国旅游法》第四十五条规定,景区接待旅游者不得超过景区主管部门核定的最大承载量。景区应当公布景区主管部门核定的最大承载量,制定和实施旅游者流量控制方案,并可以采取门票预约等方式,对景区接待旅游者的数量进行控制。

旅游者数量可能达到最大承载量时,景区应当提前公告并同时向当地人民政府报告,景区和当地人民政府应当及时采取疏导、分流等措施。

《中华人民共和国旅游法》第一百零五条第二款规定,景区在旅游者数量可能达到最大承载量时,未依照本法规定公告或者未向当地人民政府报告,未及时采取疏导、分流等措施,或者超过最大承载量接待旅游者的,由景区主管部门责令改正,情节严重的,责令停业整顿1个月至6个月。

(三)道路旅游客运经营规则

《中华人民共和国旅游法》第五十三条规定,从事道路旅游客运的经营者应当遵守道路客运安全管理的各项制度,并在车辆显著位置明示道路旅游客运专用标识,在车厢内显著位置公示经营者和驾驶人信息、道路运输管理机构监督电话等事项。

（四）城镇和乡村居民旅游经营规则

《中华人民共和国旅游法》第四十六条规定，城镇和乡村居民利用自有住宅或者其他条件依法从事旅游经营，其管理办法由省、自治区、直辖市制定。

四、旅游监督管理

（一）监督管理与监督检查主体

1. 监督管理的主体

《中华人民共和国旅游法》第八十三条第一款规定，县级以上人民政府旅游主管部门和有关部门依照本法和有关法律、法规的规定，在各自职责范围内对旅游市场实施监督管理。

2. 监督检查的主体

《中华人民共和国旅游法》第八十三条第二款规定，县级以上人民政府应当组织旅游主管部门、有关主管部门和市场监督管理、交通等执法部门对相关旅游经营行为实施监督检查。

（二）旅游主管部门实施监督检查事项及措施

1. 监督检查事项

《中华人民共和国旅游法》第八十五条第一款规定，县级以上人民政府旅游主管部门有权对下列事项实施监督检查：

（1）经营旅行社业务以及从事导游、领队服务是否取得经营、执业许可；

（2）旅行社的经营行为；

（3）导游和领队等旅游从业人员的服务行为；

（4）法律、法规规定的其他事项。

2. 实施监督检查事项可以采取的措施

《中华人民共和国旅游法》第八十五条第二款规定，旅游主管部门依照前款规定实施监督检查，可以对涉嫌违法的合同、票据、账簿以及其他资料进行查阅、复制。

（三）监督检查主体的行为限制

1. 不得违法收费及参与旅游经营活动

《中华人民共和国旅游法》第八十四条规定，旅游主管部门履行监督管理职责，不得违反法律、行政法规的规定向监督管理对象收取费用。

旅游主管部门及其工作人员不得参与任何形式的旅游经营活动。

2. 规范实施监督检查职责

《中华人民共和国旅游法》第八十六条第一款规定,旅游主管部门和有关部门依法实施监督检查,其监督检查人员不得少于二人,并应当出示合法证件。监督检查人员少于二人或者未出示合法证件的,被检查单位和个人有权拒绝。

3. 履行保密义务

《中华人民共和国旅游法》第八十六条第二款规定,监督检查人员对在监督检查中知悉的被检查单位的商业秘密和个人信息应当依法保密。

4. 法律责任

《中华人民共和国旅游法》第一百零九条规定,旅游主管部门和有关部门的工作人员在履行监督管理职责中,滥用职权、玩忽职守、徇私舞弊,尚不构成犯罪的,依法给予处分。

(四)行业协会自律管理

《中华人民共和国旅游法》第八条规定,依法成立的旅游行业组织,实行自律管理。《中华人民共和国旅游法》第九十条规定,依法成立的旅游行业组织依照法律、行政法规和章程的规定,制定行业经营规范和服务标准,对其会员的经营行为和服务质量进行自律管理,组织开展职业道德教育和业务培训,提高从业人员素质。

本章小结

本章主要介绍了旅游法、旅游法律关系、旅游新业态、旅游规划、旅游经营、旅游监督管理等内容。

本章训练

一、知识训练

扫描二维码进行在线答题。

二、能力训练

游客参团买到了"三无"产品

2023年11月5日,游客郭先生报名参加旅行团,前往临高县观看古银瀑布。旅行社委派的导游擅自变更旅游行程,并未带其前往临高县观看古银瀑布,而是带团到儋州市参观多个购物点。参观过程中,诉求人花费2000元购买一口锅,回家后发现该锅是"三无"产品,要求退货退款。

昌江黎族自治县综合行政执法局接诉后,立即组织人员跟进调查,经与双方当事人核实:诉求人所购商品已由购物点直接邮寄到其指定地点,经查

河北省发布十二项涉旅行业自律公约

在线答题

第一章

看诉求人微信聊天记录发现,诉求人已向该团队导游杨某提出所购商品疑似存在质量问题,希望导游能协助购物点退货退款或补发缺漏商品。昌江黎族自治县综合行政执法局在儋州市综合行政执法局协助下,帮助游客与购物点达成退货退款协定,由诉求人将商品寄到购物点后,购物点将货款从微信转给诉求人。

(资料来源:央广网)

请分析:

(1)本案中涉及哪些旅游法规关系?

(2)这些法律关系的主体有哪些行为是违法的,违反了哪些法律法规?

第二章
合同保障,权益分明
——旅游服务合同法律法规制度

 本章概要

旅游服务合同是旅行社与旅游者之间明确双方权利义务关系的法律文件,它在整个旅行游览过程中贯穿始终,对保护旅游者和旅行社合法权益有着重要意义。本章从旅游服务合同的概念、类型、特征等方面入手,结合旅游业的实际情况介绍了我国关于旅游服务合同的有关规定,主要包括包价旅游合同的订立、履行、转让、解除、违约责任等内容。

 学习目标

知识目标

(1) 了解旅游服务合同的概念、法律特征和类型。
(2) 熟悉包价旅游合同的订立、转让、解除及履行。
(3) 掌握包价旅游合同的违约责任。

能力目标

(1) 能够准确理解旅游服务合同中的各项条款,包括合同的内容、转让及解除的后果、履行的原则、违约责任、争议解决方式等。
(2) 能够分析相关案例,并从中吸取经验教训,指导实际合同的签订和履行。

素养目标

(1) 引导学生在日常生活和工作中做到知法、懂法、守法、学法及用法,提高学生的维权意识,为建立良性旅游市场经济秩序贡献自己的力量。
(2) 引导学生了解中国旅游法律体系的独特性和优势,增强学生对中国特色旅游法律制度的认同感和自豪感。

第二章 合同保障，权益分明——旅游服务合同法律法规制度

知识导图

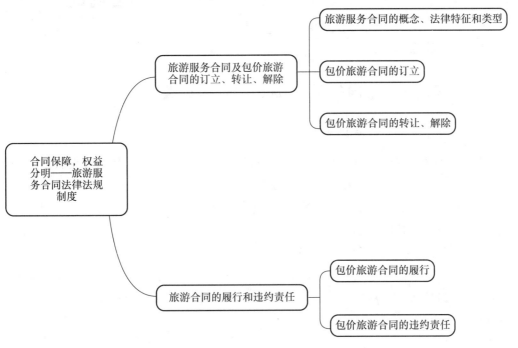

章节要点

旅游服务合同、包价旅游合同。

章首案例

旅行社未经协商确认擅自变更行程产纠纷

2023年，游客黄某报名参加某旅行社的旅游活动，行程中因暴雨天气突发山洪，该旅行社当天调整行程安排其他景点。黄某认为旅行社未征求游客意见更换景点，临时调整后的行程游玩体验不佳，因此不满而投诉。

经核查，原定游玩景区由于暴雨山洪临时关闭，导游出于安全考虑，提出更换游览点的建议，实际安排了其他游玩景点。过程中，该旅行社未与游客签字确认变更行程。

（资料来源：广州市文化广电旅游局网站）

思考：

(1) 应依据《中华人民共和国旅游法》中的哪个条款来解决该纠纷？

(2) 旅行社是否存在服务问题，怎么避免该类事件发生？

案例分析

2-1

第一节　旅游服务合同及包价旅游合同的订立、转让、解除

一、旅游服务合同的概念、法律特征和类型

（一）旅游服务合同的概念

《中华人民共和国旅游法》专章规定了旅游服务合同，《中华人民共和国旅游法》第五十七条规定，旅行社组织和安排旅游活动，应当与旅游者订立合同。

旅游服务合同是指旅游经营者与旅游者约定旅游活动过程中旅行社和旅游者之间权利义务关系的协议。

旅游服务合同首先适用《中华人民共和国旅游法》的规定，《中华人民共和国旅游法》没有规定的，适用《中华人民共和国民法典》合同编的规定。此外，《旅行社条例》《旅行社国内旅游服务规范》《旅行社出境旅游服务规范》等法规及标准，也对旅游服务合同的有关内容做了专门规定。

同步案例

旅行社未与游客签订旅游合同要受处罚吗？

2021年6月19日，霍尔果斯市文化市场综合执法人员在例行检查时发现，霍尔果斯市某旅行社在未与游客签订合同的情况下，带领5名游客在国门文化展示馆游览，游客一共支付365元费用。

（资料来源：霍尔果斯市文化体育广播电视和旅游局）

（二）旅游服务合同的法律特征

旅游服务合同，作为旅游者与旅游经营者之间权益保障的关键文件，不仅保护着双方的合法权益，更是有关部门处理投诉和司法部门裁决案件时不可或缺的重要依据。旅游服务合同具有以下法律特征：①多为格式合同；②是双务、有偿、诺成合同；③合同标的具有特殊性。

其中，合同标的的特殊性体现为旅游服务的特殊性，即为旅游者打造的一段旅游经历及为获得这种经历所必需的食、住、行、游、购、娱等旅游服务条件。

（三）旅游服务合同的类型

《中华人民共和国旅游法》规定的旅游服务合同主要是指包价旅游合同、委托旅游合同、旅游代办合同，以及旅游设计、咨询合同等。本书重点介绍包价旅游合同。

1. 包价旅游合同

《中华人民共和国旅游法》第一百一十一条第三款对包价旅游合同进行了界定：

包价旅游合同，是指旅行社预先安排行程，提供或者通过履行辅助人提供交通、住宿、餐饮、游览、导游或者领队等两项以上旅游服务，旅游者以总价支付旅游费用的合同。

包价旅游合同具有下列特征。

1) 合同内容预先安排

包价旅游合同中的旅游行程及相关服务是由旅行社预先安排的。不论是旅行社自主设计，还是根据旅游者的具体要求安排线路和日程，都需要旅行社预先确定，并通过向交通、食宿、游览等经营者订购相关服务，以保证旅游活动顺利完成。

2) 服务的数量符合法律规定

旅行社所提供的服务应当包括交通、住宿、餐饮、游览、导游或者领队中任意两项以上旅游服务。这些服务可以由旅行社直接提供，也可以由旅行社向相关经营者订购后间接提供。

3) 合同价款以总价方式支付

包价旅游合同的价款中，既包括旅行社向交通、住宿、餐饮、游览等经营者订购服务的成本，也包括旅行社自身的经营成本（如运营费用、人员工资等），还包括其合理利润。旅行社因采购批量大，能获得一定折扣，所以旅游者以包价旅游形式购买旅游产品比逐项购买所花金额要少，这体现了旅行社在市场交易中的优势。

2. 委托旅游合同

旅行社经营中不可避免会涉及组团社、地接社、委托社、代理社、接待社之间的合同签订问题，通过合同约定双方的权利、义务和责任在旅行社经营中非常重要。旅行社之间签订的合同大多为委托合同。

1) 销售包价旅游产品的委托合同

《中华人民共和国旅游法》第六十条规定，旅行社委托其他旅行社代理销售包价旅游产品并与旅游者订立包价旅游合同的，应当在包价旅游合同中载明委托社和代理社的基本信息。

旅行社依照本法规定将包价旅游合同中的接待业务委托给地接社履行的，应当在包价旅游合同中载明地接社的基本信息。

2) 转团委托合同

《中华人民共和国旅游法》第六十三条第二款规定，因未达到约定人数不能出团的，组团社经征得旅游者书面同意，可以委托其他旅行社履行合同。组团社对旅游者承担责任，受委托的旅行社对组团社承担责任。旅游者不同意的，可以解除合同。

3) 组团社与地接社的委托合同

《中华人民共和国旅游法》第六十九条第二款规定，经旅游者同意，旅行社将包价旅游合同中的接待业务委托给其他具有相应资质的地接社履行的,应当与地接社订立书面委托合同,约定双方的权利和义务,向地接社提供与旅游者订立的包价旅游合同的副本,并向地接社支付不低于接待和服务成本的费用。地接社应当按照包价旅游合同和委托合同提供服务。

3. 旅游代办合同

旅游代办合同是指旅行社接受旅游者的委托,为其代订交通、住宿、餐饮、游览、娱乐等旅游服务,旅游者支付代办费用的合同。《中华人民共和国旅游法》第七十四条第一款规定,旅行社接受旅游者的委托,为其代订交通、住宿、餐饮、游览、娱乐等旅游服务,收取代办费用的,应当亲自处理委托事务。因旅行社的过错给旅游者造成损失的,旅行社应当承担赔偿责任。

教学互动

委托旅行社买票不成后自行购买高价票,差价损失谁来担?

2021年6月,A公司委托小马为其员工订购一张利雅得飞往广州的机票。随后,小马委托某旅行社购买了7月29日起飞的航班机票并支付了机票款,某旅行社开具抬头为A公司的发票。可是,因航班熔断未能按时起飞。

在随后的协商过程中,该旅行社表示要么退还同等金额代金券,要么为旅客改签机票。A公司考虑后,同意将机票改签至9月30日。但是,A公司却于9月16日时被告知改签后的航班座位被航空公司收回,该旅行社无法出票了。

之后,A公司要求该旅行社继续购票或者以现金的形式退还机票款,而该旅行社则称因客观因素影响无法保证一定能出票。双方一直协商未果,后经相关部门协调,某旅行社现金退回了机票款。

9月23日,A公司在某平台以近两倍的价格自行购买了10月7日利雅得飞往广州的机票。A公司认为,其委托某旅行社购买机票,在此前航班熔断时,因该旅行社不同意以现金形式退回机票款故才接受改签,结果却依旧无法出票,致使其只能以更高的价格自行购票,故起诉至上海市虹口区人民法院,要求该旅行社赔偿差价损失。

(资料来源:上海市高级人民法院官方微博)

讨论:

(1)A公司与某旅行社是否形成委托合同关系?

(2)某旅行社是否应当为A公司购买机票所产生的差价承担赔偿责任?

2-2

4. 旅游设计、咨询合同

旅游设计、咨询合同是指旅行社接受旅游者的委托,为旅游者提供旅游行程设计、旅游信息咨询等服务,旅游者为此支付相应服务费用的合同。《中华人民共和国旅游法》第七十四条第二款规定,旅行社接受旅游者的委托,为其提供旅游行程设计、旅游信息咨询等服务的,应当保证设计合理、可行,信息及时、准确。

二、包价旅游合同的订立

（一）包价旅游合同的形式

《中华人民共和国旅游法》第五十八条规定,包价旅游合同应当采用书面形式。

实践中,旅行社如果设计使用格式条款性质的包价旅游合同条款,则相关条款应当符合《中华人民共和国民法典》合同编、《中华人民共和国旅游法》以及相关法律法规的规定。

在旅游合同示范文本方面,2014年,国家工商行政管理总局(现国家市场监督管理总局)和国家旅游局(现文化和旅游部)联合发布了团队境内旅游合同(示范文本)(见图2-1)、团队出境旅游合同(示范文本)、大陆居民赴台湾地区旅游合同(示范文本)、境内旅游组团社与地接社合同(示范文本)等。

团队境内旅游合同

合同编号:＿＿＿＿＿＿

旅游者:＿＿＿＿＿＿等＿＿＿人(名单可附页,需旅行社和旅游者代表签字盖章确认);

旅行社:＿＿＿＿＿＿＿＿＿＿；

旅行社业务经营许可证编号:＿＿＿＿＿＿＿。

我已通过 ＿＿＿＿＿(旅游局官网、旅行社店堂张挂、纸质完全版本旅游合同等)方式阅读了国家旅游局、国家工商行政管理总局制定的《团队境内旅游合同》(GF-2014-2401)第一章到第六章的内容,同意遵守并将其列为本合同组成部分。

旅游者签名＿＿＿＿＿＿
年　月　日

第七章　协议条款
第二十条　线路行程时间
出发时间＿＿年＿＿月＿＿日＿＿时,结束时间＿＿年＿＿月＿＿日＿＿时;
共＿＿天,饭店住宿＿＿夜。

图2-1　《团队境内旅游合同(示范文本)》简化版本(部分)

2023年,文化和旅游部批准发布了旅游电子合同领域的行业标准《旅游电子合同管理与服务规范》,于12月9日起实施。其主要内容如下:一是明确旅游电子合同适用范围及基本要求;二是划定旅游电子合同基本要素;三是规范旅游电子合同签订规范及渠道;四是提出电子合同数据应用查证和安全保密要求。此规范的出台对推动旅游企业转型升级、保障旅游者合法权益、维护旅游市场秩序与安全具有重要意义。

(二)包价旅游合同的内容

1. 包价旅游合同的主要内容

《中华人民共和国旅游法》第五十八条第一款规定,包价旅游合同应当采用书面形式,包括下列内容:

(1)旅行社、旅游者的基本信息;
(2)旅游行程安排;
(3)旅游团成团的最低人数;
(4)交通、住宿、餐饮等旅游服务安排和标准;
(5)游览、娱乐等项目的具体内容和时间;
(6)自由活动时间安排;
(7)旅游费用及其交纳的期限和方式;
(8)违约责任和解决纠纷的方式;
(9)法律、法规规定和双方约定的其他事项。

2. 旅游行程单

《中华人民共和国旅游法》第五十九条规定,旅行社应当在旅游行程开始前向旅游者提供旅游行程单。旅游行程单是包价旅游合同的重要组成部分。

实践中,旅行社通过旅游行程单来说明具体旅游服务时间、地点、内容、顺序等,是对包价旅游合同中旅行社义务的具体化。旅行社应当提供带团号的旅游行程单,经双方签字或者盖章确认后,作为旅游合同的组成部分。

旅行社不仅应当按照包价旅游合同履行合同义务,还应当按照旅游行程单的规定履行合同。如果旅行社提供的实际旅游服务与旅游行程单载明的内容不一致,旅行社应承担相应的违约责任。

同步案例

合同约定"太简单",旅行社责有攸归

苏女士等人在某网预订了宁波某旅行社的"冰岛9日游"产品,并签订了合同。但在旅游过程中,先后发生酒店多订、餐标未经同意变更、导游服务质量差、减少体验项目、遗漏景点等许多问题,与旅行社在网站中发布内容相去甚远,苏女士认为旅行社存在服务质量问题并涉嫌虚假宣传,要求旅行社按旅游产品费用的3倍赔偿并赔偿精神损失费。相关执法部门受理投诉,最终旅行社与苏女士对退赔金额达成一致,投诉人放弃其他诉求,双方达成和解。

(资料来源:中国宁波网)

点评

2-2

(三)旅行社的订约说明告知义务

1. 说明义务

《中华人民共和国旅游法》第五十八条第二款规定,订立包价旅游合同时,旅行社应当向旅游者详细说明前款第二项至第八项所载内容。

2. 告知义务

《中华人民共和国旅游法》第六十二条规定,订立包价旅游合同时,旅行社应当向旅游者告知下列事项:

(1)旅游者不适合参加旅游活动的情形;
(2)旅游活动中的安全注意事项;
(3)旅行社依法可以减免责任的信息;
(4)旅游者应当注意的旅游目的地相关法律、法规和风俗习惯、宗教禁忌,依照中国法律不宜参加的活动等;
(5)法律、法规规定的其他应当告知的事项。

在包价旅游合同履行中,遇有前款规定事项的,旅行社也应当告知旅游者。

 教学互动

··· 护照有效期不满6个月无法出游,能否要求旅行社退还团费?

2023年11月,年近七旬的王女士与好友一起,报名参加跟团出境游。然而,当她深夜抵达机场准备搭乘航班开始她的阿联酋之旅时,却被航空公司告知,王女士护照有效期不满6个月,根据旅游目的地的规定,她无法免签入境。王女士回想起自己报名包价游时,已将护照电子版发给了旅行社,便立刻询问陪同的旅行社工作人员,为什么没有及时通知她对护照进行更换。工作人员却表示,他们也没有注意到有效期的问题。王女士无奈只能终止出行。

2024年1月,王女士将旅行社诉至法院,要求旅行社退一赔一,并支付其交通费用等。旅行社认为,王女士应向旅行社提供符合规定的护照,且其报名的是旅游团的尾单项目,机票、酒店等费用已预先支出,不同意王女士的诉讼请求。

(资料来源:"最高人民法院"微信公众号)

讨论:
旅行社是否要承担违约责任?为什么?

案例分析

2-3

三、包价旅游合同的转让、解除

（一）旅游者原因转让、解除合同

1. 旅游者转让包价旅游合同及法律后果

《中华人民共和国旅游法》第六十四条规定，旅游行程开始前，旅游者可以将包价旅游合同中自身的权利义务转让给第三人，旅行社没有正当理由的不得拒绝，因此增加的费用由旅游者和第三人承担。

旅游者转让合同中自身权利和义务的，应当符合以下要求：①向旅行社提出转让请求；②在旅游行程开始前提出。

旅行社如果有正当、合理的理由，有权拒绝转让请求：①对应原报名者办理的相关服务、手续不能变更或者不能及时变更，如出团前无法为第三人办妥签证等；②旅游活动对于旅游者的身份、资格等有特殊要求的，第三人并不具备相应身份、资格等。

2. 旅游者解除包价旅游合同及法律后果

根据《中华人民共和国旅游法》，游客拥有"单方任意解除权"，即在签署合同后，游客有权在任何时候主张解除旅游合同。

《中华人民共和国旅游法》第六十五条规定，旅游行程结束前，旅游者解除合同的，组团社应当在扣除必要的费用后，将余款退还旅游者。

必要费用主要包括两个部分：①组团社已向地接社或者履行辅助人支付且不可退还的费用；②旅游行程中已实际发生的费用。

> **慎思笃行**
>
> **没有出行就应该全额退款吗？**
>
> 2023年9月，田某等2人报名参加宁波某旅行社的"法瑞意12日游"出境旅游，计划9月27日出发，田某支付2人团费共计5万余元。旅行社为其代办签证，告知田某一行应于9月14日去上海签证中心办理指纹采集手续。当天，田某回复旅行社，因同行朋友身体不适无法前往上海采集指纹，同时提出取消此次旅行。旅行社提醒田某，此时终止旅游合同损失较大，希望其谨慎决定，但田某仍坚持终止合同，并要求全额退款。旅行社认为因游客个人原因导致无法出行，旅行社不存在过错，依约可扣除旅游行程所需的已经支付且无法退回的费用，将余款退还旅游者。双方无法达成一致，田某投诉求助。
>
> （资料来源：浙江省文化广电和旅游厅网站）

（二）旅行社原因转让、解除合同

1. 因未达到约定成团人数不能出团而解除合同及法律责任

包价旅游合同的价格是预先确定的。旅行社会根据形成团队的旅游者人数与履行辅助人商定价格,只有当旅游者人数达到一定规模,履行辅助人才会提供相应的折扣价格,若达不到约定的人数,履行辅助人会相应调高价格,使得旅行社无法按原报价提供服务。

《中华人民共和国旅游法》第六十三条规定,旅行社招徕旅游者组团旅游,因未达到约定人数不能出团的,组团社可以解除合同。但是,境内旅游应当至少提前7日通知旅游者,出境旅游应当至少提前30日通知旅游者。

因未达到约定人数不能出团的,组团社经征得旅游者书面同意,可以委托其他旅行社履行合同。组团社对旅游者承担责任,受委托的旅行社对组团社承担责任。旅游者不同意的,可以解除合同。

因未达到约定的成团人数解除合同的,组团社应当向旅游者退还已收取的全部费用。

教学互动

旅行社因人数不足无法成团,是否需要担责?

游客刘女士反映其通过某国际旅行社报名参加前往惠州的旅游团,但出发前三天收到了旅行社取消行程的通知,因其他团员临时取消致人数不足无法成团被告知取消出团。刘女士根据合同约定向旅行社提出赔偿违约金的诉求,但该社不予受理,因此,她投诉至广州市从化区文化广电旅游体育局,要求旅行社赔偿。

(资料来源:广东省文化和旅游厅网站)

讨论:

旅行社是否要承担违约责任?为什么?

案例分析
2-4

2. 因旅行社原因导致合同解除及法律责任

包价旅游合同关系中,除因不可抗力等导致合同不能履行外,旅行社通常无权解除合同。但为了保护大多数旅游者的合法权益,法律赋予旅行社在法定情形下的合同单方解除权。

《中华人民共和国旅游法》第六十六条规定,旅游者有下列情形之一的,旅行社可以解除合同:

(1)患有传染病等疾病,可能危害其他旅游者健康和安全的;

(2)携带危害公共安全的物品且不同意交有关部门处理的;

(3)从事违法或者违反社会公德的活动的;

(4)从事严重影响其他旅游者权益的活动,且不听劝阻、不能制止的;

(5)法律规定的其他情形。

因前款规定情形解除合同的,组团社应当在扣除必要的费用后,将余款退还旅游者;给旅行社造成损失的,旅游者应当依法承担赔偿责任。

(三)包价旅游合同解除后旅行社的协助义务及费用承担

1. 旅行社协助返程义务

在旅游行程中,旅游者按照旅行社的统一安排出游,一旦行程终止,对后续事项的处理,特别是返回出发地的安排,通常需要得到旅行社的协助。旅行社协助返程的义务是《中华人民共和国旅游法》基于保护旅游者利益而规定的旅行社必须履行的法定义务。

《中华人民共和国旅游法》第六十八条规定,旅游行程中解除合同的,旅行社应当协助旅游者返回出发地或者旅游者指定的合理地点。

2. 旅游者返程费用的承担

返程费用的承担,根据以下情形分别处理:

(1)旅游者因个人原因主动解除合同,或者旅行社根据《中华人民共和国旅游法》第六十六条的规定行使合同单方解除权的,返程费用由旅游者自己承担。

(2)旅行社或者履行辅助人导致合同解除的,返程费用由旅行社承担。

(3)因不可抗力或者旅行社、履行辅助人已尽合理注意义务仍不能避免的事件,导致合同不能继续履行的,或者旅游者不同意变更而解除合同的,返程费用由旅行社与旅游者分担。

第二节　旅游合同的履行和违约责任

一、包价旅游合同的履行

(一)组团社必须根据合同约定的内容、标准提供服务

《中华人民共和国旅游法》第六十九条第一款规定,旅行社应当按照包价旅游合同的约定履行义务,不得擅自变更旅游行程安排。

旅游者与旅行社订立包价旅游合同,其目的是通过接受旅行社提供的服务,进而满足其精神享受的需求,不论组团社直接履行合同,还是委托地接社履行,都应当通过全面、适当地履行合同中对旅游者承诺的义务,以达成旅游者参加包价旅游活动的目的。

通常在订立包价旅游合同时,旅游者完成团费的缴纳,即已适当履行;旅行社一方,除由于旅游者个人的主观因素或不可抗力等客观因素可以解除、变更合同外,必须根据合同所约定的服务内容和标准,向旅游者提供其所承诺的相关服务,且不得降低

档次、增减项目。

(二) 组团社将接待业务委托给地接社的规定

基于旅游活动的跨地域性特征,通常由组团社与旅游者签订旅游合同,并交由地接社负责接待旅游者。根据《中华人民共和国旅游法》第六十九条第二款,经旅游者同意,旅行社将包价旅游合同中的接待业务委托给其他具有相应资质的地接社履行时,应当遵守下列规定:

(1) 选择地接社时,选择具有相应资质的旅行社;
(2) 采取书面委托合同形式约定双方的权利和义务;
(3) 向地接社提供与旅游者订立的包价旅游合同的副本;
(4) 向地接社支付不低于接待和服务成本的费用。

同步案例

组团社向地接社支付接待费用过低受处罚

2023年,西双版纳某旅行社将其招揽的41名游客的"昆明—大理—丽江"3段行程交由地接社丽江某旅行社,但仅向丽江某旅行社支付了团款23370元,低于"昆明—大理—丽江"3段行程的接待和服务成本(每人1200元)标准。经立案调查后,西双版纳某旅行社受到行政处罚。

(资料来源:《云南日报》)

点评

2-3

(三) 地接社必须按包价旅游合同履行义务

依据《中华人民共和国旅游法》,地接社应当按照组团社与旅游者签订的包价旅游合同以及组团社与地接社签订的委托合同提供服务。这有利于明确包价旅游合同履行过程中当事人之间的法律关系。

二、包价旅游合同的违约责任

(一) 旅行社的违约责任

违反合同约定应当承担相应责任是民事法律的基本原则。包价旅游合同中,除一般性违约外,故意违约,甚至造成严重后果的,若旅行社无正当理由拒绝履行合同义务甚至甩团等,仅承担违约、赔偿责任不能体现公平合理的原则,需要法律予以特殊规定。

1. 旅行社的一般性责任承担

旅行社在一般情形下的违约行为,主要表现为擅自改变旅游行程、遗漏旅游景点、减少旅游服务项目、降低旅游服务标准等。

微课

旅行社的
违约责任

《中华人民共和国旅游法》第七十条第一款规定,旅行社不履行包价旅游合同义务或者履行合同义务不符合约定的,应当依法承担继续履行、采取补救措施或者赔偿损失等违约责任;造成旅游者人身损害、财产损失的,应当依法承担赔偿责任。

2. 旅行社的惩罚性赔偿责任

《中华人民共和国旅游法》第七十条第一款规定,旅行社具备履行条件,经旅游者要求仍拒绝履行合同,造成旅游者人身损害、滞留等严重后果的,旅游者还可以要求旅行社支付旅游费用一倍以上三倍以下的赔偿金。此条款是对旅行社"甩团"行为的惩罚性赔偿责任的规定,该赔偿不影响旅游者依照《中华人民共和国旅游法》,要求旅行社承担人身损害、财产损失赔偿的一般性违约责任。

3. 旅行社不承担违约责任的情形

《中华人民共和国旅游法》第七十条第二款规定,由于旅游者自身原因导致包价旅游合同不能履行或者不能按照约定履行,或者造成旅游者人身损害、财产损失的,旅行社不承担责任。

旅游者自身原因包括旅游者未尽其应尽的配合、协助义务,如擅自脱团、自行参加行程外的活动等主客观原因,以及《中华人民共和国旅游法》第六十六条规定的情形。

4. 旅游者自行安排活动期间的旅行社责任

《中华人民共和国旅游法》第七十条第三款规定,在旅游者自行安排活动期间,旅行社未尽到安全提示、救助义务的,应当对旅游者的人身损害、财产损失承担相应责任。

旅游者自行安排活动期间包括旅行社安排的在旅游行程中独立的自由活动期间、旅游者不参加旅游行程的活动期间,以及旅游者经导游或者领队同意暂时离队的个人活动期间,也包括旅行社开发的"机票+酒店"包价自助旅游产品(小包价)等。

微课
离团费是否应该收取?

教学互动

病弱老人"自由活动"受伤,旅行社是否需要担责?

2021年5月,付某及其子吴某等6人与某旅游公司签署"北京市国内旅游合同",约定游览天安门广场、故宫、颐和园等景点。签署合同前吴某就如实告知该旅游公司母亲付某"身体不好""腿脚不方便""癌症复发并转移至骨髓"的身体状况,销售人员回复"我们是家庭式自由结伴行,时间和景点都比较轻松和自由"。5月14日,在导游的带领下,付某等人一同前往颐和园进行游览。游览过程中,导游未根据付某的身体状况对其进行必要的安全提醒或提供辅助器具。当日中午"自由活动"期间,付某在多名亲属陪同的情况下在公园内摔倒。随后导游及家属拨打120将付某送入医院,根据医院病例记录记载,付某入院时诊断为股骨粗隆间骨折、乳腺癌术后癌症骨转移、重度骨质疏松等。后付某起诉要求某旅游公司赔偿医疗费、护理费等共计11万余元。

（资料来源：北京政法网）

讨论：

在此案例中，谁应为付某受伤负责？

案例分析

2-5

（二）旅游者的违约责任

旅游者在旅游活动中或者在解决纠纷时，享有法定的权利，同时也应承担相应的义务。这些义务包括但不限于遵守旅游合同、维护旅游秩序、保护旅游资源等。违反相关义务，给他人造成损害的，应承担相应责任。

《中华人民共和国旅游法》第七十二条规定，旅游者在旅游活动中或者在解决纠纷时，损害旅行社、履行辅助人、旅游从业人员或者其他旅游者的合法权益的，依法承担赔偿责任。

旅游者的损害赔偿责任主要有以下三种类型：一是影响行程，导致合同无法正常履行。例如，旅游者不遵守行程时间安排、擅自脱团不归，不遵守目的地法律、法规或风俗习惯、禁忌等被当地部分处理的，采取不正当手段解决纠纷的，都会导致整个团队行程受阻，给旅行社和同团旅游者带来损失。二是侵犯财产权，即旅游者在旅游过程中对他人的财产造成损害或破坏。例如，拿走飞机上配备的救生衣，损毁酒店物品、在景区内乱涂乱画等。三是侵害他人的人身权。旅游者侮辱、打骂旅游从业人员或其他旅游者的行为，都属于侵犯人身权的行为。

（三）地接社、履行辅助人的违约责任

依据《中华人民共和国旅游法》第七十一条第一款的规定，地接社、履行辅助人导致违约的，由组团社承担责任；组团社承担责任后可以向地接社、履行辅助人追偿。

旅游者是与组团社签订的旅游合同，地接社、履行辅助人又是由组团社选择、确定的，代表或者协助组团社履行合同义务，因此，其行为的后果应当由组团社承担。地接社、履行辅助人应根据委托合同和包价旅游合同的内容向旅游者提供服务，如果地接社、履行辅助人的服务不符合合同要求，就应该向组团社承担违约责任。因此，组团社向旅游者承担包价旅游合同的责任后，可以向地接社、履行辅助人行使追偿权。

依据《中华人民共和国旅游法》第七十一条第二款的规定，地接社、履行辅助人造成旅游者人身损害、财产损失的，旅游者可以要求地接社、履行辅助人承担赔偿责任，也可以要求组团社承担赔偿责任；组团社承担责任后可以向地接社、履行辅助人追偿。

该条款是关于侵权责任与违约责任竞合的规定，旅行社因违约行为导致旅游者人身、财产损失，旅游者有权选择请求其承担违约责任或者侵权责任。旅游者可以以被

侵权为由,直接要求作为侵权行为人的地接社、履行辅助人承担侵权赔偿责任;或者旅游者也可以选择组团社要求其承担违约责任。

依据《中华人民共和国旅游法》第七十一条第二款的规定,公共交通经营者造成旅游者人身损害、财产损失的,由公共交通经营者依法承担赔偿责任,旅行社应当协助旅游者向公共交通经营者索赔。

公共交通包括航空、铁路、航运客轮、城市公交、地铁等。

教学互动

王女士与宁波某旅行社的人身损害纠纷案

王女士于2022年9月18日与朋友一行6人参加宁波奉化某旅行社组织的"新疆8日游"。9月25日早上5点左右,王女士在入住的酒店用完早餐后准备下楼。由于酒店楼道昏暗,且台阶附近无警示标识,王女士下楼梯时不慎踩空摔倒,造成左胫腓骨下段粉碎性骨折,在当地医院简单治疗后回奉化住院做手术,累计花费医药费3万余元。王女士认为,其摔伤的原因是旅行社行程安排不合理(要求游客早上5点用餐),酒店楼梯通道昏暗且安全警示标识不完善,导游未尽到安全提示义务和及时救助义务,因此,在保险理赔的基础上,王女士提出由旅行社承担其手术费及护理费共计11000元的诉求。

(资料来源:浙江省文化广电和旅游厅网站)

讨论:

谁应为王女士受伤承担责任?

案例分析

2-6

(四)因客观原因影响旅游行程的处理

《中华人民共和国旅游法》第六十七条规定,因不可抗力或者旅行社、履行辅助人已尽合理注意义务仍不能避免的事件,影响旅游行程的,按照下列情形处理:

(1)合同不能继续履行的,旅行社和旅游者均可以解除合同。合同不能完全履行的,旅行社经向旅游者作出说明,可以在合理范围内变更合同;旅游者不同意变更的,可以解除合同。

(2)合同解除的,组团社应当在扣除已向地接社或者履行辅助人支付且不可退还的费用后,将余款退还旅游者;合同变更的,因此增加的费用由旅游者承担,减少的费用退还旅游者。

(3)危及旅游者人身、财产安全的,旅行社应当采取相应的安全措施,因此支出的费用,由旅行社与旅游者分担。

(4)造成旅游者滞留的,旅行社应当采取相应的安置措施。因此增加的食宿费用,由旅游者承担;增加的返程费用,由旅行社与旅游者分担。

知识活页

什么是不可抗力?

教学互动

因天气原因改行程所支出的费用由谁承担？

李女士通过珠海某旅行社报名参加张家界旅游双飞团，出行时间为2021年5月29日至6月2日，费用为2300元。6月2日受天气影响飞机停飞，旅行社安排游客乘坐火车返程，直到6月3日晚上才返回珠海，但旅行社加收了一笔181元的费用，也并未解释具体是什么费用。李女士认为旅行社临时加收费用非常不合理，要求旅行社退款，但与旅行社协商无果，故拨打12345热线投诉。经调查，额外收取的181元差价中，50元为食宿费用，131元为返程费用。

（资料来源：广东省文化和旅游厅网站）

讨论：

旅行社的做法是否合理？

案例分析

2-7

本章小结

本章主要介绍了旅游服务合同的概念、类型、特征，以及包价旅游合同的订立、履行、转让、解除、违约责任等内容。

本章训练

一、知识训练

扫描二维码进行在线答题。

二、能力训练

游客因高原反应猝死，旅行社是否担责？

2021年6月20日，罗某、邓某等4人报名参加四川九寨沟旅游活动，罗某向甲旅行社成都分公司交纳了旅游款1490元，该分公司的营业部负责人杨某向罗某出具了收据一张，但双方未签订书面旅游合同，甲旅行社成都分公司未向罗某告知高原旅游的安全注意事项，也未询问罗某的身体状况。后甲旅行社成都分公司委托乙旅行社对罗某等游客进行具体的服务，由乙旅行社安排罗某等游客的食宿、出行、导游等具体事务。6月30日，罗某一行人前往九寨沟景区游玩，7月1日，罗某突发急性高原病，大脑缺血缺氧，最终救治无效死亡。罗某事发时69岁，一直患有严重高血压、糖尿病等疾病。乙旅行社在罗某发病后，采取了为罗某提供氧气瓶、及时拨打120急救电话等救助行为。后死者罗某的近亲属邓某等3人诉至重庆市璧山区人民法院，请求判决甲旅行社、甲旅行社成都分公司、乙旅行社、杨某等共同赔偿罗某身故产生的

在线答题

第二章

死亡赔偿金、丧葬费等各项损失共计550214元。

（资料来源：重庆长安网）

请分析：

（1）旅行社是否存在违法违规行为？

（2）谁应为罗某的死亡负责？

第三章
守法经营，信誉至上
——旅行社法律制度

 本章概要

本章主要涉及旅行社管理的法律制度，涵盖旅行社业务经营许可证、旅游服务质量保证金、旅行社公告、市场监督管理、文化和旅游市场信用管理、旅游责任保险等相关法律制度，明确了旅行社的设立条件、业务范围、经营许可及原则，并详细阐述了旅游经营者的权利、义务和经营规范等内容。通过学习这些内容，学生能够全面理解和应用旅行社相关的各项法律规定，并在未来的工作岗位上能够依法合规地开展工作。

知识目标

(1) 了解旅行社管理法律制度的各项内容，包括旅行社经营许可证管理、旅游服务质量保证金制度、文化和旅游市场信用管理制度，以及在线经营旅游服务的相关法律制度。
(2) 熟悉旅行社设立条件、业务范围、经营原则等相关知识。
(3) 掌握旅游责任保险法律制度的含义、投保义务、保险范围等内容。

能力目标

(1) 能够理解并解释旅行社管理法律制度的相关条款和规定。
(2) 具备初步的法律风险识别和防范能力，能够提前预防和解决旅游服务中可能出现的法律问题。
(3) 具备分析、评价和应用旅游管理法律制度的能力，能够在实际情境中灵活运用相关知识。

素养目标

(1) 培养合法合规意识,在旅游服务中遵守法律法规,诚信经营。
(2) 增强社会责任感和文化自信心,成为具有国际竞争力的旅游从业者。
(3) 强化创新创业精神,在旅游产业中探索新模式、新技术,推动旅游服务的品质提升和创新发展。

知识导图

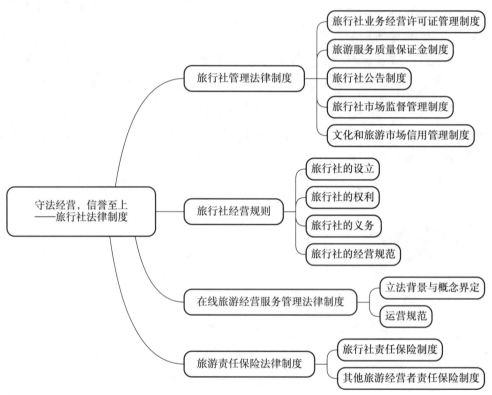

章节要点

旅行社业务经营许可证,旅行社的定义、设立条件、业务范围,旅行社的权利及义务,旅游服务质量保证金,旅行社责任保险。

章首案例

未经许可经营旅行社业务

2023年3月15日,北京市文化市场综合执法总队在对北京某网络科技发展有限公司现场执法检查时,发现该公司未取得旅行社经营许可证,且利用微信公众号和微信小程序销售其旅游产品,存在擅自组织开展旅游业务的违法行为。经立案调查,该公司从2022年10月开始,已累计组织开展了3次亲子旅游活动,共收取旅游费用2736元。

(资料来源:中国旅游新闻网)

思考:

该公司的经营行为违反了哪些规定?应怎样处罚?

案例分析

3—1

第一节 旅行社管理法律制度

一、旅行社业务经营许可证管理制度

旅行社经营旅游活动,须取得相应的经营许可证。《中华人民共和国旅游法》第二十八条规定,设立旅行社,招徕、组织、接待旅游者,为其提供旅游服务,应当具备下列条件,取得旅游主管部门的许可,依法办理工商登记:

(1)有固定的经营场所;
(2)有必要的营业设施;
(3)有符合规定的注册资本;
(4)有必要的经营管理人员和导游;
(5)法律、行政法规规定的其他条件。

(一)旅行社业务经营许可证的含义

旅行社业务经营许可证(简称许可证),指有许可权的旅游行政管理部门颁发的,证明持证人具有从事旅游业务经营资格的凭证。为保证许可证的权威性、严肃性和统一性,许可证及副本由国务院旅游行政主管部门制定统一样式,国务院旅游行政主管部门和省级旅游行政管理部门分别印制。未取得旅行社业务经营许可证的,不得从事旅行社业务经营活动。

(二)管理规范

1. 必要条件

《旅行社条例实施细则》第二十六条规定,旅行社及其分社、服务网点,应当将旅行社业务经营许可证、旅行社分社备案登记证明或者旅行社服务网点备案登记证明,与营业执照一起,悬挂在经营场所的显要位置。

《旅行社条例》第二十八条规定,旅行社为旅游者提供服务,应当与旅游者签订旅

微课

旅行社许可证制度

游合同并载明下列事项：①旅行社的名称及其经营范围、地址、联系电话和旅行社业务经营许可证编号；②旅行社经办人的姓名、联系电话；③签约地点和日期；④旅游行程的出发地、途经地和目的地；⑤旅游行程中交通、住宿、餐饮服务安排及其标准；⑥旅行社统一安排的游览项目的具体内容及时间；⑦旅游者自由活动的时间和次数；⑧旅游者应当交纳的旅游费用及交纳方式；⑨旅行社安排的购物次数、停留时间及购物场所的名称；⑩需要旅游者另行付费的游览项目及价格；⑪解除或者变更合同的条件和提前通知的期限；⑫违反合同的纠纷解决机制及应当承担的责任；⑬旅游服务监督、投诉电话；⑭双方协商一致的其他内容。

《旅行社条例》第四十二条提到，旅游、工商、价格等行政管理部门应当及时向社会公告监督检查的情况。公告的内容包括旅行社业务经营许可证的颁发、变更、吊销、注销情况，旅行社的违法经营行为以及旅行社的诚信记录、旅游者投诉信息等。

2. 法律责任

依据《中华人民共和国旅游法》《旅行社条例》及《旅行社条例实施细则》，下列情形严重的可吊销旅行社业务经营许可证：①旅行社转让、出租、出借旅行社业务经营许可证的；②旅行社未在规定期限内向其质量保证金账户存入、增存、补足质量保证金或者提交相应的银行担保的；③旅行社不投保旅行社责任险的；④外商投资旅行社经营中国内地居民出国旅游业务以及赴香港特别行政区、澳门特别行政区和台湾地区旅游业务，或者经营出境旅游业务的旅行社组织旅游者到国务院旅游行政主管部门公布的中国公民出境旅游目的地之外的国家和地区旅游的；⑤旅行社为旅游者安排或者介绍的旅游活动含有违反有关法律、法规规定的内容的；⑥拒不履行旅游合同约定的义务的，非因不可抗力改变旅游合同安排的行程的，欺骗、胁迫旅游者购物或者参加需要另行付费的游览项目的；⑦旅行社违反旅游合同约定，造成旅游者合法权益受到损害，不采取必要的补救措施的；⑧进行虚假宣传、误导旅游者的，向不合格的供应商订购产品和服务的；⑨旅行社不向接受委托的旅行社支付接待和服务费用的；⑩未按照规定为出境或者入境团队旅游安排领队或者导游全程陪同的，以及法律规定的其他情形。

《中华人民共和国旅游法》第一百零三条规定，违反本法规定被吊销导游证的导游、领队和受到吊销旅行社业务经营许可证处罚的旅行社的有关管理人员，自处罚之日起未逾三年的，不得重新申请导游证或者从事旅行社业务。

二、旅游服务质量保证金制度

为规范对旅游服务质量保证金的管理，更好地落实《中华人民共和国旅游法》第三十一条关于旅游服务质量保证金用于垫付旅游者人身安全遇有危险时紧急救助费用的规定，国务院旅游行政主管部门依据《中华人民共和国旅游法》《中华人民共和国商业银行法》《中华人民共和国担保法》《中华人民共和国民法典》和《旅行社条例》的规定，制定《旅游服务质量保证金存取管理办法》，其中具体涉及的缴纳数额、存入方式等仍按《旅行社条例》和《旅行社条例实施细则》执行。

（一）旅游服务质量保证金的含义

旅游服务质量保证金（以下简称保证金）是指依据《中华人民共和国旅游法》及《旅行社条例》的规定，由旅行社在指定银行缴存或由银行担保提供的一定数额用于旅游服务质量赔偿支付和团队旅游者人身安全遇有危险时紧急救助费用垫付的资金。

（二）缴纳规范

1. 存款账户

依据《旅行社条例实施细则》第十三条的规定，国务院旅游行政主管部门指定的作为旅行社存入质量保证金的商业银行，应当提交具有下列内容的书面承诺：①同意与存入质量保证金的旅行社签订符合本实施细则第十五条规定的协议；②当县级以上旅游行政管理部门或者人民法院依据《旅行社条例》规定，划拨质量保证金后3个工作日内，将划拨情况及其数额，通知旅行社所在地的省级旅游行政管理部门，并提供县级以上旅游行政管理部门出具的划拨文件或者人民法院生效法律文书的复印件；③非因《旅行社条例》规定的情形，出现质量保证金减少时，承担补足义务。旅行社应当在国务院旅游行政主管部门指定银行的范围内，选择存入质量保证金的银行。

依据《旅行社条例实施细则》第十五条的规定，旅行社存入、续存、增存质量保证金后7个工作日内，应当向作出许可的旅游行政管理部门提交存入、续存、增存质量保证金的证明文件，以及旅行社与银行达成的使用质量保证金的协议。前款协议应当包含下列内容：①旅行社与银行双方同意依照《旅行社条例》规定使用质量保证金；②旅行社与银行双方承诺，除依照县级以上旅游行政管理部门出具的划拨质量保证金，或者省级以上旅游行政管理部门出具的降低、退还质量保证金的文件，以及人民法院作出的认定旅行社损害旅游者合法权益的生效法律文书外，任何单位和个人不得动用质量保证金。

2. 存款期限

《旅行社条例》第十三条第一款规定，旅行社应当自取得旅行社业务经营许可证之日起3个工作日内，在国务院旅游行政主管部门指定的银行开设专门的质量保证金账户，存入质量保证金，或者向作出许可的旅游行政管理部门提交依法取得的担保额度不低于相应质量保证金数额的银行担保。《旅行社条例实施细则》第十四条规定，旅行社在银行存入质量保证金的，应当设立独立账户，存期由旅行社确定，但不得少于1年。账户存期届满1个月前，旅行社应当办理续存手续或者提交银行担保。

3. 存款金额

《旅行社条例》第十三条第二款、第三款规定，经营国内旅游业务和入境旅游业务的旅行社，应当存入质量保证金20万元；经营出境旅游业务的旅行社，应当增存质量保证金 120 万元。质量保证金的利息属于旅行社所有。《旅行社条例》第十四条规定，旅行社每设立一个经营国内旅游业务和入境旅游业务的分社，应当向其质量保证金账户增存 5 万元；每设立一个经营出境旅游业务的分社，应当向其质量保证金账户增存 30 万元。

（三）取用规范

1. 取款条件

1）旅行社申请支取保证金

依据《旅游服务质量保证金存取管理办法》第十一条的规定，旅行社因解散或破产清算、业务变更或撤减分社减交、三年内未因侵害旅游者合法权益受到行政机关罚款以上处罚而降低保证金数额 50% 等原因，需要支取保证金时，须向许可的旅游行政主管部门提出，许可的旅游行政主管部门审核出具旅游服务质量保证金取款通知书（见图 3-1）。银行根据旅游服务质量保证金取款通知书，将相应数额的保证金退还给旅行社。

旅游服务质量保证金取款通知书

旅行社名称	
经营许可证号码	
通信地址及邮编	
法定代表人姓名及联系电话	
保证金开户银行及联系电话	
取款原因	第一类 退还给旅行社 1. 解散撤销清算（ ） 2. 业务变更减交（ ） 3. 撤减分社减交（ ） 4. 旅游行政主管部门依法降低保证金数额 50%（ ） 第二类 给付旅游者 1. 旅行社违反合同约定侵害旅游者合法权益，经旅游行政主管部门查证属实（ ） 2. 旅行社解散、破产或者其他原因造成旅游者预交旅游费用损失（ ） 第三类 垫付团队旅游者紧急救助费用 1. 旅行社申请垫付（ ） 2. 旅游行政主管部门决定垫付（ ）
取款金额	大写：佰拾万千佰拾元角分；小写：
辅助文件一	旅游行政主管部门划拨旅游服务质量保证金决定书（ ）
辅助文件二	关于使用旅游服务质量保证金垫付旅游者人身安全遇有危险时紧急救助费用的决定书（ ）
旅游行政主管部门意见	属第一类情形的，开户银行在 5 个工作日内，直接退还旅行社。 属第二类情形的，开户银行在 5 个工作日内，直接给付旅游者，并在之后 3 个工作日内，将划拨单位、划拨数额、划拨依据文书等情况通报给旅行社和许可的旅游行政主管部门。 属第三类情形的，开户银行在 24 小时内，直接提供给**单位或**账户。 经办人签字： 领导签字： 单位盖章 地址： 联系电话：

图 3-1　旅游服务质量保证金取款通知书

依据《旅游服务质量保证金存取管理办法》第十四条第一款的规定,发生《中华人民共和国旅游法》第三十一条规定的旅游者人身安全遇有危险时紧急救助费用垫付的情形,旅行社提出申请的(申请书样式见图3-2),旅游行政主管部门应立即予以审核;旅游行政主管部门决定垫付的,需按实际所需确定垫付额度。申请额度和决定垫付额度均应在保证金账户现有额度内。

旅游服务质量保证金取款申请书

**﹡﹡旅游局(委):

兹有以下原因申请支取旅游服务质量保证金:

1. 解散撤销清算 ( )
2. 业务变更减交 ( )
3. 撤减分社减交 ( )
4. 旅游行政主管部门依法降低保证金数额 50% ( )
5. 垫付旅游者人身安全遇有危险时紧急救助费用 ( )

支取金额:

大写 佰 拾 万 千 佰 拾 元 角 分

小写

支取方式:

1. 转账﹡﹡开户行的﹡﹡账户 ( )
2. 现金 ( )

旅行社名称(加盖公章):

经营许可证号码:

法定代表人:

法定代表人联系电话:

年 月 日

图 3-2 旅游服务质量保证金取款申请书

2) 旅游行政管理部门及人民法院使用保证金

《旅行社条例》第十五条规定,有下列情形之一的,旅游行政管理部门可以使用旅行社的质量保证金:①旅行社违反旅游合同约定,侵害旅游者合法权益,经旅游行政管理部门查证属实的;②旅行社因解散、破产或者其他原因造成旅游者预交旅游费用损失的。

《旅行社条例》第十六条规定,人民法院判决、裁定及其他生效法律文书认定旅行社损害旅游者合法权益,旅行社拒绝或者无力赔偿的,人民法院可以从旅行社的质量保证金账户上划拨赔偿款。

2. 取款时效

1) 旅游行政管理部门及人民法院使用保证金的情形

依据《旅游服务质量保证金存取管理办法》第十二条的规定,发生《旅行社条例》第十五条规定的情形,银行应根据旅游行政主管部门出具的旅游服务质量保证金取款通知书及旅游行政主管部门划拨旅游服务质量保证金决定书,经与旅游行政主管部门核实无误后,在5个工作日内将保证金以现金或转账方式直接向旅游者支付。

《旅游服务质量保证金存取管理办法》第十三条规定,发生《旅行社条例》第十六条规定的情形,银行根据人民法院判决、裁定及其他生效法律文书执行。

2) 旅游者人身安全遇有危险时紧急救助费用垫付的情形

依据《旅游服务质量保证金存取管理办法》第十四条的规定,发生《中华人民共和国旅游法》第三十一条规定的旅游者人身安全遇有危险时紧急救助费用垫付的情形,旅行社提出申请的,旅游行政主管部门应立即予以审核。银行根据旅游行政主管部门出具的旅游服务质量保证金取款通知书及关于使用旅游服务质量保证金垫付旅游者人身安全遇有危险时紧急救助费用的决定书(见图3-3)后24小时内,经与旅游行政主管部门核实无误后,将保证金以现金或转账方式直接向旅游服务质量保证金取款通知书中确定的单位或账户提供。

图3-3 关于使用旅游服务质量保证金垫付旅游者人身安全遇有危险时紧急救助费用的决定书

3) 提供保证金担保的银行履行担保责任的情形

依据《旅游服务质量保证金存取管理办法》第十五条的规定,提供保证金担保的银行,因发生《旅行社条例》第十五条、第十六条规定的情形,在收到旅游服务质量保证金取款通知书及旅游行政主管部门划拨旅游服务质量保证金决定书或人民法院判决、裁定及其他生效法律文书5个工作日内履行担保责任;因发生《中华人民共和国旅游法》

第三十一条旅游者人身安全遇有危险时紧急救助费用垫付的情形,在收到旅游服务质量保证金取款通知书及关于使用旅游服务质量保证金垫付旅游者人身安全遇有危险时紧急救助费用的决定书24小时内履行担保责任。

(四)动态管理

为激励旅行社合法经营,形成有序的市场环境,促进旅游业健康发展,我国对保证金实行动态管理。具体方式包括降低交纳标准、退还已交纳的保证金和补足保证金。

1.降低交纳标准、退还已交纳的保证金

《旅行社条例》第十七条规定,旅行社自交纳或者补足质量保证金之日起3年内未因侵害旅游者合法权益受到行政机关罚款以上处罚的,旅游行政管理部门应当将旅行社质量保证金的交存数额降低50%,并向社会公告。旅行社可凭省、自治区、直辖市旅游行政管理部门出具的凭证减少其质量保证金。依据《旅行社条例实施细则》第十六条的规定,旅行社符合《旅行社条例》第十七条降低质量保证金数额规定条件的,原许可的旅游行政管理部门应当根据旅行社的要求,在10个工作日内向其出具降低质量保证金数额的文件。

2.补足保证金

《旅行社条例》第十八条规定,旅行社在旅游行政管理部门使用质量保证金赔偿旅游者的损失,或者依法减少质量保证金后,因侵害旅游者合法权益受到行政机关罚款以上处罚的,应当在收到旅游行政管理部门补交质量保证金的通知之日起5个工作日内补足质量保证金。

《旅行社条例》第四十八条规定,违反本条例的规定,旅行社未在规定期限内向其质量保证金账户存入、增存、补足质量保证金或者提交相应的银行担保的,由旅游行政管理部门责令改正;拒不改正的,吊销旅行社业务经营许可证。

三、旅行社公告制度

(一)旅行社公告制度的含义

旅行社公告制度,是指相关行政管理部门对其具体行政行为,通过报刊、网络或者其他形式向社会公开发布告知的管理制度。

(二)管理规范

1.发布部门

依据《旅行社条例》第四十二条的规定,旅游、工商、价格等行政管理部门应当及时向社会公告监督检查的情况。公告制度中,旅游、工商、价格等行政管理部门是履责部门,依据《旅行社条例实施细则》第五十四条第一款的规定,县级以上旅游行政管理部门应当通过本部门或者上级旅游行政管理部门的政府网站向社会发布。

2. 公告内容

依据《旅行社条例》第四十二条的规定，公告的内容包括旅行社业务经营许可证的颁发、变更、吊销、注销情况，旅行社的违法经营行为以及旅行社的诚信记录、旅游者投诉信息等。

3. 公告时效

《旅行社条例实施细则》第五十四条第二款规定，质量保证金存缴数额降低、旅行社业务经营许可证的颁发、变更和注销的，国务院旅游行政主管部门或者省级旅游行政管理部门应当在作出许可决定或者备案后20个工作日内向社会公告。

《旅行社条例实施细则》第五十四条第三款规定，旅行社违法经营或者被吊销旅行社业务经营许可证的，由作出行政处罚决定的旅游行政管理部门，在处罚生效后10个工作日内向社会公告。

《旅行社条例实施细则》第五十四条第四款规定，旅游者对旅行社的投诉信息，由处理投诉的旅游行政管理部门每季度向社会公告。

四、旅行社市场监督管理制度

（一）旅行社市场监督管理制度的含义

旅行社市场监督管理制度，是指对旅行社及旅行社业务经营活动进行监督管理，实行以旅游主管部门为主的分级管理、相关行政部门与旅游主管部门共同负责监管，在各自的权限范围内依法对旅行社行使监管权，对违法行为作出处理的制度。

（二）监管部门及其职责

1. 监管部门

国务院旅游行政主管部门负责全国旅行社的监督管理工作。按照属地管理的原则，地方各级旅游主管部门负责本行政辖区内旅行社的监管工作。其他相关行政管理部门应按职责分工，依法对旅行社进行监管。

2. 职责

1）国务院旅游行政主管部门的主要监管职责

贯彻执行相关旅行社的法律、法规；制定有关旅行社监管的部门规章、政策、标准；审批旅行社经营出境旅游业务；依法对旅行社及其业务经营活动行使监管权；负责查处违反条例并在全国范围内有重大影响的违法行为。

2）县级以上地方人民政府旅游主管部门的主要监管职责

贯彻执行相关旅行社的法律、法规和规章；依法对旅行社及其业务经营活动行使监管权；负责查处本行政区域内违反条例的违法行为。其中，在全省或全市范围内有重大影响的，由省级或者市级旅游主管部门负责查处。

3）其他相关行政管理部门的职责

市场监督、价格、商务、外汇等相关部门应按职责分工，依法对旅行社进行监管。例如，市场监督管理部门作为企业登记的主管部门，有权对旅行社相关登记事宜实施监管；对于企业低于成本经营的违法行为，价格部门依法有权监督。

（三）监管部门的权利及义务

1. 监管部门的权利

1）监管事项

《中华人民共和国旅游法》第八十五条规定，县级以上人民政府旅游主管部门有权对下列事项实施监督检查：①经营旅行社业务以及从事导游、领队服务是否取得经营、执业许可；②旅行社的经营行为；③导游和领队等旅游从业人员的服务行为；④法律、法规规定的其他事项。旅游主管部门实施监督检查时，可以对涉嫌违法的合同、票据、账簿以及其他资料进行查阅、复制。依据《旅行社条例》第四十四条的规定，旅行社及其分社应当接受旅游行政管理部门对其旅游合同、服务质量、旅游安全、财务账簿等情况的监督检查，并按照国家有关规定向旅游行政管理部门报送经营和财务信息等统计资料。

2）执行监管的权利

依据《中华人民共和国旅游法》第八十七条的规定，对依法实施的监督检查，有关单位和个人应当配合，如实说明情况并提供文件、资料，不得拒绝、阻碍和隐瞒。

3）委托监管的权利

《旅行社条例实施细则》第五十六条规定，县级以上旅游行政管理部门，可以在其法定权限内，委托符合法定条件的同级旅游质监执法机构实施监督检查。

2. 监管部门的义务

1）监管人员及证件配备的义务

依据《中华人民共和国旅游法》第八十六条第一款的规定，旅游主管部门和有关部门依法实施监督检查，其监督检查人员不得少于2人，并应当出示合法证件。监督检查人员少于2人或者未出示合法证件的，被检查单位和个人有权拒绝。

2）及时公告的义务

依据《旅行社条例》第四十二条的规定，旅游、工商、价格等行政管理部门应当及时向社会公告监督检查的情况。

3）不得违法收费的义务

《中华人民共和国旅游法》第八十四条规定，旅游主管部门履行监督管理职责，不得违反法律、行政法规的规定向监督管理对象收取费用。旅游主管部门及其工作人员不得参与任何形式的旅游经营活动。《旅行社条例》第四十五条规定，旅游、工商、价格、商务、外汇等有关部门工作人员不得接受旅行社的任何馈赠，不得参加由旅行社支付费用的购物活动或者游览项目，不得通过旅行社为自己、亲友或者其他个人、组织牟取私利。

4）监管资料保密的义务

《中华人民共和国旅游法》第八十六条第二款规定，监督检查人员对在监督检查中知悉的被检查单位的商业秘密和个人信息应当依法保密。

（四）行业组织的监督管理

旅行社行业组织又称旅行社行业协会，是指旅行社为实现本行业的共同利益和共同目标，在自愿加入的基础上组成的民间组织。《中华人民共和国旅游法》第九十条规定，依法成立的旅游行业组织依照法律、行政法规和章程的规定，制定行业经营规范和服务标准，对其会员的经营行为和服务质量进行自律管理，组织开展职业道德教育和业务培训，提高从业人员素质。

五、文化和旅游市场信用管理制度

为规范和加强文化和旅游市场信用管理，保护各类市场主体、从业人员和消费者合法权益，维护文化和旅游市场秩序，促进文化和旅游市场高质量发展，文化和旅游部依据《中华人民共和国旅游法》《中华人民共和国未成年人保护法》《营业性演出管理条例》《娱乐场所管理条例》《互联网上网服务营业场所管理条例》《旅行社条例》等相关法律法规，出台《文化和旅游市场信用管理规定》，此规定于2021年10月25日文化和旅游部部务会议上审议通过，自2022年1月1日起施行。

（一）实施原则、适用范围及管理主体

1. 实施原则

《文化和旅游市场信用管理规定》第二条规定，文化和旅游主管部门实施信用管理，应当坚持依法行政、合理关联、保护权益、审慎适度原则，确保奖惩措施与守信失信行为相当。

2. 适用范围

《文化和旅游市场信用管理规定》第三条规定，本规定适用于文化和旅游市场主体和从业人员的信用信息的采集、归集、公开和共享，守信激励和失信惩戒，信用修复，信用承诺和信用评价等活动。

文化市场主体包括从事营业性演出、娱乐场所、艺术品、互联网上网服务、网络文化、社会艺术水平考级等经营活动的法人或者其他组织；从业人员包括上述市场主体的法定代表人、主要负责人、实际控制人等有关人员。

旅游市场主体包括从事旅行社经营服务、A级旅游景区经营服务、旅游住宿经营服务、在线旅游经营服务的法人或者其他组织；从业人员包括上述市场主体的法定代表人、主要负责人、实际控制人以及导游等有关人员。

3. 管理主体及职责

1) 国务院旅游行政主管部门

《文化和旅游市场信用管理规定》第四条规定,文化和旅游部信用管理部门负责指导协调和监督管理全国文化和旅游市场信用管理工作。具体职责包括:①承担文化和旅游行业信用体系建设工作,拟定行业信用体系建设规划并组织实施,实施行业信用监管,统筹推进信用联合奖惩;②组织起草文化和旅游市场信用管理规章制度、标准规范等,开展信用监督检查;③承担社会信用体系建设部际联席会议相关工作,开展文化和旅游市场失信主体认定工作;④负责管理文化和旅游市场信用信息采集、归集、公开和共享工作;⑤负责管理信用承诺、信用评价、守信激励和失信惩戒、信用修复等工作;⑥负责建设管理全国文化和旅游市场信用管理系统,负责信用信息安全管理,组织开展信用信息分析与监测工作;⑦开展诚信文化建设,指导组织信用培训和宣传等工作。

2) 地方旅游主管部门

《文化和旅游市场信用管理规定》第五条规定,县级以上地方人民政府文化和旅游主管部门负责本行政区域内文化和旅游市场信用管理工作。具体职责包括:①负责本行政区域文化和旅游市场信用管理制度规范的组织实施,开展本行政区域文化和旅游市场失信主体认定工作;②开展本行政区域内信用信息采集、归集、公开和共享工作,组织开展信用承诺、信用评价、守信激励和失信惩戒、信用修复等工作;③组织开展本行政区域诚信文化建设、信用信息分析与监测、信用培训和宣传等工作。

3) 其他单位和个人

《文化和旅游市场信用管理规定》第六条规定,鼓励行业协会商会、第三方信用服务机构、金融机构、新闻媒体等各类单位和个人依法参与信用管理。鼓励各类市场主体在生产经营活动中广泛、主动地应用信用报告。支持行业协会商会开展行业信用建设。支持行业协会商会对认定为失信主体的会员采取公开谴责、取消评优评先资格等行业自律措施,加强诚信宣传教育。

(二) 信用信息管理

1. 信用信息内容

《文化和旅游市场信用管理规定》第八条规定,文化和旅游市场信用信息包括下列信息:①注册登记、备案等用以识别、记载市场主体和从业人员基本情况的信息;②司法裁判仲裁执行信息;③行政许可、行政处罚信息;④与其他部门实施联合奖惩的信息;⑤信用评价结果信息、信用承诺履行情况信息;⑥其他反映市场主体和从业人员信用状况的相关信息。

2. 信用信息管理部门

1) 采集与归集管理

《文化和旅游市场信用管理规定》第七条规定,文化和旅游部建立全国文化和旅游市场主体和从业人员信用信息记录。地方各级文化和旅游主管部门负责补充完善信用信息记录,管理本行政区域内信用信息有关工作。《文化和旅游市场信用管理规定》第十条规定,文化和旅游主管部门应当通过全国文化和旅游市场信用管理系统归集职责范围内的相关信用信息。

2)公开与共享管理

《文化和旅游市场信用管理规定》第二十四条规定,文化和旅游部信用管理部门应当建立健全信用信息查询、应用和反馈机制,推进信用信息与其他有关部门共享,实施信用联合奖惩。各级文化和旅游主管部门有关职能部门、文化市场综合执法机构,应当将执法信息等相关信用信息及时与同级文化和旅游信用管理部门共享。

3. 信用信息管理规范

1)采集与归集规范

《文化和旅游市场信用管理规定》第九条规定,文化和旅游主管部门应当按照"谁管理、谁采集"的要求,依法依职责采集相关信用信息,任何单位和个人不得违法违规采集。

2)公开与共享规范

《文化和旅游市场信用管理规定》第二十二条规定,文化和旅游市场信用信息的公开与共享坚持合法、必要、安全原则,防止信息泄露,不得侵犯商业秘密和个人隐私。《文化和旅游市场信用管理规定》第二十三条规定,失信主体信息应当按照"谁认定、谁公开"原则通过全国文化和旅游市场信用管理系统等渠道公开。法律法规另有规定的,从其规定。

4. 信用信息查询机制

《文化和旅游市场信用管理规定》第二十五条规定,公民、法人和其他组织有权查询与自身相关的信用信息。文化和旅游主管部门应当依法依规为查询提供便利。认定部门或者信用信息归集管理部门发现信用信息有误的,应当及时主动更正。公民、法人和其他组织认为自己的信用信息有误时,有权向认定部门申请更正相关信息。认定部门应当在收到实名提交的书面更正申请之日起5个工作日内作出是否更正的决定。

(三)失信主体认定

《文化和旅游市场信用管理规定》第十一条规定,文化和旅游市场失信主体分为严重失信主体和轻微失信主体。

1. 严重失信主体认定

1)文化市场严重失信主体的认定情形

《文化和旅游市场信用管理规定》第十二条规定,文化市场主体和从业人员有下列情形之一的,应当将其认定为严重失信主体:①因欺骗、故意隐匿、伪造、变造材料等不正当手段取得许可证、批准文件的，或者伪造、变造许可证、批准文件的；②提供含有法律、行政法规、规章禁止的内容，造成严重后果的；③受到文化和旅游主管部门吊销许可证行政处罚的；④擅自从事营业性演出、娱乐场所、互联网上网服务等文化市场经营活动，特别是造成重大事故或者恶劣社会影响的；⑤其他应当认定为严重失信主体的情形。

2) 旅游市场严重失信主体的认定情形

《文化和旅游市场信用管理规定》第十三条规定，旅游市场主体和从业人员有下列情形之一的，应当将其认定为严重失信主体：①因欺骗、故意隐匿、伪造、变造材料等不正当手段取得许可证、批准文件的，或者伪造、变造许可证、批准文件的；②发生重大安全事故，属于旅游市场主体主要责任的；③因侵害旅游者合法权益，造成游客滞留或者严重社会不良影响的；④受到文化和旅游主管部门吊销旅行社业务经营许可证、导游证行政处罚的；⑤未经许可从事旅游市场经营活动，特别是造成重大事故或者恶劣社会影响的；⑥其他应当认定为严重失信主体的情形。

3) 严重失信主体的认定程序

《文化和旅游市场信用管理规定》第十四条规定，文化和旅游主管部门将市场主体和从业人员认定为严重失信主体，应当遵守以下程序规定：

（1）告知。经查证符合严重失信主体认定标准的，应当向文化和旅游市场主体和从业人员送达严重失信主体认定告知书，载明认定理由、依据、惩戒措施和当事人享有的陈述、申辩权利。

（2）陈述与申辩。当事人在被告知的10个工作日内有权向认定部门提交书面陈述、申辩及相关证明材料，逾期不提交的，视为放弃。认定部门应当在15个工作日内给予答复。陈述、申辩理由被采纳的，不认定为严重失信主体。

（3）认定。符合严重失信主体认定标准的，经专家评估、法制审核、集体讨论等程序，依法在15个工作日内作出决定。

（4）决定与送达。认定部门应当向当事人出具严重失信主体认定决定书并送达。

2. 轻微失信主体认定

1) 文化和旅游市场轻微失信主体的认定情形

《文化和旅游市场信用管理规定》第十五条规定，文化和旅游市场主体和从业人员有下列情形之一的，应当认定为轻微失信主体：①存在"捂票炒票"、虚假宣传、未履行相关义务、违反公序良俗等行为，造成不良社会影响的；②因故意或者重大过失严重损害旅游者合法权益，但尚不符合严重失信主体认定情形的；③在旅游经营活动中存在安全隐患，未在指定期限内整改完毕的；④拒不配合投诉处置、执法检查，拒不履行行政处罚决定，造成不良社会影响的；⑤12个月内受到文化和旅游主管部门两次较大数额罚款行政处罚，造成不良社会影响的；⑥其他应当认定为轻微失信主体的情形。

应当注意的是，12个月内第3次认定为轻微失信主体的，应当认定为严重失信主体。

2) 轻微失信主体的认定程序

《文化和旅游市场信用管理规定》第十六条规定，符合轻微失信主体认定标准的，由县级以上地方人民政府文化和旅游主管部门依法作出决定。认定部门应当向行政相对人出具轻微失信主体认定决定书并送达。符合轻微失信主体认定标准的,在作出决定前,经文化和旅游主管部门约谈督促,改正违法行为、履行赔偿补偿义务、挽回社会不良影响的,可以不认定为轻微失信主体。

(四) 信用管理措施

《文化和旅游市场信用管理规定》第十七条规定,文化和旅游主管部门对守信情况良好的市场主体和从业人员,可以采取加强宣传、公开鼓励、提供便利服务等激励措施。

《文化和旅游市场信用管理规定》第二十一条规定,对严重失信主体实施信用管理措施的期限为3年,对轻微失信主体实施信用管理措施的期限为1年。法律法规另有规定的,从其规定。

《文化和旅游市场信用管理规定》第三十二条规定,文化和旅游主管部门应当对信用管理工作进行检查和评估,并采取通报表扬、通报批评、责令改正等措施。

1. 严重失信主体管理

1) 文化市场严重失信主体的管理措施

《文化和旅游市场信用管理规定》第十八条规定,文化和旅游主管部门对文化市场严重失信主体实施下列管理措施:①适当提高抽查比例和频次,纳入重点监管对象;②将失信信息提供给有关部门查询,供其在相关行政管理、公共服务、评优评先等活动中参考使用;③将失信信息提供给各类市场主体查询,供其在市场活动中参考使用;④因擅自从事娱乐场所经营活动而被认定为严重失信主体的,其投资人和负责人终身不得投资开办娱乐场所或者担任娱乐场所的法定代表人、负责人;⑤因擅自设立互联网上网服务营业场所经营单位而被认定为严重失信主体的,其法定代表人或者主要负责人5年内不得担任互联网上网服务营业场所经营单位的法定代表人或者主要负责人;⑥因被吊销营业性演出许可证而被认定为严重失信主体的,当事人为单位的,其法定代表人、主要负责人5年内不得担任文艺表演团体、演出经纪机构或者演出场所经营单位的法定代表人、主要负责人;⑦因营业性演出含有禁止内容被吊销营业性演出许可证而被认定为严重失信主体的,不得再次从事营业性演出或者营业性演出的居间、代理、行纪活动;⑧因被吊销或者撤销娱乐经营许可证而被认定为严重失信主体的,其法定代表人、主要负责人5年内不得担任娱乐场所的法定代表人、负责人;⑨因被吊销网络文化经营许可证而被认定为严重失信主体的,其法定代表人或者主要负责人5年内不得担任互联网上网服务营业场所经营单位的法定代表人或者主要负责人;⑩法律、行政法规和党中央、国务院政策文件规定的其他管理措施。

2) 旅游市场严重失信主体的管理措施

《文化和旅游市场信用管理规定》第十九条规定,文化和旅游主管部门对旅游市场严重失信主体实施下列管理措施:①适当提高抽查比例和频次,纳入重点监管对象;

②将失信信息提供给有关部门查询,供其在相关行政管理、公共服务、评优评先等活动中参考使用;③将失信信息提供给各类市场主体查询,供其在市场活动中参考使用;④旅行社因被吊销旅行社业务经营许可证而被认定为严重失信主体的,其主要负责人5年内不得担任任何旅行社的主要负责人;⑤导游、领队因被吊销导游证而被认定为严重失信主体的,旅行社有关管理人员因旅行社被吊销旅行社业务经营许可证而被认定为严重失信主体的,自处罚之日起3年内不得重新申请导游证或者从事旅行社业务;⑥旅行社因侵犯旅游者合法权益受到罚款以上行政处罚而被认定为严重失信主体的,自处罚之日起2年内不得申请出境旅游业务;⑦法律、行政法规和党中央、国务院政策文件规定的其他管理措施。

2. 轻微失信主体管理

《文化和旅游市场信用管理规定》第二十条规定,文化和旅游主管部门对轻微失信主体实施下列管理措施:①依据法律、行政法规和党中央、国务院政策文件,在审查行政许可、资质资格等时作为参考因素;②加大日常监管力度,提高随机抽查的比例和频次;③将失信信息提供给有关部门查询,供其在相关行政管理、公共服务等活动中参考使用;④在行政奖励、授予称号等方面予以重点审查;⑤法律、行政法规和党中央、国务院政策文件规定的其他管理措施。

(五)信用修复

1. 信用修复的情形

《文化和旅游市场信用管理规定》第二十六条规定,符合以下条件的,认定部门应当主动进行信用修复:①实施信用管理措施期限届满;②认定为失信主体的依据被撤销或者变更,不符合认定为失信主体标准的;③因为政策变化或者法律法规修订,已经不适宜认定为失信主体的;④其他应当主动修复的情形。信用修复应当通过全国文化和旅游市场信用管理系统进行。

2. 信用修复的程序

《文化和旅游市场信用管理规定》第二十七条规定,文化和旅游市场失信主体积极进行合规整改、纠正失信行为、消除不良影响、接受信用修复培训、作出信用承诺的,可以向认定部门提出信用修复申请并遵循以下程序:

(1)申请。有关市场主体和从业人员可以向认定部门提出信用修复申请,说明事实和理由,提交信用修复申请书、培训记录、纠正失信行为等有关材料。

(2)受理。认定部门收到申请后,应当于10个工作日内予以受理。不符合条件的不予受理并说明理由。

(3)核查。认定部门应当自受理之日起10个工作日内,采取线上、书面、实地等方式检查核实。必要时,可以组织开展约谈或者指导。

(4)决定。认定部门应当自核查完成之日起5个工作日内作出准予信用修复或者不予信用修复的决定,不予信用修复的应当说明理由。

(5)修复。认定部门应当自作出准予信用修复决定之日起5个工作日内,解除对失信主体的相关管理措施。

3. 不予信用修复的情形

《文化和旅游市场信用管理规定》第二十八条规定,具有下列情形之一的,不予信用修复:①认定为严重失信主体不满6个月的、认定为轻微失信主体不满3个月的;②因违反相关法律法规规定,依法被限制或者禁止行业准入期限尚未届满的;③距离上一次信用修复时间不到1年的;④申请信用修复过程中存在弄虚作假、故意隐瞒事实等欺诈行为的;⑤申请信用修复过程中又因同一原因受到行政处罚,造成不良社会影响的;⑥法律法规和党中央、国务院政策文件明确规定不可修复的。

(六)信用评价与信用承诺

1. 信用评价

《文化和旅游市场信用管理规定》第二十九条规定,文化和旅游部根据工作需要,制定行业信用评价制度和规范,组织开展信用评价,实施分级分类管理。各级文化和旅游主管部门在职责范围内开展信用评价工作。鼓励行业协会商会、第三方信用服务机构等具备条件的机构依法依规参与信用评价。《文化和旅游市场信用管理规定》第三十条规定,鼓励各部门在评优评先、人员招聘、试点示范等方面优先选择信用评价较好的市场主体和从业人员。鼓励和支持有关机构积极利用信用评价结果,拓展信用应用场景。

2. 信用承诺

《文化和旅游市场信用管理规定》第三十一条规定,文化和旅游主管部门在行政管理、政务服务等工作中应当规范应用信用承诺,将文化和旅游市场主体和从业人员的承诺履约情况记入信用信息记录,作为监督管理的重要依据。文化和旅游市场主体和从业人员被认定为严重失信主体或者曾经作出虚假承诺的,不适用信用承诺的有关规定。

第二节 旅行社经营规则

一、旅行社的设立

旅行社是指从事招徕、组织、接待旅游者等活动,为旅游者提供相关旅游服务,开展国内旅游业务、入境旅游业务或者出境旅游业务的企业法人。

知识活页

江苏省镇江市:信用分等级 监管有侧重

知识活页

2023—2024年度文化和旅游市场信用经济发展试点地区

（一）旅行社的设立条件

1. 设立条件

1）必备条件

《中华人民共和国旅游法》第二十八条规定，设立旅行社，招徕、组织、接待旅游者，为其提供旅游服务，应当具备下列条件，取得旅游主管部门的许可，依法办理工商登记：①有固定的经营场所；②有必要的营业设施；③有符合规定的注册资本；④有必要的经营管理人员和导游；⑤法律、行政法规规定的其他条件。

《旅行社条例》第六条规定，申请经营国内旅游业务和入境旅游业务的，应当取得企业法人资格，并且注册资本不少于30万元。

根据《国家旅游局关于执行〈中华人民共和国旅游法〉有关规定的通知》，"必要的经营管理人员"是指具有旅行社从业经历或者相关专业经历的经理人员和计调人员，"必要的导游"是指有不低于旅行社在职员工总数20%且不少于3名、与旅行社签订固定期限或者无固定期限劳动合同的持有导游证的导游。

《旅行社条例实施细则》第六条规定，旅行社的经营场所应当符合下列要求：①申请者拥有产权的营业用房，或者申请者租用的、租期不少于1年的营业用房；②营业用房应当满足申请者业务经营的需要。

《旅行社条例实施细则》第七条规定，旅行社的营业设施应当至少包括下列设施、设备：①2部以上的直线固定电话；②传真机、复印机；③具备与旅游行政管理部门及其他旅游经营者联网条件的计算机。

2）提交文件

依据《旅行社条例实施细则》第八条的规定，申请设立旅行社，经营国内旅游业务和入境旅游业务的，应当向省、自治区、直辖市旅游行政管理部门（简称省级旅游行政管理部门）提交下列文件：①设立申请书，内容包括申请设立的旅行社的中英文名称及英文缩写，设立地址，企业形式、出资人、出资额和出资方式，申请人、受理申请部门的全称、申请书名称和申请的时间；②法定代表人履历表及身份证明；③企业章程；④经营场所的证明；⑤营业设施、设备的证明或者说明；⑥工商行政管理部门出具的企业法人营业执照。

2. 分支机构

1）类别及法律属性

旅行社的分支机构包括旅行社分社（简称分社）和旅行社服务网点（简称服务网点），分社、服务网点备案后，受理备案的旅游行政管理部门应当向旅行社颁发旅行社分社备案登记证明或者旅行社服务网点备案登记证明。依据《旅行社条例实施细则》第十八条的规定，分社及服务网点，不具有法人资格，以设立分社、服务网点的旅行社（简称设立社）的名义从事《旅行社条例》规定的经营活动，其经营活动的责任和后果，由设立社承担。

2）分社的设立及备案要求

《旅行社条例实施细则》第十九条规定，设立社向分社所在地工商行政管理部门办理分社设立登记后，应当持下列文件向分社所在地与工商登记同级的旅游行政管理部门备案：①分社的营业执照；②分社经理的履历表和身份证明；③增存质量保证金的证明文件。没有同级的旅游行政管理部门的，向上一级旅游行政管理部门备案。

《旅行社条例实施细则》第二十条规定，分社的经营场所、营业设施、设备，应当符合本实施细则第六条、第七条规定的要求。分社的名称中应当包含设立社名称、分社所在地地名和"分社"或者"分公司"字样。

此外，分社的设立不受地域限制。设立社应当加强对分社的管理，对分社实行统一的人事、财务、招徕、接待制度规范。

3）服务网点的设立及备案要求

《旅行社条例实施细则》第二十一条规定，服务网点是指旅行社设立的，为旅行社招徕旅游者，并以旅行社的名义与旅游者签订旅游合同的门市部等机构。设立社可以在其所在地的省、自治区、直辖市行政区划内设立服务网点；设立社在其所在地的省、自治区、直辖市行政区划外设立分社的，可以在该分社所在地设区的市的行政区划内设立服务网点。分社不得设立服务网点。设立社不得在前款规定的区域范围外，设立服务网点。

《旅行社条例实施细则》第二十二条规定，服务网点应当设在方便旅游者认识和出入的公众场所。服务网点的名称、标牌应当包括设立社名称、服务网点所在地地名等，不得含有使消费者误解为是旅行社或者分社的内容，也不得作易使消费者误解的简称。

《旅行社条例实施细则》第二十三条规定，设立社向服务网点所在地工商行政管理部门办理服务网点设立登记后，应当在3个工作日内，持下列文件向服务网点所在地与工商登记同级的旅游行政管理部门备案：①服务网点的营业执照；②服务网点经理的履历表和身份证明。没有同级的旅游行政管理部门的，向上一级旅游行政管理部门备案。

设立社应当加强对服务网点的管理，对服务网点实行统一管理、统一财务、统一招徕和统一咨询服务规范。

（二）旅行社的经营范围、经营许可及原则

1. 经营范围

1）旅行社的经营范围

《中华人民共和国旅游法》第二十九条规定，旅行社可以经营以下业务：①境内旅游；②出境旅游；③边境旅游；④入境旅游；⑤其他旅游业务。

其中，境内旅游业务，即国内旅游业务，是指旅行社招徕、组织和接待中国内地居

民在境内旅游的业务。入境旅游业务,是指旅行社招徕、组织、接待外国旅游者来我国旅游,香港特别行政区、澳门特别行政区旅游者来内地旅游,台湾地区居民来大陆旅游,以及招徕、组织、接待在中国内地的外国人,在内地的香港特别行政区、澳门特别行政区居民和在大陆的台湾地区居民在境内旅游的业务。出境旅游业务,是指旅行社招徕、组织、接待中国内地居民出国旅游,赴香港特别行政区、澳门特别行政区和台湾地区旅游,以及招徕、组织、接待在中国内地的外国人、在内地的香港特别行政区、澳门特别行政区居民和在大陆的台湾地区居民出境旅游的业务。

2) 外商投资旅行社的经营范围

《旅行社条例》第二十三条规定,外商投资旅行社不得经营中国内地居民出国旅游业务以及赴香港特别行政区、澳门特别行政区和台湾地区旅游的业务,但是国务院决定或者我国签署的自由贸易协定和内地与香港、澳门关于建立更紧密经贸关系的安排另有规定的除外。

3) 分社和服务网点的经营范围

《旅行社条例》第十条第二款规定,分社的经营范围不得超出设立分社的旅行社的经营范围。《旅行社条例》第十一条第二款规定,旅行社服务网点应当接受旅行社的统一管理,不得从事招徕、咨询以外的活动。

2. 经营许可

1) 申请经营国内旅游业务和入境旅游业务

《旅行社条例》第七条规定,申请经营国内旅游业务和入境旅游业务的,应当向所在地省、自治区、直辖市旅游行政管理部门或者其委托的设区的市级旅游行政管理部门提出申请,并提交符合本条例第六条规定的相关证明文件。受理申请的旅游行政管理部门应当自受理申请之日起20个工作日内作出许可或者不予许可的决定。予以许可的,向申请人颁发旅行社业务经营许可证;不予许可的,书面通知申请人并说明理由。

2) 申请经营出境旅游业务

《旅行社条例》第八条规定,旅行社取得经营许可满2年,且未因侵害旅游者合法权益受到行政机关罚款以上处罚的,可以申请经营出境旅游业务。《旅行社条例》第九条规定,申请经营出境旅游业务的,应当向国务院旅游行政主管部门或者其委托的省、自治区、直辖市旅游行政管理部门提出申请,受理申请的旅游行政管理部门应当自受理申请之日起20个工作日内作出许可或者不予许可的决定。予以许可的,向申请人换发旅行社业务经营许可证;不予许可的,书面通知申请人并说明理由。

3) 外商投资企业申请经营旅行社业务

《旅行社条例》第二十二条规定,外商投资企业申请经营旅行社业务,应当向所在地省、自治区、直辖市旅游行政管理部门提出申请,并提交符合本条例第八条规定条件的相关证明文件。省、自治区、直辖市旅游行政管理部门应当自受理申请之日起30个工作日内审查完毕。予以许可的,颁发旅行社业务经营许可证;不予许可的,书面通知申请人并说明理由。设立外商投资旅行社,还应当遵守有关外商投资的法律、法规。

4）申请经营在线旅游业务

《中华人民共和国旅游法》第四十八条规定,通过网络经营旅行社业务的,应当依法取得旅行社业务经营许可,并在其网站主页的显著位置标明其业务经营许可证信息。此外,《旅行社条例实施细则》第二十九条规定,旅行社以互联网形式经营旅行社业务的,除符合法律、法规规定外,其网站首页应当载明旅行社的名称、法定代表人、许可证编号和业务经营范围,以及原许可的旅游行政管理部门的投诉电话。

3. 经营原则

《旅行社条例》第四条规定,旅行社在经营活动中应当遵循自愿、平等、公平、诚信的原则,提高服务质量,维护旅游者的合法权益。

（1）自愿原则,指旅游者有权自主自愿选择旅游产品,旅行社不得违背旅游者的意愿,强迫或者变相强迫旅游者与自己签订旅游合同,或者干涉旅游者与其他旅行社订立旅游合同。

（2）平等原则,指旅行社和旅游者具有平等的法律地位,在权利义务对等的基础上,双方就旅游合同,关条款充分协商达成一致,旅行社不得将自己的意志强加给旅游者。

（3）公平原则,指在设立权利和义务、承担民事责任等方面应当公平、平等,合情合理,保证公平交易和公平竞争。

（4）诚信原则,也称诚实信用原则,诚实是指旅行社在招徕、组织、接待旅游者时,不得对旅游者进行隐瞒、欺骗;信用是指旅行社应当善意地、全面地履行旅游合同,按照约定的旅游项目、标准或者档次提供服务。

慎思笃行

直飞变经停致旅游时间缩水,重庆一家旅行社赔钱

2024年年初,杨某等7人报名参加重庆某旅行社组织的"马来西亚兰卡威6日游",根据合同内容,旅行社承诺包机出发,由重庆直飞兰卡威;返程包机由兰卡威直飞重庆,提供一晚过渡酒店住宿。但出发时,航班在途中意外经停了马来西亚古晋国际机场。返程也遭遇了同样的情况,次日才到达重庆江北国际机场。杨某等7名游客认为旅行社违反合同约定,直飞变经停,不仅延长了旅途时间、缩短了实际旅游时间,而且未能按约定提供过渡酒店。他们要求旅行社赔偿每人2000元。双方协商未果后,杨某等人向重庆市渝中区文化旅游委提交了投诉。

渝中区文化旅游委经调查,核实该航班涉及5个旅行社170余名游客。为快速化解纠纷,渝中区人民法院利用旅游巡回法庭这一平台,联合渝中区文化旅游委共同化解纠纷,并邀请同航班旅行社代表参与旁听。调解中,旅

行社辩称航班变更系客观原因,旅行社全程积极协调,且航班变更也增加了旅行社成本。

《中华人民共和国旅游法》第七十条规定,旅行社不履行包价旅游合同义务或者履行合同义务不符合约定的,应当依法承担继续履行、采取补救措施或者赔偿损失等违约责任;造成旅游者人身损害、财产损失的,应当依法承担赔偿责任。旅行社具备履行条件,经旅游者要求仍拒绝履行合同,造成旅游者人身损害、滞留等严重后果的,旅游者还可以要求旅行社支付旅游费用1倍以上3倍以下的赔偿金。法官综合案件具体情况,认定旅行社履行合同义务不符合约定,提出建议适当赔偿。最终,在法官和调解员的耐心协调下,双方达成和解,由旅行社赔偿杨某等7名游客每人1300元损失并当庭兑现。

(资料来源:重庆市渝中区人民法院)

(三)旅行社的信息变更

《旅行社条例》第十二条规定,旅行社变更名称、经营场所、法定代表人等登记事项或者终止经营的,应当到工商行政管理部门办理相应的变更登记或者注销登记,并在登记办理完毕之日起10个工作日内,向原许可的旅游行政管理部门备案,换领或者交回旅行社业务经营许可证。

二、旅行社的权利

(一)自主签订旅游合同的权利

旅行社与旅游者双方应本着公平、自愿、合情、合理、合法的原则,协商并签订旅游合同。旅游合同一经签订,对双方都具有约束力,旅行社要按照双方签订旅游合同所约定的项目为旅游者提供相应的服务。

(二)收取合理旅游费用的权利

旅行社为旅游者提供综合配套的各项服务,有权按双方合同约定收取相应的报酬,提供质价相符的旅游产品和旅游服务。

(三)要求旅游者正确履行旅游合同的权利

《旅行社条例实施细则》第四十九条规定,旅行社及其委派的导游人员、领队人员在经营、服务中享有下列权利:①要求旅游者如实提供旅游所必需的个人信息,按时提交相关证明文件;②要求旅游者遵守旅游合同约定的旅游行程安排,妥善保管随身物品;③出现突发公共事件或者其他危急情形,以及旅行社因违反旅游合同约定采取补救措施时,要求旅游者配合处理防止扩大损失,以将损失降低到最低程度;④拒绝旅游

知行合一

3-1

者提出的超出旅游合同约定的不合理要求；⑤制止旅游者违背旅游目的地的法律、风俗习惯的言行。

三、旅行社的义务

（一）警示、告知义务

为保障旅游者的人身、财产安全，规范旅行社的应急处理行为，《旅行社条例》第三十九条明确规定，旅行社对可能危及旅游者人身、财产安全的事项，应当向旅游者作出真实的说明和明确的警示，并采取防止危害发生的必要措施。发生危及旅游者人身安全的情形的，旅行社及其委派的导游人员、领队人员应当采取必要的处置措施并及时报告旅游行政管理部门；在境外发生的，还应当及时报告中华人民共和国驻该国使领馆、相关驻外机构、当地警方。

（二）报告及协助义务

为保障国际旅游市场健康有序发展，更好地维护国家利益，依据《中华人民共和国旅游法》第五十五条、第十六条的规定，以下情况应当及时向公安机关、旅游主管部门或者我国驻外机构报告：①旅游经营者组织、接待出入境旅游，发现旅游者从事违法活动；②出境旅游者在境外非法滞留，随团出境的旅游者擅自分团、脱团；③入境旅游者在境内非法滞留，随团入境的旅游者擅自分团、脱团。

旅行社未履行报告义务，适用于《中华人民共和国旅游法》第九十九条的处罚规定：由旅游主管部门处5000元以上5万元以下罚款；情节严重的，责令停业整顿或者吊销旅行社业务经营许可证；对直接负责的主管人员和其他直接责任人员，处2000元以上2万元以下罚款，并暂扣或者吊销导游证。

（三）提示义务

1. 行前参保提示

《中华人民共和国旅游法》第六十一条规定，旅行社应当提示参加团队旅游的旅游者按照规定投保人身意外伤害保险。《旅行社条例实施细则》第四十六条规定，为减少自然灾害等意外风险给旅游者带来的损害，旅行社在招徕、接待旅游者时，可以提示旅游者购买旅游意外保险。鼓励旅行社依法取得保险代理资格，并接受保险公司的委托，为旅游者提供购买人身意外伤害保险的服务。

2. 行程中提示

依据《中华人民共和国旅游法》第七十条的规定，在旅游者自行安排活动期间，旅行社应尽到安全提示、救助义务。《旅行社条例实施细则》第四十八条规定，在旅游行程中，旅行社及其委派的导游人员、领队人员应当提示旅游者遵守文明旅游公约和礼仪。

慎思笃行

让旅行社取消行程太严苛,法院判伤者自行担责80%

叶某等东莞某小学的20名教师与当地一家旅行社签订合同,前往张家界等地旅游。当天出发时,已经是大雾天气,而游玩至中午时天空已有快下雨的迹象。到达山顶后,叶某逐渐落后并最终掉队,而此时下起了暴雨,他在途经一座桥时感觉触电,从桥上台阶处摔倒,因头部先着地而受伤。经诊断,叶某存在颅脑损伤、胸外伤等多处伤害,住院治疗共花费医疗费14.8万余元。在此期间,旅行社和保险公司垫付了部分费用。经鉴定,叶某的精神伤残程度为八级;颅骨缺损导致仍遗留有神经系统轻度症状,构成十级伤残;胸部损伤构成十级伤残。叶某将旅行社起诉至法院,请求判令对方支付医疗费14.8万余元,以及残疾赔偿金、精神损害抚慰金等。

《旅行社条例》第三十九条规定,旅行社对可能危及旅游者人身、财产安全的事项,应当向旅游者作出真实的说明和明确的警示,并采取防止危害发生的必要措施。《最高人民法院关于审理旅游纠纷案件适用法律若干问题的规定》第七条规定,旅游经营者、旅游辅助服务者未尽到安全保障义务,造成旅游者人身损害、财产损失,旅游者请求旅游经营者、旅游辅助服务者承担责任的,人民法院应予支持。法院认为,事发当天天气状况不稳定,被告旅行社在组织此次张家界景区的旅游前没有证据证实将已掌握的出行期间的天气状况告知团友,也没能告知在雷雨天气旅游期间可能存在的安全隐患。被告未完全尽到旅游组织者的安全提示、救助义务,应当承担相应的违约责任。

《中华人民共和国旅游法》第六十九条规定,旅行社应当按照包价旅游合同的约定履行义务,不得擅自变更旅游行程安排。法院指出,事发当日张家界旅游景区对游客是正常开放的状态,现有的证据不足以证明事发当日的天气状况不适宜进行户外活动。因此,让被告旅行社取消当天的旅游行程,显然过于严苛。而原告叶某的受伤地点在游览景点的正常通行线路上,并非旅游危险区。

综合此次旅游的行程安排、原告遭遇事故的原因、原告遭受的损失及被告违反安全提示、救助义务的情形,东莞市第一人民法院酌情判定旅行社就叶某的损失承担20%的责任,叶某自身承担80%的责任,一审判决该被告旅行社向原告叶某支付赔偿金共6万余元。

(资料来源:国家旅业网)

3-2

四、旅行社的经营规范

（一）内部管理规范

1. 员工管理

1）维护导游、领队的合法权益

依据《中华人民共和国旅游法》第三十八条，以及《旅行社条例》第三十二条、第三十四条的规定，旅行社应当与其聘用的导游、领队依法订立劳动合同；应当向其支付劳动报酬，不得低于当地最低工资标准；应当为其缴纳社会保险费用；旅行社临时聘用导游为旅游者提供服务的，应当全额向导游支付在包价旅游合同中载明的导游服务费用；旅行社安排导游为团队旅游提供服务的，不得要求导游垫付或者向导游收取任何费用。

旅行社未向临时聘用的导游支付导游服务费用的，要求导游垫付或者向导游收取费用的，适用于《中华人民共和国旅游法》第九十六条的处罚规定：由旅游主管部门责令改正，没收违法所得，并处5000元以上5万元以下罚款；情节严重的，责令停业整顿或者吊销旅行社业务经营许可证；对直接负责的主管人员和其他直接责任人员，处2000元以上2万元以下罚款。

2）导游和领队执业规范

《旅行社条例》第三十一条规定，旅行社为接待旅游者委派的导游人员，应当持有国家规定的导游证。取得出境旅游业务经营许可的旅行社为组织旅游者出境旅游委派的领队，应当取得导游证，具有相应的学历、语言能力和旅游从业经历，并与委派其从事领队业务的旅行社订立劳动合同。

依据《中华人民共和国旅游法》第九十六条的规定，旅行社未按照规定为出境或者入境团队旅游安排领队或者导游全程陪同的；安排未取得导游证的人员提供导游服务或者安排不具备领队条件的人员提供领队服务的，由旅游主管部门责令改正，没收违法所得，并处5000元以上5万元以下罚款；情节严重的，责令停业整顿或者吊销旅行社业务经营许可证；对直接负责的主管人员和其他直接责任人员，处2000元以上2万元以下罚款。

2. 信息管理

1）保存期限

依据《旅行社条例实施细则》第五十条的规定，旅行社应当妥善保存《旅行社条例》规定的招徕、组织、接待旅游者的各类合同及相关文件、资料，以备县级以上旅游行政管理部门核查。前款所称的合同及文件、资料的保存期，应当不少于2年。超过保存期限的旅游者个人信息资料，应当妥善销毁。

2）保存规范

《中华人民共和国旅游法》第五十二条规定，旅游经营者对其在经营活动中知悉的旅游者个人信息,应当予以保密。《旅行社条例实施细则》第五十条规定,旅行社不得向其他经营者或者个人,泄露旅游者因签订旅游合同提供的个人信息。

依据《旅行社条例实施细则》第六十五条的规定,未妥善保存各类旅游合同及相关文件、资料,保存期不够2年,或者泄露旅游者个人信息的,由县级以上旅游行政管理部门责令改正,没收违法所得,处违法所得3倍以下但最高不超过3万元的罚款;没有违法所得的,处1万元以下的罚款。

慎思笃行

未妥善保存旅游合同及相关文件,旅行社受到行政处罚

2023年6月12日,乌鲁木齐市文化市场综合行政执法队执法人员对某旅行社进行执法检查,发现该旅行社未妥善保存2022年各类旅游合同及相关文件、资料,保存期不到2年。旅行社未因此获利,故无违法所得。

当事人未妥善保存各类旅游合同及相关文件、资料,保存期少于2年,违反了《旅行社条例实施细则》第五十条第一款、第二款的规定。依据《旅行社条例实施细则》第六十五条的规定,给予该旅行社罚款3000元的行政处罚。

(资料来源:中国旅游新闻网)

知行合一
3-3

(二)服务管理规范

1. 遵守经营许可的规定

1)规范使用经营许可证

《中华人民共和国旅游法》第三十条规定,旅行社不得出租、出借旅行社业务经营许可证,或者以其他形式非法转让旅行社业务经营许可。依据《旅行社条例实施细则》第二十七条的规定,旅行社的下列行为属于转让、出租或者出借旅行社业务经营许可证的行为:①除招徕旅游者和符合本实施细则第四十条第一款规定的接待旅游者的情形外,准许或者默许其他企业、团体或者个人,以自己的名义从事旅行社业务经营活动的;②准许其他企业、团体或者个人,以部门或者个人承包、挂靠的形式经营旅行社业务的。

违反上述规定条款的,适用于《中华人民共和国旅游法》第九十五条的处罚规定:未经许可经营旅行社业务的,由旅游主管部门或者市场监督管理部门责令改正,没收违法所得,并处1万元以上10万元以下罚款;违法所得10万元以上的,并处违法所得1倍以上5倍以下罚款;对有关责任人员,处2000元以上2万元以下罚款。旅行社未经许可经营出境旅游和边境旅游业务的,或者出租、出借旅行社业务经营许可证,或者以其他方式非法转让旅行社业务经营许可的,除依照前款规定处罚外,并责令停业整顿;情节严重的,吊销旅行社业务经营许可证;对直接负责的主管人员,处2000元以上2万元以下罚款。

微课
旅行社经营规范

2) 规范经营活动的业务范围

依据《中华人民共和国旅游法》《旅行社条例》及《旅行社条例实施细则》的规定,旅行社应在合法业务范围内开展旅游经营活动,以下情形属于非法业务范围:①未取得相应的旅行社业务经营许可,经营国内旅游业务、入境旅游业务、出境旅游业务的;②分社超出设立分社的旅行社的经营范围经营旅游业务的;③旅行社服务网点从事招徕、咨询以外的旅行社业务经营活动的;④外商投资旅行社经营中国内地居民出国旅游业务以及赴香港特别行政区、澳门特别行政区和台湾地区旅游的业务的;⑤经营出境旅游业务的旅行社组织旅游者到国务院旅游行政主管部门公布的中国公民出境旅游目的地之外的国家和地区旅游的;⑥旅行社设立的办事处、代表处或者联络处等办事机构从事旅行社业务经营活动的。

违反上述规定条款一、条款二、条款三、条款六的,适用于《旅行社条例》第四十六条的处罚规定:由旅游行政管理部门或者工商行政管理部门责令改正,没收违法所得,违法所得10万元以上的,并处违法所得1倍以上5倍以下的罚款;违法所得不足10万元或者没有违法所得的,并处10万元以上50万元以下的罚款。

违反上述规定条款四、条款五的,适用于《旅行社条例》第五十一条的处罚规定:由旅游行政管理部门责令改正,没收违法所得,违法所得10万元以上的,并处违法所得1倍以上5倍以下的罚款;违法所得不足10万元或者没有违法所得的,并处10万元以上50万元以下的罚款;情节严重的,吊销旅行社业务经营许可证。

2. 诚信经营旅游服务

1) 向合格的供应商订购产品和服务

《中华人民共和国旅游法》第三十四条规定,旅行社组织旅游活动应当向合格的供应商订购产品和服务。

依据《中华人民共和国旅游法》第九十七条的规定,旅行社未向合格的供应商订购产品和服务的,由旅游主管部门或者有关部门责令改正,没收违法所得,并处5000元以上5万元以下罚款;违法所得5万元以上的,并处违法所得1倍以上5倍以下罚款;情节严重的,责令停业整顿或者吊销旅行社业务经营许可证;对直接负责的主管人员和其他直接责任人员,处2000元以上2万元以下罚款。

2) 不得虚假宣传,误导旅游者

《中华人民共和国旅游法》第三十二条规定,旅行社为招徕、组织旅游者发布信息,必须真实、准确,不得进行虚假宣传,误导旅游者。《中华人民共和国旅游法》第四十八条第二款规定,发布旅游经营信息的网站,应当保证其信息真实、准确。《旅行社条例》第二十四条规定,旅行社向旅游者提供的旅游服务信息必须真实可靠,不得作虚假宣传。

依据《中华人民共和国旅游法》第九十七条的规定,旅行社进行虚假宣传、误导旅游者的,由旅游主管部门或者有关部门责令改正,没收违法所得,并处5000元以上5万元以下罚款;违法所得5万元以上的,并处违法所得1倍以上5倍以下罚款;情节严重的,责令停业整顿或者吊销旅行社业务经营许可证;对直接负责的主管人员和其他直接责任人员,处2000元以上2万元以下罚款。

3) 不得以不合理低价组织旅游活动

《中华人民共和国旅游法》第三十五条规定,旅行社不得以不合理的低价组织旅游活动,诱骗旅游者,并通过安排购物或者另行付费旅游项目获取回扣等不正当利益。旅行社组织、接待旅游者,不得指定具体购物场所,不得安排另行付费旅游项目。但是,经双方协商一致或者旅游者要求,且不影响其他旅游者行程安排的除外。

依据《中华人民共和国旅游法》第三十五条的规定,旅行社以不合理低价组织旅游活动,通过安排购物和另行付费项目的,旅游者有权在旅游行程结束后30日内,要求旅行社为其办理退货并先行垫付退货货款,或者退还另行付费旅游项目的费用。

旅行社违反上述规定的,依据《中华人民共和国旅游法》第九十八条的规定,由旅游主管部门责令改正,没收违法所得,责令停业整顿,并处3万元以上30万元以下罚款;违法所得30万元以上的,并处违法所得1倍以上5倍以下罚款;情节严重的,吊销旅行社业务经营许可证;对直接负责的主管人员和其他直接责任人员,没收违法所得,处2000元以上2万元以下罚款,并暂扣或者吊销导游证。

4) 不得安排违反法律法规和社会公德的活动

《中华人民共和国旅游法》第三十三条规定,旅行社及其从业人员组织、接待旅游者,不得安排参观或者参与违反我国法律、法规和社会公德的项目或者活动。《旅行社条例》第二十六条规定,旅行社为旅游者安排或者介绍的旅游活动不得含有违反有关法律、法规规定的内容。其主要包括:①含有损害国家利益和民族尊严内容的;②含有民族、种族、宗教歧视内容的;③含有淫秽、赌博、涉毒内容的;④其他含有违反法律、法规规定内容的。

依据《中华人民共和国旅游法》第一百零一条的规定,旅行社安排旅游者参观或者参与违反我国法律、法规和社会公德的项目或者活动的,由旅游主管部门责令改正,没收违法所得,责令停业整顿,并处2万元以上20万元以下罚款;情节严重的,吊销旅行社业务经营许可证;对直接负责的主管人员和其他直接责任人员,处2000元以上2万元以下罚款,并暂扣或者吊销导游证。

5) 合法委托旅游业务

《旅行社条例》第三十六条规定,旅行社需要对旅游业务作出委托的,应当委托给具有相应资质的旅行社,征得旅游者的同意,并与接受委托的旅行社就接待旅游者的事宜签订委托合同,确定接待旅游者的各项服务安排及其标准,约定双方的权利、义务。

依据《旅行社条例》第五十五条的规定,旅行社将旅游业务委托给不具有相应资质的旅行社;未与接受委托的旅行社就接待旅游者的事宜签订委托合同的,由旅游行政

"便宜的"一日游

管理部门责令改正,处2万元以上10万元以下的罚款;情节严重的,责令停业整顿1个月至3个月。

《旅行社条例》第三十七条规定,旅行社将旅游业务委托给其他旅行社的,应当向接受委托的旅行社支付不低于接待和服务成本的费用;接受委托的旅行社不得接待不支付或者不足额支付接待和服务费用的旅游团队。接受委托的旅行社违约,造成旅游者合法权益受到损害的,作出委托的旅行社应当承担相应的赔偿责任。作出委托的旅行社赔偿后,可以向接受委托的旅行社追偿。接受委托的旅行社故意或者重大过失造成旅游者合法权益损害的,应当承担连带责任。

《旅行社条例》第六十二条规定,违反本条例的规定,有下列情形之一的,由旅游行政管理部门责令改正,停业整顿1个月至3个月;情节严重的,吊销旅行社业务经营许可证:①旅行社不向接受委托的旅行社支付接待和服务费用的;②旅行社向接受委托的旅行社支付的费用低于接待和服务成本的;③接受委托的旅行社接待不支付或者不足额支付接待和服务费用的旅游团队的。

慎思笃行

擅自转团出意外,3家旅行社相互推诿

游客郭女士报名参加了A旅行社组织的草原行旅游团。穿越草原时,因车辆颠簸,郭女士腰部受伤。当晚,郭女士到当地医院急诊科就诊,后住院治疗。经司法鉴定,郭女士所受损伤属九级伤残。返程后,郭女士在向A旅行社主张赔偿时才得知:A旅行社在未征得其同意的情况下,将她转给B旅行社,而B旅行社又委托C旅行社提供旅游接待服务。3家旅行社互相推诿,谁都不同意承担赔偿责任。故郭女士将3家旅行社起诉至法院,要求3家旅行社共同承担赔偿责任。

依据《中华人民共和国旅游法》第六十三条第二款的规定,旅行社因未达到约定人数不能出团的,组团社经征得旅游者书面同意,可以委托其他旅行社履行合同。《旅行社条例》第三十六条规定,旅行社需要对旅游业务作出委托的,应当委托给具有相应资质的旅行社,征得旅游者的同意,并与接受委托的旅行社就接待旅游者的事宜签订委托合同,确定接待旅游者的各项服务安排及其标准,约定双方的权利、义务。依据《中华人民共和国旅游法》第一百条的规定,未征得旅游者书面同意,委托其他旅行社履行包价旅游合同的,由旅游主管部门责令改正,处3万元以上30万元以下罚款,并责令停业整顿;造成旅游者滞留等严重后果的,吊销旅行社业务经营许可证。

经审理法院认定,郭女士报名参加了A旅行社组织的草原行旅游团,A旅行社未经郭女士同意将其转让给B旅行社,B旅行社又转让给C旅行社,郭女士与上述3被告形成了旅游服务合同关系。上述3被告在提供旅游服务

过程中,应保障郭女士的人身及财产安全。因3被告提供的旅游服务不符合旅游服务合同的约定,故由3家旅行社共同向郭女士承担赔偿责任。法院认为A旅行社存在擅自转团的违法行为,向当地执法大队提出司法建议。执法大队依据《中华人民共和国旅游法》第一百条,对A旅行社做出罚款10万元的行政处罚。

（资料来源：国家旅业网）

知行合一

3-4

（三）旅行社服务质量赔偿标准

1. 适用范围

为提高旅游服务质量,规范旅行社经营,打击违法违规行为,保护旅游者合法权益,2011年4月12日,国务院旅游主管部门印发了《旅行社服务质量赔偿标准》。

《旅行社服务质量赔偿标准》第二条规定,旅行社不履行合同或者履行合同不符合约定的服务质量标准,旅游者和旅行社对赔偿标准未做出合同约定的,旅游行政管理部门或者旅游质监执法机构在处理相关旅游投诉时,参照适用本赔偿标准。

2. 赔偿标准

（1）因旅行社原因不能成行的。

在此情况下,旅行社与旅游者订立合同或收取旅游者预付旅游费用后,因旅行社原因不能成行的,旅行社应在合理期限内通知旅游者,否则按下列标准承担赔偿责任：

①境内旅游应提前7日（不含7日）通知旅游者,否则应向旅游者全额退还预付旅游费用,并按下述标准向旅游者支付违约金：出发前7日（含7日）至4日,支付旅游费用总额10%的违约金；出发前3日至1日,支付旅游费用总额15%的违约金；出发当日,支付旅游费用总额20%的违约金。

②出境旅游（含赴台游）应提前30日（不含30日）通知旅游者,否则应向旅游者全额退还预付旅游费用,并按下述标准向旅游者支付违约金：出发前30日至15日,支付旅游费用总额2%的违约金；出发前14日至7日,支付旅游费用总额5%的违约金；出发前6日至4日,支付旅游费用总额10%的违约金；出发前3日至1日,支付旅游费用总额15%的违约金；出发当日,支付旅游费用总额20%的违约金。

（2）旅行社安排的旅游活动和服务不符合约定的。

在此情况下,旅行社安排的旅游活动及服务档次与合同不符,造成旅游者经济损失的,旅行社应退还旅游者合同金额与实际花费的差额,并支付同额违约金。

（3）旅行社擅自转团、拼团的。

在此情况下,旅行社应向旅游者支付旅游费用总额25%的违约金,解除合同的,还应向未随团出行的旅游者全额退还预付旅游费用,向已随团出行的旅游者退还未实际发生的旅游费用。

（4）差异收费。

在此情况下，在同一旅游行程中，旅行社提供相同服务，因旅游者的年龄、职业等差异增收费用的，旅行社应返还增收的费用。

（5）因旅行社原因造成旅游者未能乘坐预订的公共交通工具。

在此情况下，旅游者遭受经济损失的，应当由旅行社直接赔偿，并支付直接经济损失20%的违约金。

（6）导游或领队未按照国家或旅游行业对旅游者服务标准提供导游或者领队服务，而影响旅游服务质量。

在此情况下，旅行社应向旅游者支付旅游费用总额1‰至5‰的违约金，本赔偿标准另有规定的除外。

（7）旅行社及导游或领队违反旅行社与旅游者的合同约定，损害旅游者合法权益的。

在此情况下，旅行社按下述标准承担赔偿责任：①擅自缩短游览时间、遗漏旅游景点、减少旅游服务项目的，旅行社应赔偿未完成约定旅游服务项目等合理费用，并支付同额违约金。遗漏无门票景点的，每遗漏一处旅行社向旅游者支付旅游费用总额5%的违约金。②未经旅游者签字确认，擅自安排合同约定以外的用餐、娱乐、医疗保健、参观等另行付费项目的，旅行社应承担另行付费项目的费用。③未经旅游者签字确认，擅自违反合同约定增加购物次数、延长停留时间的，每次向旅游者支付旅游费用总额10%的违约金。④强迫或者变相强迫旅游者购物的，每次向旅游者支付旅游费用总额20%的违约金。⑤旅游者在合同约定的购物场所所购物品系假冒伪劣商品的，旅行社应负责挽回或赔偿旅游者的直接经济损失。⑥私自兜售商品，旅行社应全额退还旅游者购物价款。

（8）旅行社违反合同约定，中止对旅游者提供住宿、用餐、交通等旅游服务。

在此情况下，旅行社应当负担旅游者在被中止旅游服务期间所订的同等级别的住宿、用餐、交通等必要费用，并向旅游者支付旅游费用总额30%的违约金。

同步案例

取消无门票景点需赔偿吗？

万先生在某旅行社报名参加了"7天6晚粤港澳双飞7日游"，支付团费4000元。计划行程标明包含广州海心沙景点，但是到达广州时，实际行程中并未安排参观广州海心沙。万先生不认可旅行社的安排，要求赔偿。地接旅行社以该景点为免费景点为由拒绝赔偿。旅游行程结束后，万先生向相关机构投诉。

（资料来源：《山西经济日报》）

第三节 在线旅游经营服务管理法律制度

一、立法背景与概念界定

（一）立法背景

为保障旅游者合法权益,规范在线旅游市场秩序,促进在线旅游行业可持续发展,2020年7月20日,文化和旅游部部务会议上审议通过了《在线旅游经营服务管理暂行规定》,此规定自2020年10月1日起施行。为进一步加强在线旅游市场管理,发挥在线旅游平台经营者整合交通、住宿、餐饮、游览、娱乐等旅游要素资源的积极作用,促进各类旅游经营者共享发展红利,推动旅业业高质量发展,文化和旅游部于2023年3月24日发布了《文化和旅游部关于推动在线旅游市场高质量发展的意见》。

（二）概念界定

1. 在线旅游经营服务

在线旅游经营服务,是指通过互联网等信息网络为旅游者提供包价旅游服务或者交通、住宿、餐饮、游览、娱乐等单项旅游服务的经营活动。

2. 在线旅游经营者

在线旅游经营者,是指从事在线旅游经营服务的自然人、法人和非法人组织,包括在线旅游平台经营者、平台内经营者,以及通过自建网站、其他网络服务提供旅游服务的经营者。

3. 平台经营者

平台经营者,是指为在线旅游经营服务交易双方或者多方提供网络经营场所、交易撮合、信息发布等服务的法人或者非法人组织。

4. 平台内经营者

平台内经营者,是指通过平台经营者提供旅游服务的在线旅游经营者。

二、运营规范

（一）信息管理规范

1. 信息采集

《在线旅游经营服务管理暂行规定》第十四条规定,在线旅游经营者应当保护旅游

知识活页

全球首个在线旅游国际标准里面有中国经验

者个人信息等数据安全,在收集旅游者信息时事先明示收集旅游者个人信息的目的、方式和范围,并经旅游者同意。在线旅游经营者在签订包价旅游合同或者出境旅游产品代订合同时,应当提示旅游者提供紧急联络人信息。

2. 信息审核

1) 审核内容

《在线旅游经营服务管理暂行规定》第八条规定,在线旅游经营者发现法律、行政法规禁止发布或者传输的信息,应当立即停止传输该信息,采取消除等处置措施防止信息扩散,保存有关记录并向主管部门报告。平台经营者应当对上传至平台的文字、图片、音视频等信息内容加强审核,确保平台信息内容安全。

2) 法律责任

在线旅游经营者对法律、行政法规禁止发布或者传输的信息未停止传输、采取消除等处置措施、保存有关记录的,由县级以上文化和旅游主管部门依照《中华人民共和国网络安全法》第六十八条有关规定处理:责令改正,给予警告,没收违法所得;拒不改正或者情节严重的,处10万元以上50万元以下罚款,并可以责令暂停相关业务、停业整顿、关闭网站、吊销相关业务许可证或者吊销营业执照,对直接负责的主管人员和其他直接责任人员处1万元以上10万元以下罚款。

3. 信息监管

1) 动态监管

《在线旅游经营服务管理暂行规定》第十一条第一款规定,平台经营者应当对平台内经营者的身份、地址、联系方式、行政许可、质量标准等级、信用等级等信息进行真实性核验、登记,建立登记档案,并定期核验更新。

《在线旅游经营服务管理暂行规定》第十一条第二款规定,平台经营者应当督促平台内经营者对其旅游辅助服务者的相关信息进行真实性核验、登记。

2) 法律责任

《在线旅游经营服务管理暂行规定》第二十八条规定,平台经营者未对平台内经营者资质进行审核,或者未对旅游者尽到安全提示或保障义务,造成旅游者合法权益损害的,依法承担相应责任。

依据《在线旅游经营服务管理暂行规定》第三十三条的规定,平台经营者不依法履行核验、登记义务的,由县级以上文化和旅游主管部门依照《中华人民共和国电子商务法》第八十条的规定处理:责令限期改正;逾期不改正的,处2万元以上10万元以下的罚款;情节严重的,责令停业整顿,并处10万元以上50万元以下的罚款。

(二) 应急预警规范

1. 制定预案

《在线旅游经营服务管理暂行规定》第七条规定,在线旅游经营者应当依法建立旅游者安全保护制度,制定应急预案,结合有关政府部门发布的安全风险提示等信息进行风险监测和安全评估,及时排查安全隐患,做好旅游安全宣传与引导、风险提示与防范、应急救助与处置等工作。《在线旅游经营服务管理暂行规定》第九条规定,在线旅游经营者应当按照《中华人民共和国网络安全法》等相关法律规定,贯彻网络安全等级保护制度,落实网络安全管理和技术措施,制定网络安全应急预案,并定期组织开展演练,确保在线旅游经营服务正常开展。

2. 应急处理

1) 采取必要的措施

《在线旅游经营服务管理暂行规定》第二十条规定,社交网络平台、移动应用商店等信息网络提供者知道或者应当知道他人利用其服务从事违法违规在线旅游经营服务,或者侵害旅游者合法权益的,应当采取删除、屏蔽、断开链接等必要措施。《在线旅游经营服务管理暂行规定》第三十条规定,因不可抗力或者第三人造成旅游者损害的,在线旅游经营者应当及时进行救助。在线旅游经营者未及时进行救助造成旅游者损害的,依法承担相应责任。旅游者接受救助后,依法支付应当由个人承担的费用。

2) 及时向有关部门报告

《在线旅游经营服务管理暂行规定》第二十二条规定,平台经营者发现以下情况,应当立即采取必要的救助和处置措施,并依法及时向县级以上文化和旅游主管部门报告:①提供的旅游产品或者服务存在缺陷,危及旅游者人身、财产安全的;②经营服务过程中发生突发事件或者旅游安全事故的;③平台内经营者未经许可经营旅行社业务的;④出现法律、法规禁止交易的产品或者服务的;⑤其他应当报告的事项。

在线旅游经营平台不依法对违法情形采取必要处置措施或者未报告的,由县级以上文化和旅游主管部门依照《中华人民共和国电子商务法》第八十条的规定处理:责令限期改正;逾期不改正的,处2万元以上10万元以下的罚款;情节严重的,责令停业整顿,并处10万元以上50万元以下的罚款。

3. 投保防范

《在线旅游经营服务管理暂行规定》第十七条规定,经营旅行社业务的在线旅游经营者应当投保旅行社责任险。在线旅游经营者应当提示旅游者投保人身意外伤害保险。销售出境旅游产品时,应当为有购买境外旅游目的地保险需求的旅游者提供必要协助。

在线旅游经营者未依法投保旅行社责任保险的,由县级以上文化和旅游主管部门依照《中华人民共和国旅游法》第九十七条有关规定处理:责令改正,没收违法所得,并处5000元以上5万元以下罚款;违法所得5万元以上的,并处违法所得1倍以上5倍以下罚款;情节严重的,责令停业整顿或者吊销旅行社业务经营许可证;对直接负责的主管人员和其他直接责任人员,处2000元以上2万元以下罚款。

(三）服务质量保障规范

1. 经营合法、合规的产品

1）取得经营许可

《文化和旅游部关于推动在线旅游市场高质量发展的意见》指出，应强化对未经许可从事旅行社业务经营活动、"不合理低价游"等违法违规产品的监测、发现、判定和处置，维护正常的行业秩序，切实保障旅游者合法权益。

《在线旅游经营服务管理暂行规定》第十条规定，在线旅游经营者经营旅行社业务的，应当依法取得旅行社业务经营许可。

《在线旅游经营服务管理暂行规定》第三十二条规定，在线旅游经营者违反本规定第十条规定，未依法取得旅行社业务经营许可开展相关业务的，由县级以上文化和旅游主管部门依照《中华人民共和国旅游法》第九十五条的规定处理：未经许可经营旅行社业务的，由旅游主管部门或者市场监督管理部门责令改正，没收违法所得，并处1万元以上10万元以下罚款；违法所得10万元以上的，并处违法所得1倍以上5倍以下罚款；对有关责任人员，处2000元以上2万元以下罚款。旅行社违反本法规定，未经许可经营本法第二十九条第一款第二项、第三项业务，或者出租、出借旅行社业务经营许可证，或者以其他方式非法转让旅行社业务经营许可的，除依照前款规定处罚外，并责令停业整顿；情节严重的，吊销旅行社业务经营许可证；对直接负责的主管人员，处2000元以上2万元以下罚款。

2）打击"不合理低价"产品

《在线旅游经营服务管理暂行规定》第十八条规定，在线旅游经营者应当协助文化和旅游主管部门对不合理低价游进行管理，不得为其提供交易机会。

《在线旅游经营服务管理暂行规定》第三十六条规定，在线旅游经营者违反本规定第十八条规定，为以不合理低价组织的旅游活动提供交易机会的，由县级以上文化和旅游主管部门责令改正，给予警告，可并处3万元以下罚款。

2. 维护公平交易

1）构建评价体系

《在线旅游经营服务管理暂行规定》第十三条规定，在线旅游经营者应当保障旅游者的正当评价权，不得擅自屏蔽、删除旅游者对其产品和服务的评价，不得误导、引诱、替代或者强制旅游者做出评价，对旅游者做出的评价应当保存并向社会公开。在线旅游经营者删除法律、法规禁止发布或者传输的评价信息的，应当在后台记录和保存。

在线旅游经营者未为消费者提供对平台内销售的商品或者提供的服务进行评价的途径，或者擅自删除消费者的评价的，由市场监督管理部门按照《中华人民共和国电子商务法》第八十一条的规定处理：责令限期改正，可以处2万元以上10万元以下的罚款；

情节严重的,处10万元以上50万元以下的罚款。

2)打击"大数据杀熟"现象

为防止利用大数据手段对旅游者进行价格歧视等行为,推动提升在线旅游经营者合规经营情况的公开度和透明度,《在线旅游经营服务管理暂行规定》第十五条规定,在线旅游经营者不得滥用大数据分析等技术手段,基于旅游者消费记录、旅游偏好等设置不公平的交易条件,侵犯旅游者合法权益。

对平台内经营者在平台内的交易、交易价格或者与其他经营者的交易等进行不合理限制或者附加不合理条件,或者向平台内经营者收取不合理费用的,由市场监督管理部门按照《中华人民共和国电子商务法》第八十二条的规定处理:责令限期改正,可以处5万元以上50万元以下的罚款;情节严重的,处50万元以上200万元以下的罚款。

3. 提供真实、准确的服务信息

为引导在线旅游经营者诚信经营,提高旅游产品和服务质量,《在线旅游经营服务管理暂行规定》第十二条规定,在线旅游经营者应当提供真实、准确的旅游服务信息,不得进行虚假宣传;未取得质量标准、信用等级的,不得使用相关称谓和标识。平台经营者应当以显著方式区分标记自营业务和平台内经营者开展的业务。在线旅游经营者为旅游者提供交通、住宿、游览等预订服务的,应当建立公开、透明、可查询的预订渠道,促成相关预订服务依约履行。

在线旅游经营者未取得质量标准、信用等级使用相关称谓和标识的,由县级以上文化和旅游主管部门按照《在线旅游经营服务管理暂行规定》第三十四条有关规定处理:责令改正,给予警告,可并处3万元以下罚款。

4. 签订旅游服务合同

《在线旅游经营服务管理暂行规定》第十六条规定,在线旅游经营者为旅游者提供包价旅游服务的,应当依法与旅游者签订合同,并在全国旅游监管服务平台填报合同有关信息。

《在线旅游经营服务管理暂行规定》第三十五条规定,未在全国旅游监管服务平台填报包价旅游合同有关信息的,由县级以上文化和旅游主管部门责令改正,给予警告;拒不改正的,处1万元以下罚款。

(四)监督检查规范

《文化和旅游部关于推动在线旅游市场高质量发展的意见》指出,各级文化和旅游行政部门应当按照线上线下一体化监管原则,建立日常检查、定期检查以及与相关部门联合检查的监督管理制度,依法对在线旅游经营服务实施监督检查,查处违法违规行为。在线旅游经营服务主要由县级以上文化和旅游主管部门及在线旅游经营行业组织等实施监督管理。

1. 文化和旅游主管部门

1) 监管范围

《在线旅游经营服务管理暂行规定》第二十五条规定，在线旅游经营服务违法行为由实施违法行为的经营者住所地县级以上文化和旅游主管部门管辖。不能确定经营者住所地的，由经营者注册登记地或者备案地、旅游合同履行地县级以上文化和旅游主管部门管辖。受理在线旅游经营服务相关投诉，参照前款处理。

2) 监管执行

《在线旅游经营服务管理暂行规定》第二十三条规定，各级文化和旅游主管部门应当建立日常检查、定期检查以及与相关部门联合检查的监督管理制度，依法对在线旅游经营服务实施监督检查，查处违法违规行为。在监督检查过程中，县级以上文化和旅游主管部门要求在线旅游经营者提供相关数据信息的，在线旅游经营者应当予以配合。县级以上文化和旅游主管部门应当采取必要措施保护数据信息的安全。

《在线旅游经营服务管理暂行规定》第二十四条规定，县级以上文化和旅游主管部门对有不诚信经营、侵害旅游者评价权、滥用技术手段设置不公平交易条件等违法违规经营行为的在线旅游经营者，可以通过约谈等行政指导方式予以提醒、警示、制止，并责令其限期整改。

3) 信用制度

《在线旅游经营服务管理暂行规定》第二十六条规定，县级以上文化和旅游主管部门依法建立在线旅游行业信用档案，将在线旅游经营者市场主体登记、行政许可、抽查检查、列入经营异常名录或者严重违法失信企业名单、行政处罚等信息依法列入信用记录，适时通过全国旅游监管服务平台或者本部门官方网站公示，并与相关部门建立信用档案信息共享机制，依法对严重违法失信者实施联合惩戒措施。

2. 行业组织

《在线旅游经营服务管理暂行规定》第二十七条规定，支持在线旅游经营者成立行业组织，并按照本组织章程依法制定行业经营规范和服务标准，加强行业自律，推动行业诚信建设和服务质量评价，监督、引导本行业经营者公平参与市场竞争。

3. 其他有关部门

依据《在线旅游经营服务管理暂行规定》第三十七条的规定，县级以上地方文化和旅游主管部门在监督检查过程中发现在线旅游经营者有违反《中华人民共和国电子商务法》《中华人民共和国消费者权益保护法》《中华人民共和国网络安全法》等法律、行政法规、部门规章的行为，不属于本部门管辖的，应当及时将相关线索依法移送有关部门。

第四节 旅游责任保险法律制度

一、旅行社责任保险制度

(一)含义及立法背景

1. 含义

旅行社责任保险,是指以旅行社因其组织的旅游活动对旅游者和受其委派并为旅游者提供服务的导游或者领队人员依法应当承担的赔偿责任为保险标的的保险。

2. 立法背景

《中华人民共和国旅游法》第五十六条规定,国家根据旅游活动的风险程度,对旅行社、住宿、旅游交通以及本法第四十七条规定的高风险旅游项目等经营者实施责任保险制度。《旅行社条例》第三十八条则明确规定,旅行社应当投保旅行社责任险。旅行社责任险的具体方案由国务院旅游行政主管部门会同国务院保险监督管理机构另行制定。

为保障旅游者的合法权益,依据《中华人民共和国保险法》和《旅行社条例》,《旅行社责任保险管理办法》于2010年7月29日国家旅游局第9次局长办公会议、2010年11月8日中国保险监督管理委员会主席办公会审议通过,自2011年2月1日起施行。《旅行社责任保险管理办法》第三条规定,投保旅行社责任保险的旅行社和承保旅行社责任保险的保险公司,应当遵守本办法。

(二)投保当事人及其义务和投保期限

1. 投保当事人

投保当事人,是指作为投保人的旅行社和实际承保的保险公司。双方应当依法订立书面旅行社责任保险合同,依照《中华人民共和国保险法》的有关规定履行告知和说明义务。关于投保方式,《旅行社责任保险管理办法》第十七条规定,旅行社投保旅行社责任险,可以依法自主投保,也可以由组织统一投保。

2. 投保当事人的义务

依据《旅行社责任保险管理办法》第九条至第十四条的规定,对旅行社和保险公司的义务进行了如下梳理。

1) 旅行社的义务

①保险合同成立后,旅行社按照约定交付保险费;②保险合同成立后,旅行社要解

除保险合同的,应当同时订立新的保险合同,并书面通知所在地县级以上旅游行政管理部门,但因旅行社业务经营许可证被依法吊销或注销而解除合同的除外;③旅行社的名称、法定代表人或者业务经营范围等重要事项变更时,应当及时通知保险公司,必要时应当依法办理保险合同变更手续。

2) 保险公司的义务

①订立保险合同时,保险公司不得强制旅行社投保其他商业保险;②对旅行社按照约定交付保险费的,保险公司应当及时向旅行社签发保险单或者其他保险凭证,并在保险单或者其他保险凭证中载明当事人双方约定的合同内容,同时按照约定的时间开始承担保险责任;③保险合同成立后,除符合《中华人民共和国保险法》规定的情形外,保险公司不得解除保险合同;④保险合同解除的,保险公司应当收回保险单,并书面通知旅行社所在地县级以上旅游行政管理部门。

3. 投保期限

保险期限,是指保险合同的有效期限,也叫保险责任的起讫期限。它既是保险合同当事人履行义务的重要依据,又是计算保险费的依据。依据《旅行社责任保险管理办法》第十五条的规定,旅行社责任保险的保险期限为1年,即旅行社投保责任险后,在1年的保险期限内,如果发生投保范围内的赔偿责任,由承保的保险公司承担赔偿责任。《旅行社责任保险管理办法》第十六条规定,旅行社应当在保险合同期满前及时续保。

(三) 保险范围及赔偿责任

1. 保险范围

《旅行社责任保险管理办法》第四条规定,旅行社责任保险的保险责任,应当包括旅行社在组织旅游活动中依法对旅游者的人身伤亡、财产损失承担的赔偿责任和依法对受旅行社委派并为旅游者提供服务的导游或者领队人员的人身伤亡承担的赔偿责任。

具体包括下列情形:①因旅行社疏忽或过失应当承担赔偿责任的;②因发生意外事故旅行社应当承担赔偿责任的;③国家旅游局(现文化和旅游部)会同中国保险监督管理委员会(现国家金融监督管理总局)规定的其他情形。

2. 赔偿责任

1) 旅行社的责任

依据《旅行社责任保险管理办法》第十九条、第二十条和第二十四条的规定,旅行社的责任如下:

(1) 旅行社组织的旅游活动中发生保险事故,旅行社或者受害的旅游者、导游、领队人员通知保险公司。

(2)保险事故发生后,旅行社按照保险合同请求保险公司赔偿保险金时,应当向保险公司提供其所能提供的与确认保险事故的性质、原因、损失程度等有关的证明和资料。

(3)旅行社与保险公司对赔偿有争议的,可以按照双方的约定申请仲裁,或者依法向人民法院提起诉讼。

2)保险公司的责任

依据《旅行社责任保险管理办法》第十九条至第二十五条的规定,保险公司的责任如下:

(1)旅行社组织的旅游活动中发生保险事故,经报案后,保险公司应当及时告知具体的赔偿程序等有关事项。如若保险公司按照保险合同的约定,认为有关的证明和资料不完整的,应当及时一次性通知旅行社补充提供。

(2)旅行社对旅游者、导游或者领队人员应负的赔偿责任确定的,根据旅行社的请求,保险公司应当直接向受害的旅游者、导游或者领队人员赔偿保险金。旅行社怠于请求的,受害的旅游者、导游或者领队人员有权就其应获赔偿部分直接向保险公司请求赔偿保险金。

(3)保险公司收到赔偿保险金的请求和相关证明、资料后,应当及时做出核定;情形复杂的,应当在30日内作出核定,但合同另有约定的除外。保险公司应当将核定结果通知旅行社以及受害的旅游者、导游、领队人员;对属于保险责任的,在与旅行社达成赔偿保险金的协议后10日内,履行赔偿保险金义务。

(4)因抢救受伤人员需要保险公司先行赔偿保险金用于支付抢救费用的,保险公司在接到旅行社或者受害的旅游者、导游、领队人员通知后,经核对属于保险责任的,可以在责任限额内先向医疗机构支付必要的费用。

(5)因第三者损害而造成保险事故的,保险公司自直接赔偿保险金或者先行支付抢救费用之日起,在赔偿、支付金额范围内代位行使对第三者请求赔偿的权利。旅行社以及受害的旅游者、导游或者领队人员应当向保险公司提供必要的文件和所知道的有关情况。

(6)旅行社与保险公司对赔偿有争议的,可以按照双方的约定申请仲裁,或者依法向人民法院提起诉讼。

(7)保险公司的工作人员对当事人的个人隐私应当保密。

3)赔偿标准

保险公司依法根据保险合同约定,在旅行社责任保险责任限额内予以赔偿。责任限额可以根据旅行社业务经营范围、经营规模、风险管控能力、当地经济社会发展水平和旅行社自身需要,由旅行社与保险公司协商确定,但每人人身伤亡责任限额不得低于20万元人民币。

（四）监管机制

1. 监管主体

《旅行社责任保险管理办法》第二十六条规定，县级以上旅游行政管理部门依法对旅行社投保旅行社责任保险情况实施监督检查。《旅行社责任保险管理办法》第五条和第二十七条规定，中国保监会（现国家金融监督管理总局）及其派出机构依法对旅行社责任保险的保险条款和保险费率进行管理，对保险公司开展旅行社责任保险业务实施监督管理。

2. 行政处罚

1）旅行社罚则

县级以上旅游主管部门对旅行社解除保险合同但未同时订立新的保险合同，保险合同期满前未及时续保，或者人身伤亡责任限额低于20万元人民币的，依照《旅行社条例》第四十九条的规定处罚：由旅游行政管理部门责令改正；拒不改正的，吊销旅行社业务经营许可证。

2）保险公司罚则

依据《旅行社责任保险管理办法》第二十九条、第三十条的规定，保险公司经营旅行社责任保险，违反有关保险条款和保险费率管理规定的，由中国保监会（现国家金融监督管理总局）或者其派出机构依照《中华人民共和国保险法》和中国保监会的有关规定予以处罚。保险公司拒绝或者妨碍依法检查监督的，由中国保监会或者其派出机构依照《中华人民共和国保险法》的有关规定予以处罚。

二、其他旅游经营者责任保险制度

（一）其他旅游经营者投保责任险的必要性

旅游活动具有群体性、异地性的特点，旅游经营场所属于公众聚集场所，容易发生旅游安全事故。基于以下原因我国确立其他旅游经营者实行责任保险制度。

1. 经营活动风险较高

有的经营场所属于人员密集场所，有的经营活动风险程度较高，一旦发生群体性伤亡事故，就需要大量赔付资金。实行责任保险制度，有利于旅游经营者转移风险，提高赔付能力，保障旅游者的利益。

2. 保费有望动态调整

责任保险费率通常依据责任保险的风险大小、损失率的高低及投保人的数量等来制定。目前，虽然一些住宿业者、景区管理者、高风险旅游项目经营者愿意投保责任险，但是投保人基数过低，这使得保费数额巨大，企业难以承受。法定强制责任险有利于降低单个经营者投保责任险的保费。

3. 保险意识有待提高

我国旅游者投保商业险的意识相对较低，规定强制责任保险制度，有利于提高经营者的风险防范和保险意识。

（二）其他旅游经营者投保责任险的规定

随着《旅行社条例》和《旅行社责任保险管理办法》对旅行社责任保险制度的规范，我国实行旅行社责任保险制度已有多年，特别是近年来在全国旅行社推广的责任险统保示范项目得到了社会的充分认可，积累了丰富的经验。《中华人民共和国旅游法》第五十六条规定，国家根据旅游活动的风险程度，对旅行社、住宿、旅游交通以及本法第四十七条规定的高风险旅游项目等经营者实施责任保险制度，即旅行社、住宿、旅游交通以及高空、高速、水上、潜水、探险等高风险旅游项目的经营者应投保责任保险。

在旅游交通方面，我国目前已经对客运经营者实行了承运人责任保险制度。《中华人民共和国道路运输条例》第三十五条规定，客运经营者、危险货物运输经营者应当分别为旅客或者危险货物投保承运人责任险。

在旅游住宿方面，考虑到住宿场所容易发生群死群伤事件，一旦发生事故，住宿经营者难以赔偿对住宿客人造成的损害，需要通过责任保险的方式转移风险，而高风险旅游项目的风险程度以及发生事故的概率比较高，也宜采用责任保险法律制度。

本章小结

本章介绍了旅行社管理相关的法律制度和经营规则，主要包括旅行社管理法律制度、旅行社经营规则、在线旅游经营服务管理法律制度、旅游责任保险法律制度。

本章训练

一、知识训练

扫描二维码进行在线答题。

二、能力训练

旅行社擅自转团后发生食物中毒谁担责？

2021年4月，北京的28名游客集体状告A旅行社，声称他们曾参与该社组织的"新马泰11日游"，由于团队活动中发生了一系列问题，游客要求该社赔偿经济损失169794元，并要求给予该旅行社相应的惩罚。经核查，A旅行社因不具备组织出境旅游的资质，而将游客转给B旅行社，但行前并未告知该旅游团成员。在这次旅行的第4天，游客由于吃了导游安排的"海鲜大

在线答题

第三章

餐",造成了集体食物中毒,其中15人出现不同程度的上吐下泻。在当地医院治疗期间,由于没有人付医药费,游客被医院扣留到晚上11点。对此,该旅行社辩称,旅游活动中发生的问题主要是境外旅行社违约所造成的,因此,境外旅行社应负有完全的责任。

请分析:

(1) 本案例应当由哪个旅行社承担事故责任?有何依据?

(2) 假如你是旅行社的工作人员,请谈一谈本案例给你的启示。

第四章
服务守则,底线不越
——导游管理法律法规制度

 本章概要

　　导游是我国旅游从业人员的重要组成部分,是旅游业中与各要素关联最多、与游客接触最密切的环节。多年来,导游为展示旅游形象、传播先进文化、促进中外交流、推动旅游业发展作出了积极贡献。本章从导游的概念、导游管理的立法情况入手,结合旅游业的实际情况介绍了导游资格考试制度、导游执业许可、保障制度及导游的权利义务与职责。

 **学习目标**

知识目标

(1) 了解导游管理立法的概括及导游的概念。
(2) 熟悉《中华人民共和国旅游法》《旅行社条例》《导游人员管理条例》《导游管理办法》中关于导游资格考试制度、导游执业许可制度及导游从事领队服务条件的规定。
(3) 掌握导游执业管理、导游执业保障与激励、导游的权利和义务及其相关法律责任的规定。

能力目标

(1) 能够熟练掌握导游管理法律制度的基本内容,包括导游的资格认证、职责范围、行为规范等,并能够在实际工作中准确应用这些法律规定,确保导游服务的合法性和规范性。
(2) 能够运用所学的导游管理法律制度,对导游服务过程中可能出现的法律问题进行分析,提出有效的解决方案,并能够妥善处理各类旅游纠纷和投诉。

素养目标

(1) 引导学生树立坚定的法治观念,自觉遵守法律法规,维护旅游市场的公平、公正和有序。

(2)引导学生养成良好的职业道德素质、服务意识与敬业精神,诚实守信、热情服务、尊重旅游者,提供贴心、完善的服务,树立良好的职业形象。

(3)引导学生关注旅游行业的最新动态和发展趋势,提高自身的专业素养和服务水平,为导游工作的创新和发展提供有力支持。

  知识导图

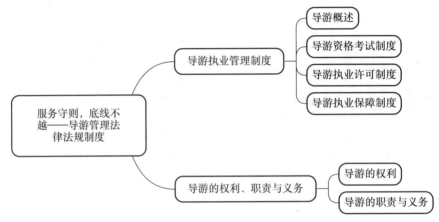

  章节要点

导游资格证、导游证、导游的权利、导游的义务与职责。

  章首案例

又现"黑旅游团",上车后要求每人再交200元,否则不发车

2023年12月19日,北海市文化市场综合行政执法支队在网络上发现"又现黑旅游团,上车后要求每人再交200元,否则不发车"的舆情后,立即启动调查核实程序。经查,该团队行程为12月14日至18日"5天4晚重庆—北海游",由组织者李某(重庆市文化市场综合行政执法总队另案处理)交给北海地接者杨某接待,杨某委派刘某提供导游服务。经调查核实:当事人杨某在未取得旅行社业务经营许可证的情况下,安排团队北海段的导游、住宿、餐饮等接待活动,执法人员登录全国旅游监管服务平台对刘某的导游信息进行查询,结果未查询到刘某的相关导游信息。

(资料来源:北海市旅游文体局)

思考:

(1)该案例中有哪些违法行为?

(2)依据相关的法律法规,应该如何处理?

第一节 导游执业管理制度

一、导游概述

(一)导游的概念

依据《导游人员管理条例》第二条的规定,导游人员是指依照本条例的规定取得导游证,接受旅行社委派,为旅游者提供向导、讲解及相关旅游服务的人员。具体而言:

(1)依法取得导游证是担任导游工作的前提条件。只有参加导游资格考试合格,并取得导游证的人,才能从事导游工作。

(2)接受旅行社委派是导游的主要特征。只有接受旅行社的委派从事导游活动的人,其合法从业权才能受到法律保护,私自承揽导游业务进行导游活动的行为将受到法律的追究。

(3)为旅游者提供向导、讲解及相关旅游服务是导游的工作范围。向导是指引路、带路;讲解是指解说、指点风景名胜;相关旅游服务一般是指代办各种旅行证件和手续,代购交通票据,安排旅游行程等与旅行游览有关的各种活动。

(二)导游管理立法概况

为了规范导游活动,保障旅游者和导游人员的合法权益,促进旅游业的健康发展,国家制定发布了一系列法律法规,现行有效的包括:《导游人员管理条例》(2017年修订)、《中华人民共和国旅游法》(2018年修正)、《导游管理办法》(2018年1月1日起施行)、《导游等级考核管理办法》(2025年3月1日起施行)等。

二、导游资格考试制度

资格考试制度即导游从业资格核准制度,指欲从事导游职业者通过本人申请并按照规定的程序参加全国统一的导游资格考试,考试合格并经国务院旅游行政主管部门审核批准,方可取得从业资格的管理制度。

(一)导游资格考试的报考条件

《导游人员管理条例》第三条规定,国家实行全国统一的导游人员资格考试制度。参加导游人员资格考试必须具备以下四个条件:

微课

什么是导游?

微课

持证上岗,做合格导游

知识活页

新版国家标准《导游服务规范》助推导游服务水平提升

1. 国籍条件

参加导游人员资格考试的人员必须是中华人民共和国公民,即具有中国国籍的人。

2. 学历条件

参加导游人员资格考试的人员必须具有高级中学、中等专业学校或者以上学历。导游职业的特点,要求导游人员必须具备良好的文化素养。一般认为,导游人员应当是一个杂家,即具有较广泛的文化知识,对祖国的历史文化、名山大川、风土人情、民族习俗等有广泛了解。

3. 身体条件

参加导游人员资格考试的人员必须身体健康。导游工作既是一项脑力劳动,又是一项艰苦的体力劳动,更是一种需要智慧的工作。同时,因各地气候条件、生活习俗等不同,会给导游人员的生活和工作带来许多不便,如果没有健康的身体、良好的心态、聪慧的头脑,是很难胜任导游工作的。

4. 能力条件

参加导游人员资格考试的人员必须具有适应导游需要的基本知识和语言表达能力。

(二) 导游资格考试的监督管理

《导游管理办法》第六条规定,国家旅游局(现文化和旅游部)负责制定全国导游资格考试政策、标准,组织导游资格统一考试,以及对地方各级旅游主管部门导游资格考试实施工作进行监督管理。省、自治区、直辖市旅游主管部门负责组织、实施本行政区域内导游资格考试具体工作。

(三) 导游证的颁发

《导游人员管理条例》第三条规定,经考试合格的,由国务院旅游行政部门或者国务院旅游行政部门委托省、自治区、直辖市人民政府旅游行政部门颁发导游人员资格证书。

导游人员资格证书(即导游员资格证书,简称导游证,见图4-1),由国务院旅游行政部门统一印制,在中华人民共和国全国范围内使用。导游人员资格证书终身有效。

图4-1　导游员资格证书

三、导游执业许可制度

（一）从事导游、领队服务的条件

1. 从事导游服务的执业条件

《中华人民共和国旅游法》第三十七条规定，参加导游资格考试成绩合格，与旅行社订立劳动合同或者在相关旅游行业组织注册的人员，可以申请取得导游证。

申请导游证需要具备两个条件：

（1）参加导游资格考试成绩合格。

通过导游资格考试，取得国务院旅游行政主管部门颁发的导游证，是从事导游职业的前提条件。

（2）两种途径申请导游证。

申请导游证有两种途径：①与旅行社订立劳动合同；②在相关旅游行业组织注册。相关旅游行业组织可以是导游协会、旅游协会的导游分会或导游工作部门等。

导游资格考试

2. 从事领队服务的执业条件

《中华人民共和国旅游法》第三十九条规定，从事领队业务，应当取得导游证，具有相应的学历、语言能力和旅游从业经历，并与委派其从事领队业务的取得出境旅游业务经营许可的旅行社订立劳动合同。

从事领队服务应当具备以下三个条件：

（1）取得导游证。

这是导游从事领队服务的前提条件。领队的执业特点和导游类似，但其工作区域有别于导游，因此在政策理解、语言表达、专业能力方面对领队有更高的要求。取得导游证，即具备了从事领队职业所需的基本素质。

（2）具有相应的学历、语言能力和旅游从业经历。

依据《旅行社条例实施细则》第三十一条的规定，领队应当取得导游证，具有大专以上学历；取得相关语言水平测试等级证书或通过外语语种导游资格考试，但为赴港澳台地区旅游委派的领队除外；具有2年以上旅行社业务经营、管理或者导游等相关从业经历。

什么是领队？

（3）与旅行社订立劳动合同。

领队应与取得出境旅游业务经营许可的旅行社订立劳动合同，这也表明我国目前只允许旅行社的正式员工从事领队职业。

（二）不予颁发导游证的情形

《导游人员管理条例》第五条规定了不予颁发导游证的四种情形：

1. 无民事行为能力或者限制民事行为能力的

执业的导游要行使法定权利，承担法定义务，不具备完全民事行为能力的人是不能履行导游职责的。

2. 患有甲类、乙类以及其他可能危害旅游者人身健康安全的传染性疾病的

根据《中华人民共和国传染病防治法》规定，甲类传染病是指鼠疫、霍乱；乙类传染病是指新型冠状病毒感染、传染性非典型肺炎、艾滋病、病毒性肝炎、脊髓灰质炎、人感染高致病性禽流感、麻疹、流行性出血热、狂犬病等。旅游主管部门不得向患有传染性疾病的申请人颁发导游证，这是由导游这一职业的特性决定的。导游为旅游者提供向导、讲解及相关旅游服务，在旅游活动中与旅游者朝夕相处，若患有传染性疾病，则可能将其患有的疾病传染给旅游者，造成交叉感染。

3. 受过刑事处罚的，过失犯罪的除外

由于此类人员曾因其行为触犯了刑法而依法受到刑罚制裁，旅游主管部门不向这类人员颁发导游证，但《导游人员管理条例》及《导游管理办法》同时又规定"过失犯罪的除外"。根据《中华人民共和国刑法》，犯罪分为故意犯罪和过失犯罪。明知自己的行为会发生危害社会的结果，并且希望或者放任这种结果发生，构成犯罪的是故意犯罪；应当预见自己的行为可能发生危害社会的结果，因为疏忽大意而没有预见，或者已经预见而轻信能够避免，以致发生这种结果的是过失犯罪。过失犯罪与故意犯罪，无论在主观恶性还是社会危害性上，都有着原则区别，因此，过失犯罪的人虽然也受到过刑罚的制裁，但仍然可以申请、领取导游证。

4. 被吊销导游证之日起未逾3年的

曾经取得导游证的人员，因违反有关导游管理法律、法规，被旅游主管部门处以吊销导游证的处罚，须经过一段从业禁止的期限方可重新申请导游证。依据《中华人民共和国旅游法》第一百零三条的规定，违反本法规定被吊销导游证的导游、领队，自处罚之日起未逾3年的，不得重新申请导游证。

（三）导游证的核发

1. 电子导游证

《导游管理办法》第七条第二款规定，导游证采用电子证件形式，由国家旅游局（现文化和旅游部）制定格式标准，由各级旅游主管部门通过全国旅游监管服务信息系统实施管理。电子导游证以电子数据形式保存于导游个人移动电话等移动终端设备中。

依据《导游管理办法》第二十条的规定，导游在执业过程中应当携带电子导游证、佩戴导游身份标识（见图4-2），并开启导游执业相关应用软件。其中，导游身份标识是指标识有导游姓名、证件号码等导游基本信息，以便于旅游者和执法人员识别身份的工作标牌，具体标准由文化和旅游部制定。

第四章 服务守则，底线不越——导游管理法律法规制度

图4-2 电子导游证及身份标识

2. 核发程序

依据《导游管理办法》第十条的规定，申请取得导游证，申请人应当通过全国旅游监管服务信息系统填写申请信息，并提交规定的申请材料。

1）申领入口

申请电子导游证者，可下载"全国导游之家"APP申领电子导游证，也可打开"全国旅游监管服务平台"（见图4-3），点击"导游入口"，登录后在线申领电子导游证。待旅游主管部门审核完毕后，导游可在APP上获取电子导游证。导游证的有效期为3年。

图4-3 全国旅游监管服务平台页面截图

2）提交文件

申请人应当提交下列申请材料：

（1）身份证的扫描件或者数码照片等电子版；

（2）未患有传染性疾病的承诺；

（3）无过失犯罪以外的犯罪记录的承诺；

(4)与经常执业地区的旅行社订立劳动合同或者在经常执业地区的旅游行业组织注册的确认信息。

3)审核

依据《导游管理办法》第十条的规定,所在地旅行社或者旅游行业组织应当自申请人提交申请之日起5个工作日内确认劳动合同或注册信息。

《导游管理办法》第十一条规定,所在地旅游主管部门对申请人提出的取得导游证的申请,应当依法出具受理或者不予受理的书面凭证。需补正相关材料的,应当自收到申请材料之日起5个工作日内一次性告知申请人需要补正的全部内容;逾期不告知的,收到材料之日起即为受理。

所在地旅游主管部门应当自受理申请之日起10个工作日内,作出准予核发或者不予核发导游证的决定。不予核发的,应当书面告知申请人理由。

(四)导游证的变更

《导游管理办法》第十三条至第十五条规定了导游证变更信息的内容。

1)导游证有效期届满

依据《导游管理办法》第十三条的规定,导游需要在导游证有效期届满后继续执业的,应当在有效期限届满前3个月内,通过全国旅游监管服务信息系统向所在地旅游主管部门提出申请,并提交本办法第十条第二项至第四项规定的材料(未患有传染性疾病的承诺;无过失犯罪以外的犯罪记录的承诺;与经常执业地区的旅行社订立劳动合同或者在经常执业地区的旅游行业组织注册的确认信息)。

旅行社或者旅游行业组织应当自导游提交申请之日起3个工作日内确认信息。所在地旅游主管部门应当自旅行社或者旅游行业组织核实信息之日起5个工作日内予以审核,并对符合条件的导游变更导游证信息。

2)劳动合同解除、终止或者在旅游行业组织取消注册

《导游管理办法》第十四条规定,导游与旅行社订立的劳动合同解除、终止或者在旅游行业组织取消注册的,导游及旅行社或者旅游行业组织应当自解除、终止合同或者取消注册之日起5个工作日内,通过全国旅游监管服务信息系统将信息变更情况报告旅游主管部门。

3)导游需要变更信息的情况

《导游管理办法》第十五条规定,导游应当自下列情形发生之日起10个工作日内,通过全国旅游监管服务信息系统提交相应材料,申请变更导游证信息:

(1)姓名、身份证号、导游等级和语种等信息发生变化的;

(2)与旅行社订立的劳动合同解除、终止或者在旅游行业组织取消注册后,在3个月内与其他旅行社订立劳动合同或者在其他旅游行业组织注册的;

(3)经常执业地区发生变化的;

(4)其他导游身份信息发生变化的。

旅行社或者旅游行业组织应当自收到申请之日起3个工作日内对信息变更情况进行核实。所在地旅游主管部门应当自旅行社或者旅游行业组织核实信息之日起5个工作日内予以审核确认。

同步案例

变更导游证信息需及时

2021年3月3日,陈某在未及时申请变更导游证信息的情况下,违规为凉山某旅行社组织团队到米易县傈僳梯田景区开展旅游活动并提供导游服务,被攀枝花市文化广播电视和旅游局执法人员查处。

(资料来源:攀枝花市文化广播电视和旅游局网站)

点评

4-1

(五)导游证的撤销

导游证的撤销,指依法取消导游证行政许可法律效力的行为。

《导游管理办法》第十六条规定,有下列情形之一的,所在地旅游主管部门应当撤销导游证:

(1)对不具备申请资格或者不符合法定条件的申请人核发导游证的;

(2)申请人以欺骗、贿赂等不正当手段取得导游证的;

(3)依法可以撤销导游证的其他情形。

(六)导游证的注销

导游证的注销,指一种程序性的行为,主要针对导游证行政许可已经失去法律效力或者在事实上导游证无法使用的情况下,行政机关履行取消登记的一种行政管理行为。

根据《导游管理办法》第十七条的规定,有下列情形之一的,所在地旅游主管部门应当注销导游证:

(1)导游死亡的;

(2)导游证有效期届满未申请换发导游证的;

(3)导游证依法被撤销、吊销的;

(4)导游与旅行社订立的劳动合同解除、终止或者在旅游行业组织取消注册后,超过3个月未与其他旅行社订立劳动合同或者未在其他旅游行业组织注册的;

(5)取得导游证后出现本办法第十二条第一项至第三项情形的;

(6)依法应当注销导游证的其他情形。

导游证被注销后,导游符合法定执业条件需要继续执业的,应当依法重新申请取得导游证。

同步案例

持被注销导游证带团,旅行社和导游都受罚

2023年8月10日,勐海县文化市场综合行政执法大队执法人员在勐海县打洛镇独树成林景区门口开展旅游市场检查过程中,在对旅游车辆进行例行检查时,查到昆明某旅行社有限公司西双版纳分公司组织游客开展旅游时安排郑某提供导游服务。执法人员向郑某出示执法证件表明身份后,发现郑某出示的导游证件有效期是2018年1月11日至2021年1月10日,经执法人员通过全国旅游监管服务平台查询,该电子导游证已注销,注销时间为2021年1月11日,注销单位为系统注销。勐海县文化和旅游局对此进行立案调查,最终,该公司及其直接负责人和导游郑某均受到处罚。

(资料来源:勐海县人民政府网站)

四、导游执业保障制度

(一)签订劳动合同

依据《中华人民共和国旅游法》第三十八条、《导游管理办法》第二十八条的规定,旅行社应当与其聘用的导游依法订立劳动合同,旅行社应当与通过其取得导游证的导游订立不少于1个月期限的劳动合同,并支付基本工资、带团补贴等劳动报酬,缴纳社会保险费用。旅行社临时聘用在旅游行业组织注册的导游为旅游者提供服务的,应当依照旅游和劳动相关法律、法规的规定足额支付导游服务费用;旅行社临时聘用的导游与其他单位不具有劳动关系或者人事关系的,旅行社应当与其订立劳动合同。

(二)执业安全保障

导游带团过程中的安全事件频发引起了对导游执业安全保障的关注。《导游管理办法》第二十六条第二款规定,旅行社等用人单位应当维护导游执业安全、提供必要的职业安全卫生条件,并为女性导游提供执业便利、实行特殊劳动保护。《导游管理办法》第二十九条规定,旅行社应当提供设置"导游专座"的旅游客运车辆,安排的旅游者与导游总人数不得超过旅游客运车辆核定乘员数。导游应当在旅游车辆"导游专座"就座,避免在高速公路或者危险路段站立讲解。

(三)星级评价

《导游管理办法》第三十条规定,导游服务星级评价是对导游服务水平的综合评价,星级评价指标由技能水平、学习培训经历、从业年限、奖惩情况、执业经历和社会评价等构成。导游服务星级根据星级评价指标通过全国旅游监管服务信息系统自动生成,并根据导游执业情况每年度更新一次。

旅游主管部门、旅游行业组织和旅行社等单位应当通过全国旅游监管服务信息系统,及时、真实地备注各自获取的导游奖惩情况等信息。

星级评价制度能够激励导游诚实劳动、至诚服务,从而赢得更好的社会评价,获得更高的星级,拥有更多的就业机会。

(四)教育培训

国家鼓励并支持旅游教育与培训,《中华人民共和国旅游法》第二十七条规定,国家鼓励和支持发展旅游职业教育和培训,提高旅游从业人员素质。《中华人民共和国旅游法》第九十条规定,依法成立的旅游行业组织依照法律、行政法规和章程的规定,制定行业经营规范和服务标准,对其会员的经营行为和服务质量进行自律管理,组织开展职业道德教育和业务培训,提高从业人员素质。

《导游管理办法》第三十一条规定,各级旅游主管部门应当积极组织开展导游培训,培训内容应当包括政策法规、安全生产、突发事件应对和文明服务等,培训方式可以包括培训班、专题讲座和网络在线培训等,每年累计培训时间不得少于24小时。培训不得向参加人员收取费用。旅游行业组织和旅行社等应当对导游进行包括安全生产、岗位技能、文明服务和文明引导等内容的岗前培训和执业培训。导游应当参加旅游主管部门、旅游行业组织和旅行社开展的有关政策法规、安全生产、突发事件应对和文明服务内容的培训;鼓励导游积极参加其他培训,提高服务水平。

第二节 导游的权利、职责与义务

一、导游的权利

导游的权利,主要指导游的法律权利。它表现为权利享有者可以做出一定的行为,也可以要求他人做出或不做出一定的行为。

(一)人身权

依据《导游人员管理条例》第十条、《导游管理办法》第二十六条的规定,导游进行导游活动时,其人格尊严应当受到尊重,人身安全不受侵犯,合法权益受到保障。导游有权拒绝旅游者提出的侮辱其人格尊严、违反其职业道德、不符合我国民族风俗习惯或者可能危害其人身安全的不合理要求。旅行社等用人单位应当维护导游执业安全、提供必要的职业安全卫生条件,并为女性导游提供执业便利、实行特殊劳动保护。

(二)劳动报酬权

为保护导游获取劳动报酬的权利,依据《中华人民共和国旅游法》第三十八条的规定,旅行社应当与其聘用的导游依法订立劳动合同,支付劳动报酬,缴纳社会保险费用。旅行社临时聘用导游为旅游者提供服务的,应当全额向导游支付在包价旅游合同中载明的导游服务费用。旅行社安排导游为团队旅游提供服务的,不得要求导游垫付或者向导游收取任何费用。

依据《中华人民共和国旅游法》第九十六条的规定,旅行社未向临时聘用的导游支付导游服务费用的,要求导游垫付或者向导游收取费用的,由旅游主管部门责令改正,没收违法所得,并处5000元以上5万元以下罚款;情节严重的,责令停业整顿或者吊销旅行社业务经营许可证;对直接负责的主管人员和其他直接责任人员,处2000元以上2万元以下罚款。

同步案例

导游劳动报酬权受保护,违规旅行社受处罚

2022年3月29日,乌鲁木齐市文化市场综合行政执法队收到群众投诉,投诉人投诉某旅行社有限公司涉嫌不合理低价游行为。经调查,执法人员对于投诉案由不予认定,但该公司于2022年3月13日至3月21日组织"云南9日游",委派导游苏某带团,未向导游苏某支付导游服务费用,并要求苏某垫付住宿费用1920元。此行为违反相关规定,因此,旅行社受到行政处罚。

(资料来源:乌鲁木齐市人民政府网站)

(三)履行职务权

《旅行社条例实施细则》第四十九条规定,旅行社及其委派的导游人员、领队人员在经营、服务中享有下列权利:

(1)要求旅游者如实提供旅游所必需的个人信息,按时提交相关证明文件;

(2)要求旅游者遵守旅游合同约定的旅游行程安排,妥善保管随身物品;

(3)出现突发公共事件或者其他危急情形,以及旅行社因违反旅游合同约定采取补救措施时,要求旅游者配合处理防止扩大损失,以将损失降低到最低程度;

(4)拒绝旅游者提出的超出旅游合同约定的不合理要求;

(5)制止旅游者违背旅游目的地的法律、风俗习惯的言行。

(四)调整或变更接待计划权

《导游人员管理条例》第十三条第二款规定,导游人员在引导旅游者旅行、游览过程中,遇有可能危及旅游者人身安全的紧急情形时,经征得多数旅游者的同意,可以调整或者变更接待计划,但是应当立即报告旅行社。

导游行使调整或变更接待计划权,应当注意四个限制条件:

(1)必须在引导旅游者旅行、游览的过程中,即旅游活动开始后、结束前。在旅游合同订立后,旅游活动开始前出现不利于旅游活动的情形,应由旅行社与旅游者协商,达成一致意见后,由旅行社调整、变更旅游接待计划。

(2)必须是遇到有可能危及人身安全的紧急情形。

(3)必须征得多数旅游者同意。通常,旅游合同包括旅游接待计划一经双方确认后,应严格按约定履行,但发生了法定的紧急情形,为保证旅游者的人身安全,导游只要征得多数旅游者的同意就可以行使该项权利。

(4)必须立即报告旅行社。旅游接待计划是由旅行社确定并得到旅游者认可的,导游受旅行社委派执行旅游接待计划本无变更权,在法定情形下行使该权利应当立即报告旅行社,以得到旅行社的认可。

二、导游的职责与义务

(一)导游的职责

导游的职责指导游为完成工作任务,在执业过程中应担任的岗位工作及所需承担的法律责任。

1. 提高业务素质和职业技能

《导游人员管理条例》第七条第一款规定,导游人员应当不断提高自身业务素质和职业技能。

导游自身业务素质的高低、职业技能的优劣,直接关系导游服务质量的好坏,影响到能否为旅游者提供优质的导游服务。因此,提高导游业务素质及职业技能,对旅游业的发展至关重要。

2. 维护国家利益和民族尊严

依据《导游人员管理条例》第十一条、《导游管理办法》第二十二条第一项的规定,导游人员进行导游活动时,应当自觉维护国家利益和民族尊严,不得有损害国家利益和民族尊严的言行。

热爱祖国、拥护社会主义制度、维护国家利益和民族尊严,不得有损害国家利益和民族尊严的言行,是导游必须具备的政治条件和业务要求。因此,导游在进行导游活动时,应当自觉履行此义务。

《导游人员管理条例》第二十条规定,导游人员进行导游活动时,有损害国家利益和民族尊严的言行的,由旅游行政部门责令改正;情节严重的,由省、自治区、直辖市人民政府旅游行政部门吊销导游证并予以公告;对该导游人员所在的旅行社给予警告直至责令停业整顿。

同步案例

导游发表损害国家利益的不当言论受罚

2022年7月28日,乌鲁木齐市文化市场综合行政执法队收到群众举报,举报人刘某称导游史某在7月7日至7月15日带团过程中多次在旅游大巴车

点评 4-4

上向游客发表有损党和国家利益、民族尊严及有损新疆形象的负面言论。经调查,在新疆某旅行社有限公司组织的2022年7月7日至7月16日"新疆天吐喀伊10日游"行程中,史某进行导游讲解时,发表了歪曲历史事实、不利于民族团结、损害国家利益的言论。最终,导游史某被吊销导游证。

(资料来源:乌鲁木齐市人民政府网站)

3. 依约提供服务和讲解

依据《导游管理办法》第二十二条第三项的规定,导游在执业过程中应按照旅游合同提供导游服务,讲解自然和人文资源知识、风俗习惯、宗教禁忌、法律法规和有关注意事项。

《导游人员管理条例》第十二条第二款规定,导游人员进行导游活动时,应当向旅游者讲解旅游地点的人文和自然情况,介绍风土人情和习俗;但是,不得迎合个别旅游者的低级趣味,在讲解、介绍中掺杂庸俗下流的内容。

4. 尊重旅游者的权利

《中华人民共和国旅游法》第二章对旅游者的权利义务做了具体规定,旅游者的权利包含自主选择权、知情权、获得诚信服务权、被尊重权、遭遇危险与损害时要求救助和赔偿的权利等。人格尊严、民族风俗习惯、宗教信仰应当得到尊重,这是旅游者基本权利的重要体现,也与导游服务密切相关。

依据《导游人员管理条例》第十二条第一款、《导游管理办法》第二十二条第四项的规定,导游人员进行导游活动时,应当遵守职业道德,着装整洁,礼貌待人,尊重旅游者的人格尊严、宗教信仰、民族风俗和生活习惯。

知识活页

《中国公民国内旅游文明行为公约》及《中国公民文明旅游公约》

5. 引导文明旅游

依据《中华人民共和国旅游法》第四十一条第一款的规定,导游和领队从事业务活动,应当向旅游者告知和解释旅游文明行为规范,引导旅游者健康、文明旅游,劝阻旅游者违反社会公德的行为。

导游、领队在执业活动中,应当严格按照《导游领队引导文明旅游规范》(LB/T 039—2015)的规定,率先垂范遵守文明旅游行为,告知旅游者《中国公民国内旅游文明行为公约》和《中国公民出国(境)旅游文明行为指南》等所明确的旅游文明行为规范。

知识活页

《中国公民出国(境)旅游文明行为指南》

6. 警示、处置风险及突发事件

《导游人员管理条例》第十四条规定,导游人员在引导旅游者旅行、游览过程中,应当就可能发生危及旅游者人身、财物安全的情况,向旅游者作出真实说明和明确警示,并按照旅行社的要求采取防止危害发生的措施。

《导游管理办法》第二十四条规定,旅游突发事件发生后,导游应当立即采取下列必要的处置措施:①向本单位负责人报告,情况紧急或者发生重大、特别重大旅游突发事件时,可以直接向发生地、旅行社所在地县级以上旅游主管部门、安全生产监督管理部门和负有安全生产监督管理职责的其他相关部门报告;②救助或者协助救助受困旅游者;③根据旅行社、旅游主管部门及有关机构的要求,采取调整或者中止行程、停止带团前往风险区域、撤离风险区域等避险措施。

依据《导游管理办法》第三十三条的规定,突发事件发生后导游未采取必要处置措施的,由县级以上旅游主管部门责令改正,并可以处1000元以下罚款;情节严重的,可以处1000元以上5000元以下罚款。

教学互动

游客在旅游途中猝死,旅行社是否应当承担赔偿责任?

2021年6月,李某报名参加甲旅游公司组织的"北京大巴5日游"。乙旅游公司作为某旅游公司在北京联系的地接社,与甲旅游公司共同负责包含李某在内的12人旅游团在北京的旅游活动。

2021年6月11日,甲旅游公司带领旅游团前往长城景区游玩时,李某未听从导游口头提醒,自行前往较为陡峭的景区西侧,在爬长城的过程中昏倒在台阶上,甲旅游公司导游在收到通知后随即赶往现场对李某进行人工呼吸和心肺复苏,并拨打120急救电话。然而,李某最终经抢救无效死亡。经公安机关鉴定,其死因为猝死。李某的亲属将甲旅游公司、乙旅游公司及保险公司诉至法院,要求承担合同违约责任,索赔金额共计90余万元。

审理过程中,法院结合原告和被告的陈述、双方提交的证据和对证人的询问,查明李某报名参加的旅游团成员均系中老年人,甲旅游公司在前往景区的路途中提示乘客不要前往西侧景区,但当时李某在睡觉并未听到,进入景区后北京地接社乙公司导游将门票交给游客后并未进入景区,仅有甲旅游公司导游随同游客一起进入景区。另外经询问证人得知,事故发生当日安排的旅游行程从早上5点30分开始,下午1点30分到达长城景区,当时景区温度36℃左右。

(资料来源:中国法院网)

讨论:

在此案例中,谁要为李某的死亡负责呢?

案例分析

4-2

(二)导游的义务

导游的法律义务指导游必须依法履行的责任,包括必须做出的行为和不得做出的行为。

1. 提供导游服务应当接受委派

《中华人民共和国旅游法》第四十条规定,导游和领队为旅游者提供服务必须接受旅行社委派,不得私自承揽导游和领队业务。

《中华人民共和国旅游法》第一百零二条第二款规定,导游、领队违反本法规定,私自承揽业务的,由旅游主管部门责令改正,没收违法所得,处1000元以上1万元以下罚款,并暂扣或者吊销导游证。

同步案例

导游私自承揽业务受处罚

2022年7月6日,乌鲁木齐市文化市场综合行政执法队接到群众投诉,投诉人赵某称一来自西安的旅游团因旅行社未及时向导游支付团费,导致该团37名游客被滞留在乌鲁木齐市水磨沟区某酒店内。经调查,梁某2022年6月27日至7月4日接受徐某某委派为西安旅游团37名游客提供导游服务。此行为违反相关规定,最终梁某受到处罚。

(资料来源:乌鲁木齐市人民政府网站)

2. 携带、佩戴有效执业证件

《中华人民共和国旅游法》第四十一条第一款规定,导游和领队从事业务活动,应当佩戴导游证。

《导游管理办法》第七条第二款规定,导游证采用电子证件形式,由国家旅游局(现文化和旅游部)制定格式标准,由各级旅游主管部门通过全国旅游监管服务信息系统实施管理。电子导游证以电子数据形式保存于导游个人移动电话等移动终端设备中。

《导游管理办法》第二十条第一款规定,导游在执业过程中应当携带电子导游证、佩戴导游身份标识,并开启导游执业相关应用软件。

《导游人员管理条例》第二十一条规定,导游人员进行导游活动时未佩戴导游证的,由旅游行政部门责令改正;拒不改正的,处500元以下的罚款。

3. 不安排违反法律和社会公德的旅游活动

依据《中华人民共和国旅游法》第三十三条、《旅行社条例》第二十六条、《导游管理办法》第二十三条第一项的规定,旅行社及其从业人员组织、接待旅游者,不得安排参观或者参与涉及色情、赌博、毒品等违反我国法律法规和社会公德的项目或者活动。

依据《旅行社条例实施细则》第三十条的规定,《旅行社条例》第二十六条规定的旅行社不得安排的活动,主要包括:①含有损害国家利益和民族尊严内容的;②含有民族、种族、宗教歧视内容的;③含有淫秽、赌博、涉毒内容的;④其他含有违反法律、法规规定内容的。

《中华人民共和国旅游法》第一百零一条规定,旅行社违反本法规定,安排旅游者参观或者参与违反我国法律、法规和社会公德的项目或者活动的,由旅游主管部门责令改正,没收违法所得,责令停业整顿,并处2万元以上20万元以下罚款;情节严重的,吊销旅行社业务经营许可证;对直接负责的主管人员和其他直接责任人员,处2000元以上2万元以下罚款,并暂扣或者吊销导游证。

4. 严格执行旅游行程安排

依据《中华人民共和国旅游法》第四十一条第二款、《导游人员管理条例》第十三条第一款、《导游管理办法》第二十三条第二款的规定,导游和领队应当严格执行旅游行程安排,不得擅自变更旅游行程或者中止服务活动。

依据《中华人民共和国旅游法》第一百条的规定,旅行社在旅游行程中擅自变更旅游行程安排,严重损害旅游者权益的,由旅游主管部门对直接负责的主管人员和其他直接责任人员,处2000元以上2万元以下罚款,并暂扣或者吊销导游证。

依据《导游人员管理条例》第二十二条的规定,导游擅自增加或者减少旅游项目的;擅自变更接待计划的;擅自中止导游活动的,由旅游行政部门责令改正,暂扣导游证3至6个月;情节严重的,由省、自治区、直辖市人民政府旅游行政部门吊销导游证并予以公告。

5. 不兜售物品及索要小费

依据《中华人民共和国旅游法》第四十一条第二款、《导游人员管理条例》第十五条、《导游管理办法》第二十三条第八项和第九项的规定,导游不得向旅游者兜售物品或者购买旅游者的物品,不得向旅游者索要小费。

《导游人员管理条例》第二十三条规定,导游人员进行导游活动,向旅游者兜售物品或者购买旅游者的物品的,或者以明示或者暗示的方式向旅游者索要小费的,由旅游行政部门责令改正,处1000元以上3万元以下的罚款;有违法所得的,并处没收违法所得;情节严重的,由省、自治区、直辖市人民政府旅游行政部门吊销导游证并予以公告;对委派该导游人员的旅行社给予警告直至责令停业整顿。

《中华人民共和国旅游法》第一百零二条第三款规定,导游、领队违反本法规定,向旅游者索取小费的,由旅游主管部门责令退还,处1000元以上1万元以下罚款;情节严重的,并暂扣或吊销导游证。按照上位法优于下位法的原则,对于导游向旅游者索要小费的行为,应当按照《中华人民共和国旅游法》对导游实施行政处罚。

6. 不诱导、欺骗、强迫或变相强迫消费

依据《中华人民共和国旅游法》第四十一条第二款、《导游人员管理条例》第十六条、《导游管理办法》第二十三条第三至六项的规定,导游不得诱导、欺骗、强迫或者变相强迫旅游者购物或者参加另行付费旅游项目。

依据《中华人民共和国旅游法》第九十八条的规定,由旅游主管部门对直接负责的主管人员和其他直接责任人员,没收违法所得,处2000元以上2万元以下罚款,并暂扣或者吊销导游证。

《导游人员管理条例》第二十四条规定,导游人员进行导游活动,欺骗、胁迫旅游者消费或者与经营者串通欺骗、胁迫旅游者消费的，由旅游行政部门责令改正，处1000元以上3万元以下的罚款；有违法所得的，并处没收违法所得；情节严重的，由省、自治区、直辖市人民政府旅游行政部门吊销导游证并予以公告；对委派该导游人员的旅行社给予警告直至责令停业整顿；构成犯罪的，依法追究刑事责任。

慎思笃行

全国首例导游强迫交易入刑案

全国首例导游强迫交易入刑案成为"2018年推动法治进程十大案件"候选案件。具体事由如下：

2017年12月13日至15日，被告人李某受昆明某国际旅行社聘用，在云南省景洪市为所带游客提供导游服务并带游客到定点商家消费的过程中，为达到迫使游客消费的目的，采取辱骂、威胁、对不参加消费的游客不发放房卡、对与其发生争执的游客驱赶换乘车辆等手段，强迫8名游客购买商品、消费"傣秀"自费项目，强迫交易金额达15156元，情节严重。

被告人李某强迫交易的视频于2017年12月17日在网上发布后，至12月29日该视频被60余家媒体网站、论坛和微信公众号转载报道，网民阅读总量17000余次，转发8250余次，评论16200余条，造成了恶劣的社会影响。

（资料来源：中国法院网）

7. 法律法规规定的其他义务

导游除了要遵守以上义务，还应遵守按期报告信息变更情况、申请变更导游证信息、申请更换导游身份标识、依规参加培训、提供真实材料及信息等法律法规规定的其他义务。

本章小结

本章主要介绍了导游的概念，导游管理的立法情况，导游资格考试制度，导游执业许可、保障制度，以及导游的权利、职责与义务等内容。

本章训练

一、知识训练

扫描二维码进行在线答题。

二、能力训练

旅游团购物金额未"达标",导游被旅游公司罚款

王先生被某旅行社聘用,担任这家旅行社组织的欧洲四国13天旅游团的领队,该旅游团共计36名游客。在旅行开始前,旅行社工作人员通知王先生交付5040欧元(36人,每人140欧元),作为该团领队需要交纳的"人头费"。在旅游过程中,王先生又垫付住宿费、餐费、门票、境外司机工资等各项费用等约1.2万欧元。回国后,旅行社对王先生垫付的费用进行了部分报销,但又以该旅游团购物未达到要求的金额,对王先生罚款1755.86元。王先生深感不公,决定用法律武器维护自己的合法权益,便向法院提起诉讼,要求旅行社退还"人头费"及境外各项费用。

在诉讼过程中,旅行社表示,不同意王先生的诉讼请求,称事前双方已经协商一致境外收益标准及游客收益标准,双方也按照事先约定做好交接,不存在应退还王先生的款项。

据查,王先生与某旅行社签订了"带团劳务合作须知",约定:在旅游行程中涉及的购物店均要进店,人均购物额为1000欧元,如果该旅游团购物金额不达标,将按照实际购物金额的差距的10%补给公司。报销项目包括餐费、门票等。公司为领队提供报酬,标准为每天100元人民币。该须知还约定了其他内容。双方确认的"欧洲团队报账单"载明,导游团前支付以下费用:境外收益5040欧元……

(资料来源:《北京日报》)

请分析:

(1)旅行社的做法违反了哪条规定?

(2)旅行社需要退还哪些费用?

第五章
权义并重，文明同行
——旅游者与消费者法律法规制度

 本章概要

　　法律一直以来都是维护社会公正和秩序的重要基石，尤其是在旅游和消费领域，法律更是保障旅游者和消费者权益的重要武器。本章从旅游者的权利与义务、旅游不文明行为的定义与分类、消费者权益的定义与范围等方面进行深入探讨，并结合我国相关领域的实际案例进行分析，详细地阐述了旅游者和消费者在法律法规制度中的行为准则，以及应当遵守的法律法规，进而更好地理解和运用相关法律法规，以维护自身的合法权益。

 **学习目标**

知识目标

(1) 掌握权利与义务的基本定义，并能够区分两者之间的差异，理解它们在旅游者和消费者法律法规中的具体应用。

(2) 了解旅游者和消费者在法律保护下所享有的基本权利和应尽的义务，能够列举并解释主要内容。

(3) 熟悉旅游不文明行为记录管理、治安管理以及消费者权益保护的具体法律制度，了解保障措施的实施方式和重要性。

能力目标

(1) 能够运用所学知识分析实际生活中的案例，提出合理的解决方案，维护自身和他人的合法权益。

(2) 具备将法律知识应用于实际情境中的能力，能够根据不同情况合理运用相关法律条文保护自身权益，并遵守法律规定履行相应义务。

(3) 具备识别和预防旅游不文明行为的能力，能够在实际生活中积极遏制不文明行为，维护社会公共秩序和文明旅游环境。

第五章 权义并重，文明同行——旅游者与消费者法律法规制度

素养目标

(1) 树立起牢固的法律意识和权利意识，能够理解遵守法律的重要性。
(2) 培养良好的文明素养和增强社会责任感，能够认识到文明行为对个人形象和社会和谐的重要性，积极践行文明旅游和消费的行为规范。
(3) 培养自主维权的意识和能力，学会在合法范围内维护自身权益，能够积极参与社会治理，推动社会法治化和文明化进程。

知识导图

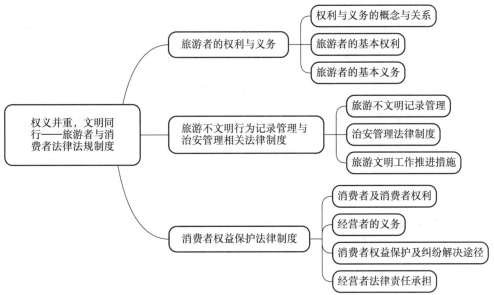

章节要点

旅游者权利与义务、旅游不文明行为记录管理、消费者权益保护。

章首案例

旅游者购买产品与宣传不符合纠纷案

2023年8月15日，诉求人在海南某旅行社有限公司网络直播间签下4笔订单，费用总额为7697元，后发现商家提供的线下合同与直播间宣传内容不符，因此要求全额退款。诉求人与旅行社沟通时，旅行社表示因诉求人购买的产品有"7天无理由退换货"服务，但现早已超过规定的退货时间，且平台的退款渠道已自动关闭，无法全额退款，双方因此产生争议。

海口市旅游和文化广电体育局接诉后,立即安排工作人员联系诉求人了解具体情况。经调查核实:海南某旅行社认为,按照平台规则,产品属"7天无理由退换货"服务,现已超过退款期限,因此无法全额退款,但该产品可转赠他人使用。如诉求人坚决要求退款,旅行社可酌情考虑线下退款,但需扣除50%的费用。诉求人不认可,因为旅行社在直播间宣传时并未提及"7天无理由退换货"服务,仅表示有效期为3年,并提出因直播间宣传与实际合同行程不符,其并未成功与旅行社预约出行,所以要求旅行社必须全额退款。

(资料来源:海南省旅游和文化广电体育厅)

思考:

(1) 结合《中华人民共和国消费者权益保护法》相关条例,分析该诉求人可以提出什么赔偿?

(2) 针对上述现象,旅游者在购买旅游产品的过程中有哪些注意事项?

第一节　旅游者的权利与义务

一、权利与义务的概念与关系

（一）权利与义务的概念

《中华人民共和国宪法》第三十三条规定,凡具有中华人民共和国国籍的人都是中华人民共和国公民。中华人民共和国公民在法律面前一律平等。国家尊重和保障人权。任何公民享有宪法和法律规定的权利,同时必须履行宪法和法律规定的义务。

同步案例

"好心办坏事"也要担责任吗?

张某系江苏省江阴市某小区业主,因所在小区游乐设施较少,在征得小区物业公司同意后,自费购置一套儿童滑梯(含配套脚垫)放置在小区公共区域,供儿童免费玩耍。该区域的卫生清洁管理等工作由小区物业公司负责。2020年11月,原告柳某途经此处时,踩到湿滑的脚垫而滑倒摔伤,造成十级伤残。后柳某将张某和小区物业公司诉至法院,要求共同赔偿医疗费、护理费、残疾赔偿金、精神损害抚慰金等各项损失近20万元。

(资料来源:中国法院网)

（二）权利与义务的关系

权利和义务之间的基本关系是,公民享有宪法和法律规定的权利,同时,必须履行宪法和法律规定的义务。任何公民都不能只享受权利而不承担义务,也不能只承担义务而不享受权利。更进一步说,既要反对只享受权利而不承担义务的特权,也要反对只承担义务而不享受权利的歧视,这样才有利于实现法律面前人人平等的目标。

二、旅游者的基本权利

《中华人民共和国旅游法》不仅规定了旅游者的权利和义务,还规定了旅游者参加旅游活动的相关权利。

（一）旅游者的基本权利

1. 自主选择权

《中华人民共和国旅游法》第九条第一款规定,旅游者有权自主选择旅游产品和服务,有权拒绝旅游经营者的强制交易行为。

2. 知悉真情权

《中华人民共和国旅游法》第九条第二款规定,旅游者有权知悉其购买的旅游产品和服务的真实情况。

3. 要求履约权

《中华人民共和国旅游法》第九条第三款规定,旅游者有权要求旅游经营者按照约定提供产品和服务。

4. 被尊重权

《中华人民共和国旅游法》第十条规定,旅游者的人格尊严、民族风俗习惯和宗教信仰应当得到尊重。

5. 特殊群体的便利和优惠权

《中华人民共和国旅游法》第十一条规定,残疾人、老年人、未成年人等旅游者在旅游活动中依照法律、法规和有关规定享受便利和优惠。

6. 救助请求权

《中华人民共和国旅游法》第十二条规定,旅游者在人身、财产安全遇有危险时,有请求救助和保护的权利。旅游者人身、财产受到侵害的,有依法获得赔偿的权利。

7. 其他权利

《中华人民共和国旅游法》还在相关章节规定了旅游者的安全保障权、合同的任意解除权、合同的替换权、协助返程权、投诉举报权等权利,为旅游者参加旅游活动,实现旅游目的提供了保证。

同步案例

优惠政策引发的旅行社投诉案

姚先生反映,2023年4月7日他消费2160元预订了黄山市某旅行社"4天

知识活页

公民的基本权利与义务有哪些?

微课

旅游者权利

3晚双人黄山游",后发现旅行社并未告知他65周岁以上的老人有优惠政策,故投诉。

(资料来源:黄山市广播电视台)

(二)旅游者维权途径

1. 旅游者被侵权的几种基本情况

根据《中华人民共和国旅游法》第九章的规定,旅游者被侵权的情况包括但不限于:①在旅游行程中擅自变更旅游行程安排,严重损害旅游者权益;②拒绝履行合同;③未征得旅游者书面同意,委托其他旅行社履行包价旅游合同;④进行虚假宣传,误导旅游者;⑤向不合格的供应商订购产品和服务;⑥未按照规定投保旅行社责任保险。

2. 旅游者维权的途径

根据《中华人民共和国旅游法》第九十二条的规定,旅游者与旅游经营者发生纠纷,可以通过下列途径解决:①双方协商;②向消费者协会、旅游投诉受理机构或者有关调解组织申请调解;③根据与旅游经营者达成的仲裁协议提请仲裁机构仲裁;④向人民法院提起诉讼。

《中华人民共和国旅游法》第九十四条规定,旅游者与旅游经营者发生纠纷,旅游者一方人数众多并有共同请求的,可以推选代表人参加协商、调解、仲裁、诉讼活动。

教学互动

旅游意外险可强制购买吗?

李先生在某旅行社报名参加"5天4夜山西精品游",支付团费1580元。行程开始后,旅行社工作人员在某宾馆办理入住时,要求游客必须投保60元旅游意外险,否则无法入住,李先生最终购买旅游意外险继续行程。李先生认为旅行社强制要求游客购买旅游意外险的行为不合理,属违约行为,行程结束后向旅游投诉处理机构投诉。

(资料来源:《山西经济日报》)

讨论:

(1)旅行社强制要求游客购买旅游意外险的行为是否合理?

(2)此行为侵犯了旅游者的什么权利?旅游者应怎样维权?

三、旅游者的基本义务

(一)遵纪守法、文明旅游的义务

《中华人民共和国旅游法》第十三条规定,旅游者在旅游活动中应当遵守社会公共秩序和社会公德,尊重当地的风俗习惯、文化传统和宗教信仰,爱护旅游资源,保护生态环境,遵守旅游文明行为规范。

(二)不得损害他人合法权益

《中华人民共和国旅游法》第十四条规定,旅游者在旅游活动中或者在解决纠纷时,不得损害当地居民的合法权益,不得干扰他人的旅游活动,不得损害旅游经营者和旅游从业人员的合法权益。

(三)安全配合义务

《中华人民共和国旅游法》第十五条规定,旅游者购买、接受旅游服务时,应当向旅游经营者如实告知与旅游活动相关的个人健康信息,遵守旅游活动中的安全警示规定。

旅游者对国家应对重大突发事件暂时限制旅游活动的措施以及有关部门、机构或者旅游经营者采取的安全防范和应急处置措施,应当予以配合。

旅游者违反安全警示规定,或者对国家应对重大突发事件暂时限制旅游活动的措施、安全防范和应急处置措施不予配合的,依法承担相应责任。

(四)不得非法滞留、擅自分团或脱团

《中华人民共和国旅游法》第十六条规定,出境旅游者不得在境外非法滞留,随团出境的旅游者不得擅自分团、脱团。入境旅游者不得在境内非法滞留,随团入境的旅游者不得擅自分团、脱团。

教学互动

因不可抗力事件影响变更旅游行程纠纷案投诉案

游客通过佛山市某旅行社报名参加"贵州5日游"。旅游行程中因当地疫情防控政策临时发生变化,导致团队无法按照旅游合同约定的行程进行游览安排,因此,地接社导游和游客所在的旅游团队现场沟通调整旅游行程安排,最终决定较原行程计划提前一天乘坐高铁返回。地接社导游向游客告知未产生费用退费金额为305元,游客当时同意并签署了团队变更证明。返回佛山后游客对退费不满意,要求退600元,与旅行社协商无果,故投诉至旅游投诉处理机构。

属地旅游投诉处理机构接到投诉后,积极与投诉人和旅行社核实事情经过,组织双方开展调解。经核查,该旅游团队原行程计划第四天安排游览乌江寨,但景区因疫情防控政策变化而无法前往,旅行社和全团游客协商,将行程变更为西江千户苗寨。在团队出发前往西江途中,接到西江千户苗寨景区通知,要求持有24小时核酸检测阴性结果才能进入景区,同时凯里市高速公路出口也受到疫情防控政策限制。因全团游客均不愿意在当地等待核酸检

测结果,经再次协商决定提前一天结束行程返回。当天随团地接社导游向全团游客解释团款退费组成并口头告知退费金额305元,包括投诉人在内的游客均同意后签署了团队变更证明。

（资料来源：佛山市文化广电旅游体育局网站）

讨论：

根据《中华人民共和国旅游法》的规定,旅游者要履行什么义务？旅行社应怎样赔偿旅游者？

案例分析

5-3

第二节 旅游不文明行为记录管理与治安管理相关法律制度

一、旅游不文明记录管理

为推进旅游诚信建设工作,提升公民文明出游意识,2016年5月,国家旅游局办公室印发了《国家旅游局关于旅游不文明行为记录管理暂行办法》。

（一）旅游不文明行为内容

1. 旅游者不文明行为

《国家旅游局关于旅游不文明行为记录管理暂行办法》第二条规定,中国游客在境内外旅游过程中发生的因违反境内外法律法规、公序良俗,造成严重社会不良影响的行为,纳入"旅游不文明行为记录",主要包括：①扰乱航空器、车船或者其他公共交通工具秩序；②破坏公共环境卫生、公共设施；③违反旅游目的地社会风俗、民族生活习惯；④损毁、破坏旅游目的地文物古迹；⑤参与赌博、色情、涉毒活动；⑥不顾劝阻、警示从事危及自身以及他人人身财产安全的活动；⑦破坏生态环境,违反野生动植物保护规定；⑧违反旅游场所规定,严重扰乱旅游秩序；⑨国务院旅游主管部门认定的造成严重社会不良影响的其他行为。因监护人存在重大过错导致被监护人发生旅游不文明行为,将监护人纳入"旅游不文明行为记录"。

2. 旅游经营者不文明行为

《国家旅游局关于旅游不文明行为记录管理暂行办法》第三条规定,从事旅游经营管理与服务的工作人员在从事旅游经营管理和服务过程中因违反法律法规、工作规范、公序良俗、职业道德,造成严重社会不良影响的行为,纳入"旅游不文明行为记录",主要包括：①价格欺诈、强迫交易、欺骗诱导游客消费；②侮辱、殴打、胁迫游客；③不尊重旅游目的地或游客的宗教信仰、民族习惯、风俗禁忌；④传播低级趣味、宣传迷信思想；⑤国务院旅游主管部门认定的其他旅游不文明行为。

（二）旅游不文明行为记录管理

1. 旅游不文明记录信息内容

《国家旅游局关于旅游不文明行为记录管理暂行办法》第四条规定，"旅游不文明行为记录"信息内容包括：①不文明行为当事人的姓名、性别、户籍省份；②不文明行为的具体表现、不文明行为所造成的影响和后果；③对不文明行为的记录期限。

《国家旅游局关于旅游不文明行为记录管理暂行办法》第十条规定，"旅游不文明行为记录"形成后，国务院旅游主管部门可将"旅游不文明行为记录"信息向社会公布。

2. 旅游不文明行为评审

《国家旅游局关于旅游不文明行为记录管理暂行办法》第八条规定，"旅游不文明行为记录"形成前应经"旅游不文明行为记录评审委员会"评审通过。旅游不文明行为记录评审委员会由政府部门、法律专家、旅游企业、旅游者代表组成，评审主要事项包括：①不文明行为事件是否应当纳入"旅游不文明行为记录"；②确定"旅游不文明行为记录"的信息保存期限；③"旅游不文明行为记录"是否通报相关部门；④对已经形成的"旅游不文明行为记录"的记录期限进行动态调整。

3. 旅游不文明行为动态管理

《国家旅游局关于旅游不文明行为记录管理暂行办法》第九条规定，"旅游不文明行为记录"信息保存期限为1年至5年，实行动态管理。其中：①旅游不文明行为当事人违反刑法的，信息保存期限为3年至5年；②旅游不文明行为当事人受到行政处罚或法院判决承担责任的，信息保存期限为2年至4年；③旅游不文明行为未受到法律法规处罚，但造成严重社会影响的，信息保存期限为1年至3年。

《国家旅游局关于旅游不文明行为记录管理暂行办法》第十二条规定，"旅游不文明行为记录"形成后，根据被记录人采取补救措施挽回不良影响的程度、对文明旅游宣传引导的社会效果，经评审委员会审议后可缩短记录期限。

4. 当事人的申辩权

《国家旅游局关于旅游不文明行为记录管理暂行办法》第十一条规定，"旅游不文明行为记录"形成后，旅游主管部门应当将相关信息通报或送达当事人本人，并告知其有申辩的权利，当事人在接到申辩通知后30个工作日内，有权利进行申辩。旅游主管部门在接到申辩后30个工作日内予以书面回复。申辩理由被采纳的，可依据当事人申辩的理由调整记录期限或取消记录。当事人申辩期间不影响信息公布。

慎思笃行

非遗自然景区刻画赔偿案

2021年7月11日，陈某在梵净山景区旅游过程中，使用登山手杖在省级文物保护单位梵净山金顶摩崖石壁处进行刻划，虽经其他游客提醒劝阻，他仍执意在石壁处刻字,陈某这一行为被其他在场游客拍摄下来并上传到网上,引起了广大网友的热议,三天后贵州武陵景区针对这一不文明行为发布通报,将这名男子纳入梵净山生态旅游区入园黑名单。随后,贵州省江口县人民检察院展开调查,并向法院提起了公益诉讼。

(资料来源:环球网)

二、治安管理法律制度

为维护社会治安秩序,保障公共安全,保护公民、法人和其他组织的合法权益,规范和保障公安机关及其人民警察依法履行治安管理职责,2005年8月28日,全国人民代表大会常务委员会第十七次会议通过了《中华人民共和国治安管理处罚法》,而后此法于2012年进行了第一次修正。2024年6月,十四届全国人大常委会第十次会议审议了《中华人民共和国治安管理处罚法修订草案》。

(一)违反治安管理的行为及处罚种类

1. 违反治安管理的行为

《中华人民共和国治安管理处罚法》第二条规定,扰乱公共秩序,妨害公共安全,侵犯人身权利、财产权利,妨害社会管理,具有社会危害性,依照《中华人民共和国刑法》的规定构成犯罪的,依法追究刑事责任;尚不够刑事处罚的,由公安机关依照本法给予治安管理处罚。

据此,旅游不文明行为一旦违反社会治安管理,就从道德问题转化为法律问题,由公安机关依照《中华人民共和国治安管理处罚法》对相关行为人给予处罚。

2. 治安管理处罚的种类

《中华人民共和国治安管理处罚法》第十条规定,治安管理处罚的种类分为:①警告;②罚款;③行政拘留;④吊销公安机关发放的许可证。对违反治安管理的外国人,可以附加适用限期出境或者驱逐出境。

(二)扰乱公共秩序的行为和处罚

1. 扰乱公共交通秩序

依据《中华人民共和国治安管理处罚法》第二十三条的规定,扰乱公共汽车、电车、火车、船舶、航空器或者其他公共交通工具上的秩序的,处警告或者200元以下罚款;情节较重的,处5日以上10日以下拘留,可以并处500元以下罚款。聚众实施前款行为的,对首要分子处10日以上15日以下拘留,可以并处1000元以下罚款。

2. 扰乱公共场所秩序

扰乱车站、港口、码头、机场、商场、公园、展览馆或者其他公共场所秩序的,同扰乱公共交通工具秩序一样,依照《中华人民共和国治安管理处罚法》第二十三条规定予以处罚。

3. 扰乱文化、体育等大型群众性活动秩序

依据《中华人民共和国治安管理处罚法》第二十四条的规定,有下列行为之一,处警告或者200元以下罚款;情节严重的,处5日以上10日以下拘留,可以并处500元以下罚款:①强行进入场内的;②违反规定,在场内燃放烟花爆竹或者其他物品的;③展示侮辱性标语、条幅等物品的;④围攻裁判员、运动员或者其他工作人员的;⑤向场内投掷杂物,不听制止的;⑥扰乱大型群众性活动秩序的其他行为。因扰乱体育比赛秩序被处以拘留处罚的,可以同时责令其12个月内不得进入体育场馆观看同类比赛;违反规定进入体育场馆的,强行带离现场。

(三)妨害公共安全的行为和处罚

1. 盗窃、损毁公共设施

依据《中华人民共和国治安管理处罚法》第三十三条的规定,盗窃、损毁油气管道设施、电力电信设施、广播电视设施、水利防汛工程设施或者水文监测、测量、气象测报、环境监测、地质监测、地震监测等公共设施的,处10日以上15日以下拘留。

2. 盗窃、损害航空设施

依据《中华人民共和国治安管理处罚法》第三十四条的规定,盗窃、损坏、擅自移动使用中的航空设施,处10日以上15日以下拘留。在使用中的航空器上使用可能影响导航系统正常功能的器具、工具,不听劝阻的,处5日以下拘留或者500元以下罚款。

3. 盗窃、损毁铁路设施

依据《中华人民共和国治安管理处罚法》第三十五条的规定,盗窃、损毁或者擅自移动铁路设施、设备、机车车辆配件或者安全标志的,以及在铁路线路上放置障碍物,或者故意向列车投掷物品的,处5日以上10日以下拘留,可以并处500元以下罚款;情节较轻的,处5日以下拘留或者500元以下罚款。

(四)侵犯他人人身权利、财产权利的行为和处罚

1. 偷窥、偷拍、窃听、散布他人隐私

依据《中华人民共和国治安管理处罚法》第四十二条的规定,偷窥、偷拍、窃听、散布他人隐私的,处5日以下拘留或者500元以下罚款;情节较重的,处5日以上10日以下拘留,可以并处500元以下罚款。

2. 殴打他人或者故意伤害他人身体

《中华人民共和国治安管理处罚法》第四十二条的规定,殴打他人的,或者故意伤害他人身体的,处5日以上10日以下拘留,并处200元以上500元以下罚款;情节较轻的,处5日以下拘留或者500元以下罚款。

教学互动

游客之间起纠纷大打出手,怎样处罚?

2023年12月1日,在宾川县鸡足山景区九莲寺,游客李某与游客赵某因日常矛盾引发口角,两人到了九莲寺居住的地方后再次争吵起来,随后李某使用铲子殴打赵某,致使赵某头部和手指受伤。后云南省宾川县司法鉴定中心对赵某的伤情进行鉴定,鉴定结果为伤者赵某此次伤情已达轻微伤。

(资料来源:祥云县人民政府网站)

讨论:

(1)游客李某的行为违反了旅游者的什么义务?

(2)对于游客李某的行为,应怎样进行处罚?

案例分析

5-4

3. 猥亵他人或在公共场所裸露身体

《中华人民共和国治安管理处罚法》第四十四条规定,猥亵他人的,或者在公共场所故意裸露身体,情节恶劣的,处5日以上10日以下拘留;猥亵智力残疾人、精神病人、不满14周岁的人或者有其他严重情节的,处10日以上15日以下拘留。

4. 侵犯公私财物

《中华人民共和国治安管理处罚法》第四十九条规定,盗窃、诈骗、哄抢、抢夺、敲诈勒索或者故意损毁公私财物的,处5日以上10日以下拘留,可以并处500元以下罚款;情节较重的,处10日以上15日以下拘留,可以并处1000元以下罚款。

(五)妨害社会管理的行为和处罚

1. 制造噪声干扰他人生活

《中华人民共和国治安管理处罚法》第五十八条规定,违反关于社会生活噪声污染防治的法律规定,制造噪声干扰他人正常生活的,处警告;警告后不改正的,处200元以上500元以下罚款。

2. 妨害文物管理

《中华人民共和国治安管理处罚法》第六十三条规定,刻划、涂污或者以其他方式故意损坏国家保护的文物、名胜古迹的,处警告或者200元以下罚款;情节较重的,处5日以上10日以下拘留,并处200元以上500元以下罚款。

3. 嫖娼

《中华人民共和国治安管理处罚法》第六十六条规定,卖淫、嫖娼的,处10日以上15日以下拘留,可以并处5000元以下罚款;情节较轻的,处5日以下拘留或者500元以下罚款。

4. 参与淫秽活动

依据《中华人民共和国治安管理处罚法》第六十九条的规定,参与淫秽活动的,处10日以上15日以下拘留,并处500元以上1000元以下罚款。

5. 赌博

依据《中华人民共和国治安管理处罚法》第七十条的规定,参与赌博赌资较大的,处5日以下拘留或者500元以下罚款;情节严重的,处10日以上15日以下拘留,并处500元以上3000元以下罚款。

6. 非法持有或吸食毒品

依据《中华人民共和国治安管理处罚法》第七十二条的规定,非法持有鸦片不满200克、海洛因或者甲基苯丙胺不满10克或者其他少量毒品的,或吸食、注射毒品的,处10日以上15日以下拘留,可以并处2000元以下罚款;情节较轻的,处5日以下拘留或者500元以下罚款。

三、旅游文明工作推进措施

2023年2月发布的《文化和旅游部办公厅关于做好2023年文明旅游工作的通知》指出,各地要加快适应新形势新要求,坚持出境旅游和国内旅游两手抓,坚持教育引导和约束惩戒两结合,坚持注重实效和保持长效两促进,在全面推进基础上,抓住重点对象、关键环节和突出领域,把工作做到实处、推向深处。

(一)加强统筹谋划

各地要进一步提高政治站位,强化责任意识,准确把握行业恢复发展规律,提前研判文明旅游教育引导工作重点,把准本地区文明旅游工作关键点薄弱点,结合地方实际,做好全年文明旅游工作计划和主要活动安排,突出抓好重点人群、重点区域、重点环节、重点时段宣传引导,推动各项工作落到实处。

(二)加强协同联动

各地要建立健全协同联动的工作机制,积极争取本地文明办指导支持,加强与宣传、外事、公安、交通、教育、自然资源等相关部门的沟通协作,充分发挥行业协会、公益组织等社会团体作用,形成齐抓共管的工作格局和全社会共同参与的长效机制。

(三)加强工作创新

加强对文明培育、文明实践和文明创建的理论研究和经验总结,深化对文明旅游工作特点和规律的认识,积极借鉴各方有益成果,推动内容形式、方法手段、渠道载体、体制机制创新,更好体现时代性、把握规律性、富于创造性,不断提升文明旅游工作的针对性和实效性。

同步案例

"痛客"有奖

2024年5月1日，"多彩贵州满意旅游痛客行"活动正式启动。活动持续到12月，旨在持续提高贵州旅游的服务水平和安全管理水平，优化旅游环境，提升游客满意度，打造"满意旅游"品牌，推动"满意旅游"服务形象深入人心。

截至2024年，此活动已连续举办8届，面向全社会开放，凡是在贵州旅游或关心、关注、支持贵州旅游发展的人士均可参加。参加人员可以"痛客"身份，通过"贵州旅游痛点征集平台"，向贵州省文化和旅游厅直接反映包括文化和旅游高质量发展、行业监管、公共设施、企业服务、从业人员服务、安全6个方面的问题，提出建议，推动贵州文旅持续健康发展。

活动设置一、二、三等奖和参与奖，奖金分别为5000元、3000元、1000元和200元，各奖项获奖名额不固定，获奖名单会在贵州省文化和旅游厅网站、微信号等官方平台进行公布。

（资料来源：《中国旅游报》）

点评 5-3

第三节 消费者权益保护法律制度

1993年10月31日，《中华人民共和国消费者权益保护法》于第八届全国人民代表大会常务委员会第四次会议通过，并于2009年、2013年进行了二次修正。2024年7月1日施行的《中华人民共和国消费者权益保护法实施条例》，是《中华人民共和国消费者权益保护法》施行30年来首次出台的配套行政法规。《中华人民共和国消费者权益保护法实施条例》对社会各界关注的预付式消费、直播带货、"霸王条款"、大数据"杀熟"、自动续费、捆绑销售等新领域、新问题作出规定。

一、消费者及消费者权利

（一）消费者的定义

国际标准化组织（International Organization for Standardization，ISO）认为，消费者是以个人消费为目的而购买使用商品和服务的个体社会成员。

《中华人民共和国消费者权益保护法》第二条规定，消费者为生活消费需要购买、使用商品或者接受服务，其权益受本法保护；本法未作规定的，受其他有关法律、法规保护。《中华人民共和国消费者权益保护法》第六十二条规定，农民购买、使用直接用于农业生产的生产资料,参照本法执行。

(二)消费者的基本权利

《中华人民共和国消费者权益保护法》明确规定了消费者的九项权利,《中华人民共和国消费者权益保护法实施条例》的施行则加强了对消费者权益的保护。

1. 安全保障权

《中华人民共和国消费者权益保护法》第七条规定,消费者在购买、使用商品和接受服务时享有人身、财产安全不受损害的权利。消费者有权要求经营者提供的商品和服务,符合保障人身、财产安全的要求。

2. 知悉真情权

《中华人民共和国消费者权益保护法》第八条规定,消费者享有知悉其购买、使用的商品或者接受的服务的真实情况的权利。消费者有权根据商品或者服务的不同情况,要求经营者提供商品的价格、产地、生产者、用途、性能、规格、等级、主要成分、生产日期、有效期限、检验合格证明、使用方法说明书、售后服务,或者服务的内容、规格、费用等有关情况。

3. 自主选择权

《中华人民共和国消费者权益保护法》第九条规定,消费者享有自主选择商品或者服务的权利。消费者有权自主选择提供商品或者服务的经营者,自主选择商品品种或者服务方式,自主决定购买或者不购买任何一种商品、接受或者不接受任何一项服务。消费者在自主选择商品或者服务时,有权进行比较、鉴别和挑选。

《中华人民共和国消费者权益保护法实施条例》第十一条规定,消费者享有自主选择商品或者服务的权利。经营者不得以暴力、胁迫、限制人身自由等方式或者利用技术手段,强制或者变相强制消费者购买商品或者接受服务,或者排除、限制消费者选择其他经营者提供的商品或者服务。经营者通过搭配、组合等方式提供商品或者服务的,应当以显著方式提请消费者注意。

4. 公平交易权

《中华人民共和国消费者权益保护法》第十条规定,消费者享有公平交易的权利。消费者在购买商品或者接受服务时,有权获得质量保障、价格合理、计量正确等公平交易条件,有权拒绝经营者的强制交易行为。

5. 获得赔偿权

《中华人民共和国消费者权益保护法》第十一条规定,消费者因购买、使用商品或者接受服务受到人身、财产损害的,享有依法获得赔偿的权利。

针对消费者滥用投诉举报,《中华人民共和国消费者权益保护法实施条例》第二十七条第二款规定,投诉、举报应当遵守法律、法规和有关规定,不得利用投诉、举报牟取不正当利益,侵害经营者的合法权益,扰乱市场经济秩序。

6. 结社权

《中华人民共和国消费者权益保护法》第十二条规定,消费者享有依法成立维护自身合法权益的社会组织的权利。

7. 知识获取权

《中华人民共和国消费者权益保护法》第十三条规定,消费者享有获得有关消费和消费者权益保护方面的知识的权利。消费者应当努力掌握所需商品或者服务的知识和使用技能,正确使用商品,提高自我保护意识。

8. 受尊重权

《中华人民共和国消费者权益保护法》第十四条规定,消费者在购买、使用商品和接受服务时,享有人格尊严、民族风俗习惯得到尊重的权利,享有个人信息依法得到保护的权利。

9. 监督批评权

《中华人民共和国消费者权益保护法》第十五条规定,消费者享有对商品和服务以及保护消费者权益工作进行监督的权利。消费者有权检举、控告侵害消费者权益的行为和国家机关及其工作人员在保护消费者权益工作中的违法失职行为,有权对保护消费者权益工作提出批评、建议。

《中华人民共和国消费者权益保护法实施条例》增加了消费者瑕疵产品召回的"建议权",《中华人民共和国消费者权益保护法实施条例》第八条规定,消费者认为经营者提供的商品或者服务可能存在缺陷,有危及人身、财产安全危险的,可以向经营者或者有关行政部门反映情况或者提出建议。

同步案例

孔某诉北京某餐饮有限公司个人信息保护纠纷案

北京某餐饮有限公司(以下简称被告)推出了手机扫码点餐服务,要求消费者使用微信扫描二维码并关注公众号进行线上点餐。若不同意授权获取个人信息,则无法使用该项服务。2021年7月,孔某在被告门店用餐时选择了手机扫码点餐,并在此过程中成为其会员。后来孔某取消关注公众号,发现个人信息仍被保留在被告处,无法自行删除。孔某因此将被告告上法庭,要求停止侵害个人信息权益、告知信息处理情况、赔礼道歉并赔偿相关损失。

2023年10月20日,北京市第三中级人民法院作出终审判决,被告向原告书面告知处理孔某个人信息的范围、方式,向原告进行书面赔礼道歉,赔偿原告公证费5000元。

(资料来源:中国消费者协会)

二、经营者的义务

(一)经营者的概念

《中华人民共和国反垄断法》第十五条规定,经营者,是指从事商品生产、经营或者提供服务的自然人、法人和非法人组织。《中华人民共和国消费者权益保护法》第三条规定,经营者为消费者提供其生产、销售的商品或者提供服务,应当遵守本法;本法未作规定的,应当遵守其他有关法律、法规。

(二)经营者的义务

为了更好地保护消费者的合法权益,《中华人民共和国消费者权益保护法》规定了经营者的14项义务,针对我国近年来在传统消费领域与平台经济领域出现的新问题,《中华人民共和国消费者权益保护法实施条例》细化了经营者义务,予以精准回应。

1. 履行法定或约定的义务

《中华人民共和国消费者权益保护法》第十六条规定,经营者向消费者提供商品或者服务,应当依照本法和其他有关法律、法规的规定履行义务。经营者和消费者有约定的,应当按照约定履行义务,但双方的约定不得违背法律、法规的规定。经营者向消费者提供商品或者服务,应当恪守社会公德,诚信经营,保障消费者的合法权益;不得设定不公平、不合理的交易条件,不得强制交易。

2. 听取意见和接受消费者监督的义务

《中华人民共和国消费者权益保护法》第十七条规定,经营者应当听取消费者对其提供的商品或者服务的意见,接受消费者的监督。

3. 安全保障义务

《中华人民共和国消费者权益保护法》第十八条规定,经营者应当保证其提供的商品或者服务符合保障人身、财产安全的要求。对可能危及人身、财产安全的商品和服务,应当向消费者作出真实的说明和明确的警示,并说明和标明正确使用商品或者接受服务的方法以及防止危害发生的方法。宾馆、商场、餐馆、银行、机场、车站、港口、影剧院等经营场所的经营者,应当对消费者尽到安全保障义务。

对于赠品和试用装瑕疵问题,《中华人民共和国消费者权益保护法实施条例》第七条第二款规定,经营者向消费者提供商品或者服务(包括以奖励、赠送、试用等形式向消费者免费提供商品或者服务),应当保证商品或者服务符合保障人身、财产安全的要求。免费提供的商品或者服务存在瑕疵但不违反法律强制性规定且不影响正常使用性能的,经营者应当在提供商品或者服务前如实告知消费者。

4. 缺陷信息报告、告知义务

《中华人民共和国消费者权益保护法》第十九条规定,经营者发现其提供的商品或者服务存在缺陷,有危及人身、财产安全危险的,应当立即向有关行政部门报告和告知消费者,并采取停止销售、警示、召回、无害化处理、销毁、停止生产或者服务等措施。采取召回措施的,经营者应当承担消费者因商品被召回支出的必要费用。

对于缺陷产品,相关经营者要进一步明确其协助义务。依据《中华人民共和国消费者权益保护法实施条例》第八条的规定,经营者发现其提供的商品或者服务可能存在缺陷,有危及人身、财产安全危险的,应当依照《中华人民共和国消费者权益保护法》第十九条的规定及时采取相关措施。采取召回措施的,生产或者进口商品的经营者应当制定召回计划,发布召回信息,明确告知消费者享有的相关权利,保存完整的召回记录,并承担消费者因商品被召回所支出的必要费用。商品销售、租赁、修理、零部件生产供应、受委托生产等相关经营者应当依法履行召回相关协助和配合义务。

5. 真实信息告知的义务

《中华人民共和国消费者权益保护法》第二十条规定,经营者向消费者提供有关商品或者服务的质量、性能、用途、有效期限等信息,应当真实、全面,不得作虚假或者引人误解的宣传。经营者对消费者就其提供的商品或者服务的质量和使用方法等问题提出的询问,应当作出真实、明确的答复。

对于网络刷单行为,《中华人民共和国消费者权益保护法实施条例》第九条第一款规定,经营者应当采用通俗易懂的方式,真实、全面地向消费者提供商品或者服务相关信息,不得通过虚构经营者资质、资格或者所获荣誉,虚构商品或者服务交易信息、经营数据,篡改、编造、隐匿用户评价等方式,进行虚假或者引人误解的宣传,欺骗、误导消费者。

对于大数据"杀熟"等价格歧视现象,《中华人民共和国消费者权益保护法实施条例》第九条第二款规定,经营者不得在消费者不知情的情况下,对同一商品或者服务在同等交易条件下设置不同的价格或者收费标准。

对于自动续费,《中华人民共和国消费者权益保护法实施条例》第十条第二款规定,经营者采取自动展期、自动续费等方式提供服务的,应当在消费者接受服务前和自动展期、自动续费等日期前,以显著方式提请消费者注意。

对于老年消费者的特殊保护,《中华人民共和国消费者权益保护法实施条例》第十五条规定,经营者不得通过虚假或者引人误解的宣传,虚构或者夸大商品或者服务的治疗、保健、养生等功效,诱导老年人等消费者购买明显不符合其实际需求的商品或者服务。

6. 标明真实名称和标识的义务

《中华人民共和国消费者权益保护法》第二十一条规定,经营者应当标明其真实名称和标记。租赁他人柜台或者场地的经营者,应当标明其真实名称和标记。

7. 出具购货凭证或服务单据的义务

《中华人民共和国消费者权益保护法》第二十二条规定，经营者提供商品或者服务，应当按照国家有关规定或者商业惯例向消费者出具发票等购货凭证或者服务单据；消费者索要发票等购货凭证或者服务单据的，经营者必须出具。

8. 保证商品或服务质量的义务

《中华人民共和国消费者权益保护法》第二十三条规定，经营者应当保证在正常使用商品或者接受服务的情况下其提供的商品或者服务应当具有的质量、性能、用途和有效期限；但消费者在购买该商品或者接受该服务前已经知道其存在瑕疵，且存在该瑕疵不违反法律强制性规定的除外。经营者以广告、产品说明、实物样品或者其他方式表明商品或者服务的质量状况的，应当保证其提供的商品或者服务的实际质量与表明的质量状况相符。经营者提供的机动车、计算机、电视机、电冰箱、空调器、洗衣机等耐用商品或者装饰装修等服务，消费者自接受商品或者服务之日起6个月内发现瑕疵，发生争议的，由经营者承担有关瑕疵的举证责任。

9. 承担售后服务的义务

《中华人民共和国消费者权益保护法》第二十四条规定，经营者提供的商品或者服务不符合质量要求的，消费者可以依照国家规定、当事人约定退货，或者要求经营者履行更换、修理等义务。没有国家规定和当事人约定的，消费者可以自收到商品之日起7日内退货；7日后符合法定解除合同条件的，消费者可以及时退货，不符合法定解除合同条件的，可以要求经营者履行更换、修理等义务。依照前款规定进行退货、更换、修理的，经营者应当承担运输等必要费用。

10. 无理由退货的义务

《中华人民共和国消费者权益保护法》第二十五条规定，经营者采用网络、电视、电话、邮购等方式销售商品，消费者有权自收到商品之日起7日内退货，且无需说明理由，但下列商品除外：①消费者定做的；②鲜活易腐的；③在线下载或者消费者拆封的音像制品、计算机软件等数字化商品；④交付的报纸、期刊。除前款所列商品外，其他根据商品性质并经消费者在购买时确认不宜退货的商品，不适用无理由退货。消费者退货的商品应当完好。经营者应当自收到退回商品之日起7日内返还消费者支付的商品价款。退回商品的运费由消费者承担；经营者和消费者另有约定的，按照约定。

对于"7天无理由退货"，《中华人民共和国消费者权益保护法实施条例》第十九条第三款规定，消费者退货的商品应当完好。消费者基于查验需要打开商品包装，或者为确认商品的品质和功能进行合理调试而不影响商品原有品质、功能和外观的，经营者应当予以退货。

对于"7天无理由试穿""霸王餐"等不当退货行为，《中华人民共和国消费者权益保护法实施条例》第十九条第四款规定，消费者无理由退货应当遵循诚实信用原则，不得利用无理由退货规则损害经营者和其他消费者的合法权益。

11. 不得以格式合同等方式限制消费者权利的义务

《中华人民共和国消费者权益保护法》第二十六条规定，经营者在经营活动中使用格式条款的，应当以显著方式提请消费者注意商品或者服务的数量和质量、价款或者费用、履行期限和方式、安全注意事项和风险警示、售后服务、民事责任等与消费者有重大利害关系的内容，并按照消费者的要求予以说明。经营者不得以格式条款、通知、声明、店堂告示等方式，作出排除或者限制消费者权利、减轻或者免除经营者责任、加重消费者责任等对消费者不公平、不合理的规定，不得利用格式条款并借助技术手段强制交易。格式条款、通知、声明、店堂告示等含有前款所列内容的，其内容无效。

12. 尊重消费者人格权的义务

《中华人民共和国消费者权益保护法》第二十七条规定，经营者不得对消费者进行侮辱、诽谤，不得搜查消费者的身体及其携带的物品，不得侵犯消费者的人身自由。

13. 采用网络等方式提供商品或范围的信息告知义务

《中华人民共和国消费者权益保护法》第二十八条规定，采用网络、电视、电话、邮购等方式提供商品或者服务的经营者，以及提供证券、保险、银行等金融服务的经营者，应当向消费者提供经营地址、联系方式、商品或者服务的数量和质量、价款或者费用、履行期限和方式、安全注意事项和风险警示、售后服务、民事责任等信息。

对于直播带货等场景下的宣传乱象，《中华人民共和国消费者权益保护法实施条例》第十四条规定，经营者通过网络直播等方式提供商品或者服务的，应当依法履行消费者权益保护相关义务。直播营销平台经营者应当建立健全消费者权益保护制度，明确消费争议解决机制。发生消费争议的，直播营销平台经营者应当根据消费者的要求提供直播间运营者、直播营销人员相关信息以及相关经营活动记录等必要信息。直播间运营者、直播营销人员发布的直播内容构成商业广告的，应当依照《中华人民共和国广告法》的有关规定履行广告发布者、广告经营者或者广告代言人的义务。

14. 个人信息保护的义务

《中华人民共和国消费者权益保护法》第二十九条规定，经营者收集、使用消费者个人信息，应当遵循合法、正当、必要的原则，明示收集、使用信息的目的、方式和范围，并经消费者同意。经营者收集、使用消费者个人信息，应当公开其收集、使用规则，不得违反法律、法规的规定和双方的约定收集、使用信息。经营者及其工作人员对收集的消费者个人信息必须严格保密，不得泄露、出售或者非法向他人提供。经营者应当采取技术措施和其他必要措施，确保信息安全，防止消费者个人信息泄露、丢失。在发生或者可能发生信息泄露、丢失的情况时，应当立即采取补救措施。经营者未经消费者同意或者请求，或者消费者明确表示拒绝的，不得向其发送商业性信息。

对于个人信息收集，《中华人民共和国消费者权益保护法实施条例》第二十三条规定，经营者应当依法保护消费者的个人信息。经营者在提供商品或者服务时，不得过度收集消费者个人信息,不得采用一次概括授权、默认授权等方式,强制或者变相强制消费者同意收集、使用与经营活动无直接关系的个人信息。经营者处理包含消费者的生物识别、宗教信仰、特定身份、医疗健康、金融账户、行踪轨迹等信息以及不满14周岁未成年人的个人信息等敏感个人信息的,应当符合有关法律、行政法规的规定。

教学互动

廖某诉某养生馆服务合同纠纷案

2020年1月至2022年5月,廖某在某养生馆购买了多项按摩养生保健服务,并多次通过预存的方式共计支付673544元。之后,廖某认为该养生馆存在虚假宣传,该养生馆声称其按摩养生保健服务项目具有理疗和防治疾病的功效,但其所推荐的肩颈舒缓草本油等产品未能达到所宣传的效果,遂诉至法院要求解除服务合同并退还尚未消费的297564元。

(资料来源:四川省高级人民法院)

讨论:

该养生馆经营者未尽到哪些经营义务?

案例分析

5-5

三、消费者权益保护及纠纷解决途径

(一)国家对消费者合法权益的保护

依据《中华人民共和国消费者权益保护法》的规定,国家对消费者合法权益的保护主要通过三个途径:①立法保护,指国家立法机关通过制定、修改、颁布、废止等立法活动来保护消费者的利益;②行政保护,是通过行政执法和监督活动来实现的;③司法保护,是司法机关通过审判活动维护消费者的合法权益。

(二)消费者组织对消费者合法权益的保护

依据《中华人民共和国消费者权益保护法》第三十六条至第三十八条的规定,消费者协会和其他消费者组织是依法成立的对商品和服务进行社会监督的保护消费者合法权益的社会组织。消费者协会履行相应的公益性职责,不得从事商品经营和营利性服务,不得以收取费用或者其他牟取利益的方式向消费者推荐商品和服务。

(三)消费者权益保障方式

《中华人民共和国消费者权益保护法》第三十九条规定,消费者和经营者发生消费者权益争议的,可以通过下列途径解决:①与经营者协商和解;②请求消费者协会或者依法成立的其他调解组织调解;③向有关行政部门投诉;④根据与经营者达成的仲裁协议提请仲裁机构仲裁;⑤向人民法院提起诉讼。

四、经营者法律责任承担

（一）提供的商品或服务存在不当情形

《中华人民共和国消费者权益保护法》第四十八条第一款规定，经营者提供商品或者服务有下列情形之一的，除本法另有规定外，应当依照其他有关法律、法规的规定，承担民事责任：①商品或者服务存在缺陷的；②不具备商品应当具备的使用性能而出售时未作说明的；③不符合在商品或者其包装上注明采用的商品标准的；④不符合商品说明、实物样品等方式表明的质量状况的；⑤生产国家明令淘汰的商品或者销售失效、变质的商品的；⑥销售的商品数量不足的；⑦服务的内容和费用违反约定的；⑧对消费者提出的修理、重作、更换、退货、补足商品数量、退还货款和服务费用或者赔偿损失的要求，故意拖延或者无理拒绝的；⑨法律、法规规定的其他损害消费者权益的情形。

（二）未尽安全保障义务

《中华人民共和国消费者权益保护法》第四十八条第二款规定，经营者对消费者未尽到安全保障义务，造成消费者损害的，应当承担侵权责任。

（三）提供的商品或服务造成人身伤害

《中华人民共和国消费者权益保护法》第四十九条规定，经营者提供商品或者服务，造成消费者或者其他受害人人身伤害的，应当赔偿医疗费、护理费、交通费等为治疗和康复支出的合理费用，以及因误工减少的收入。造成残疾的，还应当赔偿残疾生活辅助具费和残疾赔偿金。造成死亡的，还应当赔偿丧葬费和死亡赔偿金。

（四）侵害消费者的人格、人身和隐私安全

《中华人民共和国消费者权益保护法》第五十条规定，经营者侵害消费者的人格尊严、侵犯消费者人身自由或者侵害消费者个人信息依法得到保护的权利的，应当停止侵害、恢复名誉、消除影响、赔礼道歉，并赔偿损失。

（五）侵害消费者人身权益造成严重精神损害

《中华人民共和国消费者权益保护法》第五十一条规定，经营者有侮辱诽谤、搜查身体、侵犯人身自由等侵害消费者或者其他受害人人身权益的行为，造成严重精神损害的，受害人可以要求精神损害赔偿。

（六）提供的商品或服务造成消费者财产损害

《中华人民共和国消费者权益保护法》第五十二条规定，经营者提供商品或者服务，造成消费者财产损害的，应当依照法律规定或者当事人约定承担修理、重作、更换、

退货、补足商品数量、退还货款和服务费用或者赔偿损失等民事责任。

（七）未按照约定提供商品或服务

《中华人民共和国消费者权益保护法》第五十三条规定，经营者以预收款方式提供商品或者服务的，应当按照约定提供。未按照约定提供的，应当按照消费者的要求履行约定或者退回预付款；并应当承担预付款的利息、消费者必须支付的合理费用。

对于预付式消费，依据《中华人民共和国消费者权益保护法实施条例》第二十一条和第二十二条的规定，经营者以收取预付款方式提供商品或者服务的，应当与消费者订立书面合同，约定商品或者服务的具体内容、价款或者费用、预付款退还方式、违约责任等事项。经营者收取预付款后，应当按照与消费者的约定提供商品或者服务，不得降低商品或者服务质量，不得任意加价。经营者未按照约定提供商品或者服务的，应当按照消费者的要求履行约定或者退还预付款。经营者出现重大经营风险，有可能影响经营者按照合同约定或者交易习惯正常提供商品或者服务的，应当停止收取预付款。经营者决定停业或者迁移服务场所的，应当提前30日在其经营场所、网站、网店首页等的醒目位置公告经营者的有效联系方式等信息。消费者依照国家有关规定或者合同约定，有权要求经营者继续履行提供商品或者服务的义务，或者要求退还未消费的预付款余额。

（八）退货责任

《中华人民共和国消费者权益保护法》第五十四条规定，依法经有关行政部门认定为不合格的商品，消费者要求退货的，经营者应当负责退货。

（九）欺诈行为责任

《中华人民共和国消费者权益保护法》第五十五条规定，经营者提供商品或者服务有欺诈行为的，应当按照消费者的要求增加赔偿其受到的损失，增加赔偿的金额为消费者购买商品的价款或者接受服务的费用的3倍；增加赔偿的金额不足500元的，为500元。法律另有规定的，依照其规定。经营者明知商品或者服务存在缺陷，仍然向消费者提供，造成消费者或者其他受害人死亡或者健康严重损害的，受害人有权要求经营者依照本法第四十九条、第五十一条等法律规定赔偿损失，并有权要求所受损失2倍以下的惩罚性赔偿。

对于"退一赔三"的惩罚性赔偿制度，在《中华人民共和国消费者权益保护法》第五十五条第一款的赔偿依据基础上，《中华人民共和国消费者权益保护法实施条例》增设了两种除外情形。依据《中华人民共和国消费者权益保护法实施条例》第四十九条的规定，经营者提供商品或者服务有欺诈行为的，消费者有权根据《中华人民共和国消费者权益保护法》第五十五条第一款的规定要求经营者予以赔偿。但是，商品或者服务的标签标识、说明书、宣传材料等存在不影响商品或者服务质量且不会对消费者造成误导的瑕疵的除外。通过夹带、掉包、造假、篡改商品生产日期、捏造事实等方式骗取经营者的赔偿或者对经营者进行敲诈勒索的，不适用《中华人民共和国消费者权益保护法》第五十五条第一款的规定,依照《中华人民共和国治安管理处罚法》等有关法律、法规处理;构成犯罪的,依法追究刑事责任。

(十)民事赔偿责任优先

《中华人民共和国消费者权益保护法》第五十八条规定,经营者违反本法规定,应当承担民事赔偿责任和缴纳罚款、罚金,其财产不足以同时支付的,先承担民事赔偿责任。

教学互动

当"假一赔十"遇上"职业打假",法官将如何判定?

何某在某购物平台经营一家化妆品店铺,经营售卖某品牌面霜,并在商品售卖页面承诺:"保证正品,假一赔十。"2023年8月,邓某在何某经营的店铺网购了10份某品牌面霜,共支付3600元。"这个产品怎么没有生产日期呢?"在签收商品后,邓某询问商家何某。"有保质期,没有生产日期,商品每天现做现发,秘方调制,你放心使用!"何某答复。后邓某发现面霜的外包装盒和内部商品的标识、成分均不一致,且无生产厂家、产地、生产日期、生产许可号等信息,遂向购物平台投诉,该平台向邓某披露了商家信息并退还了货款3600元。在向商家继续索赔未果后,邓某以收到的商品与店铺宣传不符,属于"三无产品"为由诉至法院,要求法院判令何某退还购物款3600元,并按照"假一赔十"标准支付赔偿金。

(资料来源:中国法院网)

讨论:

邓某是知假买假并以此牟利,还是消费者合理维权?其"假一赔十"的惩罚性赔偿主张是否应当得到支持?

本章小结

本章阐述了旅游者的权利与义务,分析了其概念、区别及联系,明确了旅游者的基本权利和义务,并提出了保障措施;同时探讨了旅游不文明行为的定义、分类及相关管理条例,并提出了预防和遏制措施;重点介绍了消费者权益的定义、保护法实施条例,以及保护途径与方法。

本章训练

一、知识训练

扫描二维码进行在线答题。

二、能力训练

不可抗力引发的旅行社投诉案

王女士父母于8月30日报名参加某旅行社"舟山3天2晚游",每人缴费2280元。王女士得知此事后考虑到台风即将登陆,于是不同意父母出门旅游,其父母与旅行社交涉,希望退款。旅行社告知王女士父母,2280元中的机票费用无法退还,王女士得知后投诉。

接到投诉后,投诉处理机构工作人员立即联系投诉人和被投诉人,投诉人与被投诉人各执一词。经过核实与协商,旅行社除了已经支出的机票费用1240元,剩余的1040元全额退还给王女士的父母。

(资料来源:黄山市广播电视台)

请分析:

(1) 针对王女士父母的情况,按照《中华人民共和国旅游法》,该旅行社应该如何进行赔偿?

(2) 游客遇到不可抗力时,应该如何保护自身权益?

第六章
出入有序,通途有法
——出入境与交通法律法规制度

 本章概要

本章详细介绍了出入境与交通方面的法律法规制度,旨在帮助学生了解并遵守相关规定,增强法律意识,增强遵纪守法的自觉性,确保个人行为和职业活动的合法性与安全性,维护社会的公共秩序和安全。

 学习目标

知识目标

(1) 了解外国人在中国的入境、居留及工作的法律要求和程序。

(2) 熟悉出入境管理的基本法律法规,掌握中国公民护照办理、签证申请、出入境检查等程序。

(3) 掌握旅游者主要交通工具的客运管理规定,了解相关法律义务和权益保障。

能力目标

(1) 能够正确办理相关出入境手续,确保出入境行为的合法性与合规性。

(2) 能够全面遵守道路交通安全法及其他相关交通法规,确保个人和公共交通的安全。

(3) 能够在出入境和交通领域的突发事件中采取有效行动,维护自身和他人的安全,确保社会公共秩序的稳定。

素养目标

(1) 提升跨文化沟通和理解能力,促进国家间的和谐交流与互动。

(2) 坚持和弘扬社会主义核心价值观,增强价值认同,提升在全球化背景下的文化自信。

第六章 出入有序,通途有法——出入境与交通法律法规制度

知识导图

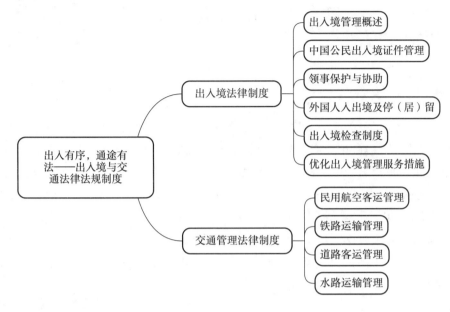

章节要点

出入境证件、交通安全。

章首案例

看剧普法,让你出入境更安心

热播剧《狂飙》以跌宕起伏、扣人心弦的故事情节吸引了大批观众。该剧不仅让观众沉浸在精彩的剧情之中,剧中涉及的出入境法律知识也同样值得我们深入思考。其中,两个场景尤为引人注目,让观众意识到法律在维护社会秩序和个人安全方面的重要作用。一是杨健、马涛犯罪行为败露后,两人想要联系走私船舶偷渡出境;二是在医院,安欣手拿警戒带一步一步逼退高启强一行人,将他们拦在病房外,给病房里昏迷的李宏伟留出了足够的安全范围。

(案例来源:成都公安)

思考:

(1)杨健、马涛意欲偷渡出境的行为,是否属于违法行为,应当承担怎样的法律责任?

(2)出入境时,我们在口岸限定区域会经常看到警戒带,这些警戒带能起到什么作用?

案例分析

6-1

第一节　出入境法律制度

一、出入境管理概述

出入境法律事关国家主权、安全和社会秩序。尽管相关法律法规并不是为旅游业的发展而制定的,但旅游业必须遵守,特别是对经营入境旅游接待、出境旅游组团的旅行社及从业人员而言,应当掌握相关法律知识。2006年4月29日,第十届全国人民代表大会常务委员会第二十一次会议通过了《中华人民共和国护照法》,此法自2007年1月1日起施行,规定了出入境证件制度。2012年6月,第十一届全国人民代表大会常务委员会第二十七次会议通过了《中华人民共和国出境入境管理法》,此法自2013年7月1日生效,规定了中国公民出境入境和外国人入境出境的义务性规定、禁止性规定以及违反这些法律制度所应当承担的法律责任。

（一）范围

《中华人民共和国出境入境管理法》第二条规定,中国公民出境入境、外国人入境出境、外国人在中国境内停留居留的管理,以及交通运输工具出境入境的边防检查,适用本法。

（二）义务性规定

1. 依法办理证件

《中华人民共和国出境入境管理法》第九条规定,中国公民出境入境,应当依法申请办理护照或者其他旅行证件。第十条规定,中国公民往来内地与香港特别行政区、澳门特别行政区,中国公民往来大陆与台湾地区,应当依法申请办理通行证件,并遵守本法有关规定。具体管理办法由国务院规定。

《中华人民共和国出境入境管理法》第十五条规定,外国人入境,应当向驻外签证机关申请办理签证,但是本法另有规定的除外。

2. 依法交验证件

《中华人民共和国出境入境管理法》第十一条规定,中国公民出境入境,应当向出入境边防检查机关交验本人的护照或者其他旅行证件等出境入境证件,履行规定的手续,经查验准许,方可出境入境。

《中华人民共和国出境入境管理法》第二十四条规定,外国人入境,应当向出入境边防检查机关交验本人的护照或者其他国际旅行证件、签证或者其他入境许可证明,履行规定的手续,经查验准许,方可入境。第二十七条规定,外国人出境,应当向出入境边防检查机关交验本人的护照或者其他国际旅行证件等出境入境证件,履行规定的手续,经查验准许,方可出境。

3. 依法接受检查

《中华人民共和国出境入境管理法》第六条规定,中国公民、外国人以及交通运输工具应当从对外开放的口岸出境入境,特殊情况下,可以从国务院或者国务院授权的部门批准的地点出境入境。出境入境人员和交通运输工具应当接受出境入境边防检查。

(三)禁止性规定

1. 中国公民出境限制

《中华人民共和国出境入境管理法》第十二条规定,中国公民有下列情形之一的,不准出境:①未持有效出境入境证件或者拒绝、逃避接受边防检查的;②被判处刑罚尚未执行完毕或者属于刑事案件被告人、犯罪嫌疑人的;③有未了结的民事案件,人民法院决定不准出境的;④因妨害国(边)境管理受到刑事处罚或者因非法出境、非法居留、非法就业被其他国家或者地区遣返,未满不准出境规定年限的;⑤可能危害国家安全和利益,国务院有关主管部门决定不准出境的;⑥法律、行政法规规定不准出境的其他情形。

微课

中国公民什么情形下不准出境呢?

2. 外国人出入境限制

《中华人民共和国出境入境管理法》第二十五条规定,外国人有下列情形之一的,不准入境:①未持有效出境入境证件或者拒绝、逃避接受边防检查的;②具有本法第二十一条第一款第一项至第四项规定情形的;③入境后可能从事与签证种类不符的活动的;④法律、行政法规规定不准入境的其他情形。对不准入境的,出入境边防检查机关可以不说明理由。

微课

外国人什么情形下不准进入中国国境呢?

《中华人民共和国出境入境管理法》第二十八条规定,外国人有下列情形之一的,不准出境:①被判处刑罚尚未执行完毕或者属于刑事案件被告人、犯罪嫌疑人的,但是按照中国与外国签订的有关协议,移管被判刑人的除外;②有未了结的民事案件,人民法院决定不准出境的;③拖欠劳动者的劳动报酬,经国务院有关部门或者省、自治区、直辖市人民政府决定不准出境的;④法律、行政法规规定不准出境的其他情形。

二、中国公民出入境证件管理

(一)出入境证件身份认证

为保证出入境证件身份认证工作正常开展,规范认证管理服务,2019年9月,国家移民管理局发布了《出入境证件身份认证管理办法(试行)》。

《出入境证件身份认证管理办法(试行)》第四条规定,出入境证件身份认证采取以下方式:①实名认证,对出入境证件持有人的姓名、证件号码、出生日期等信息进行一致性核验,返回核对结果;②实人认证,对出入境证件持有人的人像信息进行一致性核验,返回核对结果;③证件电子信息识读,对出入境证件所载芯片内电子信息进行识读,返回识读结果。

(二)护照

1. 护照类型

依据《中华人民共和国护照法》第二条、第三条的规定,中华人民共和国护照是中华人民共和国公民出入国境和在国外证明国籍和身份的证件,分为外交护照、公务护照、普通护照。公务护照又分为公务护照和公务普通护照。外交护照、公务护照和公务普通护照统称为"因公护照",普通护照俗称"因私护照"。

依据《中华人民共和国护照法》第五条的规定,普通护照签发给前往外国定居、探亲、学习、就业、旅行、从事商务活动等非公务原因出国的中国公民。

同步案例

伪造证明文件受处罚

2022年3月,王某买卖、使用伪造的毕业证书、公证书及留学中介合同骗办护照,被处行政拘留10日,并处罚款2000元。

(资料来源:南京市公安局出入境管理处)

2. 普通护照的签发、换发、补发及加注

1) 签发

《中华人民共和国护照法》第四条规定,普通护照由公安部出入境管理机构或者公安部委托的县级以上地方人民政府公安机关出入境管理机构以及中华人民共和国驻外使馆、领馆和外交部委托的其他驻外机构签发。

2) 换发或补发

《中华人民共和国护照法》第十一条规定,有下列情形之一的,护照持有人可以按照规定申请换发或者补发护照:①护照有效期即将届满的;②护照签证页即将使用完毕的;③护照损毁不能使用的;④护照遗失或者被盗的;⑤有正当理由需要换发或者补发护照的其他情形。

3) 不予签发

《中华人民共和国护照法》第十三条规定,申请人有下列情形之一的,护照签发机关不予签发护照:①不具有中华人民共和国国籍的;②无法证明身份的;③在申请过程中弄虚作假的;④被判处刑罚正在服刑的;⑤人民法院通知有未了结的民事案件不能出境的;⑥属于刑事案件被告人或者犯罪嫌疑人的;⑦国务院有关主管部门认为出境后将对国家安全造成危害或者对国家利益造成重大损失的。

点评

6-1

知识活页

便民利企出入境管理六项政策措施

《中华人民共和国护照法》第十四条规定,申请人有下列情形之一的,护照签发机关自其刑罚执行完毕或者被遣返回国之日起6个月至3年以内不予签发护照:①因妨害国(边)境管理受到刑事处罚的;②因非法出境、非法居留、非法就业被遣返回国的。

4)普通护照加注

《中华人民共和国护照法》第十条规定,护照持有人所持护照的登记事项发生变更时,应当持相关证明材料,向护照签发机关申请护照变更加注。依据《中华人民共和国普通护照和出入境通行证签发管理办法》第九条的规定,普通护照持有人具有下列情形之一的,可以向其户籍所在地县级以上地方人民政府公安机关出入境管理机构申请变更加注:①有曾用名、繁体汉字姓名、外文姓名或者非标准汉语拼音姓名的;②相貌发生较大变化,需要作近期照片加注的;③公安部出入境管理机构认可的其他情形。

3. 普通护照的申请

依据《中华人民共和国护照法》第五条、第六条的规定,公民申请普通护照,应当提交本人的居民身份证、户口簿、近期免冠照片以及申请事由的相关材料,由本人向户籍所在地的县级以上地方人民政府公安机关出入境管理机构申请普通护照。公安机关出入境管理机构应当自收到申请材料之日起15日内签发普通护照;对不符合规定不予签发的,应当书面说明理由,并告知申请人享有依法申请行政复议或者提起行政诉讼的权利。

4. 普通护照的有效期

依据《中华人民共和国护照法》第七条的规定,普通护照持有人未满16周岁的,护照有效期为5年;16周岁以上的,护照有效期为10年。

(三)签证(Visa)

签证是由一国政府按照其法律规定,向申请进、出境或过境的外国人颁发的一种许可证明。根据国际法原则,任何主权国家都有权自主决定是否允许外国人进入或离开其国家,并根据本国法律颁发、拒绝或撤销签证。

《中华人民共和国出境入境管理法》第九条规定,中国公民前往其他国家或者地区,还需要取得前往国签证或者其他入境许可证明。但是,中国政府与其他国家政府签订互免签证协议或者公安部、外交部另有规定的除外。

1. 签证类型

签证根据入境的理由,可以分为移民签证、留学签证、工作签证、商务签证、探亲签证和旅游签证等;根据其形态,可以分为落地签证、电子签证、另纸签证和免签证;根据入境的情况,可以分为入境签证、过境签证等。

2. 签证的签发

签证由目的地国家的大使馆或领事馆签发,需在居住地所属的领区递交申请,跨领区递交通常不被允许。签证通常附在申请人持有的护照或其他国际旅行证的内页

知识活页

护照号码

知识活页

免签证、落地签证和申根签证

上,故称为贴纸签证。贴纸签证是目前使用较为广泛的签证形式。电子签证因其便捷性、安全性,也获得了越来越高的国际认可度。

3. 签证的有效期和停留期

签证有特定的有效期和允许的停留期限,过期后需要重新申请。签证有效期是指从签证签发之日起到之后一段持续时间内准许持有者入境的时间期限,超过这一期限,该签证就是无效签证。签证停留期是准许签证持有者前往目的地国家(地区)停留的期限,即可以停留的实际天数。一般来讲,签证有效期要长于或等于停留期。

(四)往来港澳通行证、往来台湾通行证

1. 签发

内地居民因探亲、商务、团队旅游、个人旅游、逗留、6类内地人才工作及其他事由申请赴香港或者澳门的,可申领往来港澳通行证。定居国外的中国公民来内地后可申请往来港澳通行证。

大陆居民因个人事务前往台湾地区旅行、定居、探亲、探访、处理婚丧、处理财产等私人事务,或者应邀前往台湾地区进行文化、经济、体育、科技、学术活动(包括涉及两岸事务的访谈、会议、采访),可申领往来台湾通行证。

2. 有效期

往来港澳通行证、往来台湾通行证的有效期分为5年和10年两种:有效期为5年的通行证发给申请时未满16周岁的申请人;有效期为10年的通行证发给申请时16周岁(含)以上的申请人。持证人须在通行证和签注有效期内,按照规定的次数和停留时限往来。

3. 签注

内地居民前往中国港澳地区必须办理相应的签注,签注种类有探亲签注(T)、商务签注(S)、团队旅游签注(L)、个人旅游签注(G)、逗留签注(D)、人才签注(R)、其他签注(Q)。大陆居民前往中国台湾地区必须办理相应的签注,签注种类有团队旅游签注(L)、个人旅游签注(G)、探亲签注(T)、定居签注(D)、应邀签注(Y)、商务签注(F)、学习签注(X)、乘务签注(C)、其他签注(Q)。

2019年4月1日起,中华人民共和国普通护照、往来港澳通行证、往来台湾通行证等出入境证件实行"全国通办",即内地居民可在全国任一出入境管理窗口申请办理上述出入境证件,申办手续与户籍地一致。

同步案例

申请材料不完备,不予签发往来港澳通行证和签注

内地居民李某欲赴香港工作,到窗口说明了申请赴港事由,提交了申请表、照片、本人身份证件,未提交香港入境事务处出具的工作类进入

许可原件,结果不予签发往来港澳通行证和签注。

(资料来源:国家移民管理局政务服务平台)

(五)港澳居民来往内地通行证、台湾居民来往大陆通行证

港澳居民来往内地通行证,俗称回乡证,是具有中华人民共和国国籍的香港及澳门特别行政区居民,来往中国内地所用的证件。未满18周岁的申请人签发有效期为5年的港澳居民来往内地通行证,年满18周岁的申请人签发有效期为10年的港澳居民来往内地通行证。为深入推进"放管服"改革,自2020年10月10日起,港澳居民可向全国任一县级以上公安机关出入境管理部门申请换发补发港澳居民来往内地通行证,申办手续与在港澳地区一致。为进一步便利内地与香港、澳门间人员交流交往,中华人民共和国出入境管理局决定,自2024年7月10日起,为香港特别行政区、澳门特别行政区永久性居民中的非中国籍人员签发港澳居民来往内地通行证(非中国籍)。通行证有效期5年,持证人可以在证件有效期内多次来往内地,每次停留不超过90日。持证人不得在内地工作、学习或者从事新闻采访活动。

台湾居民来往内地通行证,是居住在台湾地区的中国公民,来往中国大陆所用的证件。该通行证对申请材料齐全且符合法定形式的申请予以签发,分为5年多次出入境有效和3个月一次入出境有效两种。

三、领事保护与协助

为了维护在国外的中国公民、法人、非法人组织的正当权益,中国于2023年9月1日起正式实施《中华人民共和国领事保护与协助条例》。领事保护与协助是政府提供的一项重要公共服务,是贯彻总体国家安全观、维护人民安全的重要举措,在构建我国海外安全保护体系中发挥了重要作用。

(一)具体情形

依据《中华人民共和国领事保护与协助条例》第八条、第九条、第十一条、第十二条、第十三条、第十四条、第十五条、第十七条的规定,当在国外的中国公民、法人、非法人组织遇到以下情形时,依法维护其正当权益及提供协助:正当权益被侵犯;涉嫌违法犯罪;需要监护但生活处于无人照料状态;基本生活保障出现困难;下落不明;因治安刑事案件、自然灾害、意外事故等受伤或死亡;因驻在国发生战争、武装冲突、暴乱、严重自然灾害、重大事故灾难、重大传染病疫情、恐怖袭击等重大突发事件造成人身财产安全受到威胁;与中介机构、旅游经营者、运输机构等产生纠纷等。

(二)在国外的中国公民、法人、非法人组织的权利与责任

在国外的中国公民、法人、非法人组织正当权益被侵犯或需要帮助时,可以通过外

点评

6—2

知识活页

如何查询本人出入境记录?

交部开通的热线电话和建立的网络平台,或者向驻外外交机构寻求咨询和求助,并获得相应的领事保护与协助。根据不同情形,驻外外交机构可以分别向驻在国有关部门核实情况、敦促依法公正妥善处理、协调国内外有关方面提供协助、提供相关信息和建议等。

在国外的中国公民、法人、非法人组织应当遵守中国及所在国法律,尊重所在国宗教信仰和风俗习惯,做好自我安全防范;应当积极关注安全提醒,根据安全提醒要求,在当地做好安全防范、避免前往及驻留高风险国家或者地区;请求领事保护与协助时,应当向驻外外交机构提供能够证明其身份的文件或者相关信息;得到第三方提供的食宿、交通、医疗等物资和服务的,应当支付应由其自身承担的费用。

(三)驻外外交机构责任范围

《中华人民共和国领事保护与协助条例》第七条规定,驻外外交机构应当在履责区域内履行领事保护与协助职责;特殊情况下,经驻在国同意,可以临时在履责区域外执行领事保护与协助职责;经第三国同意,可以在该第三国执行领事保护与协助职责。

(四)必要保障

依据《中华人民共和国领事保护与协助条例》第二十二条、第二十四条、第二十五条的规定,国家为领事保护与协助工作提供人员、资金等保障;地方人民政府参与领事保护与协助相关工作的经费纳入预算管理;有外派人员的国内企业用于国外安全保障的投入纳入企业成本费用;国家鼓励有关组织和个人为领事保护与协助工作提供志愿服务,鼓励和支持保险公司、紧急救援机构、律师事务所等社会力量参与领事保护与协助工作;对在领事保护与协助工作中作出突出贡献的组织和个人,按照国家有关规定给予表彰、奖励。

四、外国人入出境及停(居)留

(一)外国人入境签证

依据《中华人民共和国出境入境管理法》第十六条的规定,外国人入境签证分为普通签证、外交签证、礼遇签证、公务签证。外交签证、礼遇签证、公务签证的签发范围和签发办法由外交部规定。普通签证的类别和签发办法由国务院规定。

《中华人民共和国出境入境管理法》第十七条规定,签证的登记项目包括:签证种类,持有人姓名、性别、出生日期、入境次数、入境有效期、停留期限,签发日期、地点,护照或者其他国际旅行证件号码等。

(二)外国人停留证件

《中华人民共和国出境入境管理法》第三十四条规定,免办签证入境的外国人需要超过免签期限在中国境内停留的,外国船员及其随行家属在中国境内停留需要离开港口所在城市,或者具有需要办理外国人停留证件其他情形的,应当按照规定办理外国人停留证件。外国人停留证件的有效期最长为180日。

(三)外国人居留证件

外国人入境后,因非外交、公务事由需要在中国境内居留的,可以按照规定向公安机关出入境管理机构申请居留证件的签发、延期、换发和补发。依据《中华人民共和国外国人入境出境管理条例》第十五条的规定,居留证件分为以下种类:工作类居留证、学习类居留证件、记者类居留证、团聚类居留证、私人事务类居留证件。其中,工作类居留证件的有效期最短为90日,最长为5年;非工作类居留证件的有效期最短为180日,最长为5年。

(四)外国人永久居留资格

《中华人民共和国出境入境管理法》第四十七条规定,对中国经济社会发展作出突出贡献或者符合其他在中国境内永久居留条件的外国人,经本人申请和公安部批准,取得永久居留资格。

《中华人民共和国出境入境管理法》第四十八条规定,取得永久居留资格的外国人,凭永久居留证件在中国境内居留和工作,凭本人的护照和永久居留证件出境入境。

(五)不予签证、不予签居留证件的情形

《中华人民共和国出境入境管理法》第二十一条规定,外国人有下列情形之一的,不予签发签证:①被处驱逐出境或者被决定遣送出境,未满不准入境规定年限;②患有严重精神障碍、传染性肺结核病或者有可能对公共卫生造成重大危害的其他传染病的;③可能危害中国国家安全和利益、破坏社会公共秩序或者从事其他违法犯罪活动的;④在申请签证过程中弄虚作假或者不能保障在中国境内期间所需费用的;⑤不能提交签证机关要求提交的相关材料的;⑥签证机关认为不宜签发签证的其他情形。对不予签发签证的,签证机关可以不说明理由。

《中华人民共和国出境入境管理法》第三十一条规定,外国人有下列情形之一的,不予签发外国人居留证件:①所持签证类别属于不应办理外国人居留证件的;②在申请过程中弄虚作假的;③不能按照规定提供相关证明材料的;④违反中国有关法律、行政法规,不适合在中国境内居留的;⑤签发机关认为不宜签发外国人居留证件的其他情形。

(六)遣返出境

《中华人民共和国出境入境管理法》第六十二条规定,外国人有下列情形之一的,可以遣送出境:①被处限期出境,未在规定期限内离境的;②有不准入境情形的;③非法居留、非法就业的;④违反本法或者其他法律、行政法规需要遣送出境的。其他境外人员有前款所列情形之一的,可以依法遣送出境。被遣送出境的人员,自被遣送出境

知识活页

新版中华人民共和国外国人永久居留身份证正式签发启用

之日起1至5年内不准入境。

同步案例

外国人来华需严格遵守过境免签政策

北京市公安局丰台分局出入境管理大队民警在北京南站周边执勤时，依法对多名外国人进行盘查。当检查到一名叫乌柯（音译）的德国人时，他非常配合地出示了护照。护照没有问题，临时入境许可（144小时过境免签）也在停留有效期内。可出入境民警却告知乌柯涉嫌非法居留，需要依法传唤到公安机关接受调查。乌柯委屈地申诉："我有合法的入境手续，而且签证也没有过期。你们一定是弄错了！"然而，出入境民警经仔细核验，发现乌柯是前一天从上海浦东机场入境，临时入境许可限定的停留区域是上海、江苏、浙江，他只应该在"江浙沪"活动，而他却在北京街头被民警盘查。

（资料来源：国家移民管理局）

五、出入境检查制度

（一）边防检查

《中华人民共和国出境入境管理法》第六条规定，中国公民、外国人以及交通运输工具应当从对外开放的口岸出境入境，特殊情况下，可以从国务院或者国务院授权的部门批准的地点出境入境。出境入境人员和交通运输工具应当接受出境入境边防检查。出入境边防检查机关负责对口岸限定区域实施管理。根据维护国家安全和出入境管理秩序的需要，出入境边防检查机关可以对出境入境人员携带的物品实施边防检查。必要时，出入境边防检查机关可以对出境入境交通运输工具载运的货物实施边防检查，但是应当通知海关。

（二）海关监管

依据《中华人民共和国海关法》第二条的规定，中华人民共和国海关是国家的进出关境监督管理机关。海关依照本法和其他有关法律、行政法规，监管进出境的运输工具、货物、行李物品、邮递物品和其他物品，征收关税和其他税、费，查缉走私，并编制海关统计和办理其他海关业务。

依据《中华人民共和国海关行政处罚实施条例》第七条的规定，经过设立海关的地点，以藏匿、伪装、瞒报、伪报或者其他方式逃避海关监管，运输、携带、邮寄国家禁止或者限制进出境的货物、物品或者依法应当缴纳税款的货物、物品进出境的，为走私行为。

旅客可通过"海关旅客指尖服务"微信小程序提前对出入境行李物品进行申报。

进境申报分为物品申报、宠物申报、分运行李申报、货币申报等类型,出境申报包括物品申报、货币申报等类型,如图6-1所示。

（a）　　　　　　　　　　　（b）

图6-1　进出境申报类型

同步案例

海外代购偷逃应缴税款属于走私行为

李某在朋友圈做代购。李某从境外乘坐航班抵达北京首都国际机场,在入境时选择走无申报通道,未向海关申报任何物品,被海关工作人员当场从其行李中查获化妆品、服饰、电子烟、手表等物品,经鉴定及计核,偷逃应缴税额人民币10余万元。侦查机关以走私普通货物罪将李某移送审查并起诉。

（资料来源:深圳市龙华区人民检察院）

（三）卫生检疫

2018年,我国实施"关检合并",国境卫生检疫职能回归海关。根据《中华人民共和国国境卫生检疫法》第二条的规定,在中华人民共和国对外开放的口岸,海关依照本法规定履行检疫查验、传染病监测、卫生监督和应急处置等国境卫生检疫职责。

为防止传染病跨境传播,保障公众生命安全和身体健康,根据《中华人民共和国国境卫生检疫法》第九条的规定,进境出境的人员、交通运输工具,集装箱等运输设备、货物、行李、邮包等物品及外包装,应当依法接受检疫查验,经海关准许,方可进境出境。

（四）动植物检疫及其他检疫物类

《中华人民共和国进出境动植物检疫法》规定,国家动植物检疫机关进行进境检疫、出境检疫、过境检疫,以及携带、邮寄物检疫和运输工具检疫,防止动物传染病、寄生虫病和植物危险性病、虫、杂草以及其他有害生物传入、传出国境,保护农、林、牧、渔业生产和人体健康,促进对外经济贸易的发展。

同步案例

销售未经检验检疫的进口榴莲,应承担十倍赔偿责任

2018年11月,张某分两次在某生态农业公司开设的网店内购买了马来西亚猫山王榴莲、D197整颗带壳冷冻新鲜榴莲各1个,共支付购物款843元。张某收货后,经查询得知,获得国家检验检疫总局(现国家市场监督管理总局)准入的水果种类及输出国家并不包含马来西亚榴莲,遂将该生态农业公司诉至法院。

南京市栖霞区人民法院经审理,判决被告某生态农业公司退还原告张某购物款843元,并赔偿原告张某8430元。一审判决后,双方均未提出上诉,该判决已生效。

(资料来源:南京市中级人民法院)

点评

6-5

六、优化出入境管理服务措施

中国公民因私出国(境)管理经历了多个发展阶段,从中华人民共和国成立初期的"出国限制"到改革开放后"逐步放宽",再到现在"全国通办",这从侧面反映了我国经济社会的发展变化。一系列的优化服务措施,如积极支持促进横琴粤澳深度合作区建设发展若干出入境管理服务措施、2024年5月6日起实施的六项便民利企出入境管理政策措施、"一带一路"沿线国家(地区)人员出入境便利安排等,都从缩短办结时限、优化办证流程、简化办证手续、便利异地办证、拓宽绿色通道、降低办证费用等方面,切实推动了中外出入境人员往来,促进服务对外开放。

慎思笃行

优化入境旅游支付服务

2024年3月,北京市推动全市重点商圈、景点、公园、酒店等重要场景的外卡受理能力升级改造,建立首都国际机场和大兴国际机场境外来宾支付服务示范区;上海市部署推动三星级及以上酒店、3A级及以上旅游景区等场所开通外卡POS机,优化境外游客支付服务。

下一步,文化和旅游部将在中国人民银行的支持下,积极推动优化入境支付环境工作。推动4A级以上景区、国家级旅游度假区、国家级夜间文化和旅游消费集聚区、国家级旅游休闲街区等建立受理移动支付、银行卡、现金等所需的软硬件设施,对旅游景区、度假区、文博场馆、文娱场所、星级酒店、文商旅综合体等重点文化和旅游场景进行支付便利化升级。指导支持与"食、

住、行、游、购、娱"密切关联的互联网平台企业,优化入境人员线上线下购买文化和旅游产品与服务的支付体验。

（资料来源：《中国旅游报》）

第二节　交通管理法律制度

一、民用航空客运管理

为了维护国家的领空主权和民用航空权利,保障民用航空活动安全和有秩序地进行,保护民用航空活动当事人各方的合法权益,促进民用航空事业的发展,1995年10月30日,第八届全国人民代表大会常务委员会第十六次会议通过了《中华人民共和国民用航空法》,而后此法于2009年、2015年、2016年、2017年、2018年、2021年进行了六次修正。

航空运输合同是规定承运人与旅客之间权利和义务关系的协议,双方的法律地位是平等的,权利义务也是对等的,一方权利的享有是另一方义务履行的结果。

（一）承运人的权利

1. 拒绝载运权

《中华人民共和国民用航空法》第一百零二条规定,公共航空运输企业不得运输拒绝接受安全检查的旅客,不得违反国家规定运输未经安全检查的行李。

2. 查验机票权

航空运输企业可以查验客票,对于无票或持无效票乘机的旅客,在始发地被发现的可拒绝其乘机;在到达地被发现的,可加倍收取自始发地至到达地的票款。

3. 索赔权

对因旅客过错造成航空公司损失的,承运人可以要求旅客赔偿损失。

4. 减轻、免除赔偿责任权

《中华人民共和国民用航空法》第一百二十七条规定,在旅客、行李运输中,经承运人证明,损失是由索赔人的过错造成或者促成的,应当根据造成或者促成此种损失的过错的程度,相应免除或者减轻承运人的责任。旅客以外的其他人就旅客死亡或者受伤提出赔偿请求时,经承运人证明,死亡或者受伤是旅客本人的过错造成或者促成的,同样应当根据造成或者促成此种损失的过错的程度,相应免除或者减轻承运人的责任。

在货物运输中,经承运人证明,损失是由索赔人或者代行权利人的过错造成或者促成的,应当根据造成或者促成此种损失的过错的程度,相应免除或者减轻承运人的责任。

(二)承运人的义务

1. 出具客票的义务

《中华人民共和国民用航空法》第一百零九条规定,承运人运送旅客,应当出具客票。

2. 保证飞行安全、航班正常的义务

《中华人民共和国民用航空法》第九十五条规定,公共航空运输企业应当以保证飞行安全和航班正常,提供良好服务为准则,采取有效措施,提高运输服务质量。

为了保证航空运输的安全,《中华人民共和国民用航空法》第一百条、第一百零一条对运输企业运送物品以及旅客航空运输携带行李、托运物品做出了以下明确规定:①不得运输法律、行政法规规定的禁运物品,如未经国务院民用航空主管部门批准,不得运输作战军火、作战物资,禁止旅客随身携带法律、行政法规规定的禁运物品乘坐民用航空器;②禁止以非危险品品名托运危险品;③禁止旅客随身携带危险品乘坐民用航空器,除因执行公务并按照国家规定经过批准外,禁止旅客携带枪支、管制刀具乘坐民用航空器;④禁止将危险品作为行李托运。

3. 告知义务

航班延误或取消时,承运人应迅速及时地将航班延误或取消等信息通知旅客,做好解释工作。

4. 补救义务

航班延误或取消时,承运人应根据旅客要求,优先安排旅客乘坐后续航班或签转其他承运人的航班,或退票,并不得收取退票费。因承运人自身原因导致航班延误或取消的,承运人应根据延误时间向旅客提供免费的餐饮服务和休息场所。

5. 赔偿义务

依据《中华人民共和国民用航空法》第一百二十四条、第一百二十五条的规定,非旅客本人的健康状况或过错行为造成的人身伤亡,非行李本身的自然属性、质量或者缺陷造成的旅客随身携带物品或者托运行李的毁灭、遗失或者损坏,承运人应当承担赔偿责任。

(三)承运人的法律责任

1. 承运人对旅客的法律责任

《中华人民共和国民用航空法》第一百二十四条规定,因发生在民用航空器上或者

航空承运人的法律责任

在旅客上、下民用航空器过程中的事件,造成旅客人身伤亡的,承运人应当承担责任;但是,旅客的人身伤亡完全是由于旅客本人的健康状况造成的,承运人不承担责任。

赔偿责任限额:依据《中华人民共和国民用航空法》第一百二十九条、《国内航空运输承运人赔偿责任限额规定》第三条的规定,国际航空运输承运人对每名旅客的赔偿责任限额为16600计算单位,但旅客可以同承运人书面约定高于本项规定的赔偿责任限额;国内航空运输承运人对每名旅客的赔偿责任限额为人民币40万元。

2. 承运人对旅客随身行李、托运行李的法律责任

《中华人民共和国民用航空法》第一百二十五条规定,因发生在民用航空器上或者在旅客上、下民用航空器过程中的事件,造成旅客随身携带物品毁灭、遗失或者损坏的,承运人应当承担责任。因发生在航空运输期间的事件,造成旅客的托运行李毁灭、遗失或者损坏的,承运人应当承担责任。旅客随身携带物品或者托运行李的毁灭、遗失或者损坏完全是由于行李本身的自然属性、质量或者缺陷造成的,承运人不承担责任。

赔偿责任限额:依据《中华人民共和国民用航空法》第一百二十九条、《国内航空运输承运人赔偿责任限额规定》第三条的规定,国际航空运输承运人对每名旅客随身携带的物品的赔偿责任限额为332计算单位,对托运行李或者货物的赔偿责任限额,每千克为17计算单位;国内航空运输承运人对每名旅客随身携带物品的赔偿责任限额为人民币3000元,对旅客托运的行李和对运输的货物的赔偿责任限额为每千克人民币100元。

但是,在国际航空运输实践中,《华沙公约》《海牙议定书》《蒙特利尔公约》等对于"赔偿限额"有不同的规定,具体赔偿金额通常依据航空公司与旅客订立的航空运输合同来确定。通常,旅客所持客票上印制的"旅客须知"或"运输条件"是该航空运输合同的主要内容,明确了航空运输的性质和适用的法律。

3. 承运人对延误旅客、行李运输的法律责任

《中华人民共和国民用航空法》第一百二十六条规定,旅客、行李或者货物在航空运输中因延误造成的损失,承运人应当承担责任;但是,承运人证明本人或者其受雇人、代理人为了避免损失的发生,已经采取一切必要措施或者不可能采取此种措施的,不承担责任。

根据《航班正常管理规定》,发生航班出港延误或者取消后,承运人或者地面服务代理人应当按照下列情形为旅客提供食宿服务:①由于机务维护、航班调配、机组等承运人自身原因,造成航班在始发地出港延误或者取消,承运人应当向旅客提供餐食或者住宿等服务;②由于天气、突发事件、空中交通管制、安检以及旅客等非承运人原因,造成航班在始发地出港延误或者取消,承运人应当协助旅客安排餐食和住宿,费用由旅客自理;③国内航班在经停地延误或者取消,无论何种原因,承运人均应当向经停旅客提供餐食或者住宿服务;④国内航班发生备降,无论何种原因,承运人均应当向备降

旅客提供餐食或者住宿服务；⑤机上延误超过2小时（含）的，应当为机上旅客提供饮用水和食品。

（四）旅客及其他人员的法律责任

依据《中华人民共和国民用航空法》第十五章的规定，如出现以下情况，应当依照刑法有关规定追究其刑事责任：①以暴力、胁迫或者其他方法劫持航空器的；②对飞行中的民用航空器上的人员使用暴力，危及飞行安全的；③隐匿携带枪支子弹、管制刀具、炸药、雷管或者其他危险品乘坐民用航空器，或者以非危险品品名托运危险品的；④公共航空运输企业违法运输危险品导致发生重大事故的；⑤故意在使用中的民用航空器上放置危险品或者唆使他人放置危险品，足以毁坏该民用航空器，危及飞行安全的；⑥故意传递虚假情报，扰乱正常飞行秩序，使公私财产遭受重大损失的；⑦盗窃或者故意损毁、移动使用中的航行设施，危及飞行安全，足以使民用航空器发生坠落、毁坏危险的；⑧聚众扰乱民用机场秩序的；⑨航空人员玩忽职守，或者违反规章制度，导致发生重大飞行事故，造成严重后果的。违反本法规定，尚不够刑事处罚，应当给予治安管理处罚的，依照治安管理处罚法的规定处罚。

> **慎思笃行**
>
> **"机闹"有何危害？**
>
> 2024年3月1日，某航空公司报警，称潘某某在首都国际机场航站楼柜台问询处称某航班飞机上有炸弹。随即民警迅速出警，经调查，潘某某到达航空值机柜台时该航班已结束值机，由于未能赶上航班，潘某某为发泄不满情绪，从而谎称飞机上有炸弹。潘某某的行为使该航班全体旅客及行李进行防爆检查及二次安全检查，导致航班延误约2小时。最终，潘某某犯编造虚假恐怖信息罪，被法院依法判处拘役5个月，缓刑6个月。
>
> （资料来源：公安部新闻传媒中心）

二、铁路运输管理

为了保障铁路运输和铁路建设的顺利进行，适应社会主义现代化建设和人民生活的需要，1990年9月7日，第七届全国人民代表大会常务委员会第十五次会议通过了《中华人民共和国铁路法》，而后此法于2009年、2015年进行了两次修正。

（一）铁路运输概述

1. 铁路的类别

《中华人民共和国铁路法》第二条规定，铁路包括：①国家铁路，指由国务院铁路主管部门管理的铁路；②地方铁路，指由地方人民政府管理的铁路；③专用铁路，指由企业或者其他单位管理，专为本企业或者本单位内部提供运输服务的铁路；④铁路专用线,指由企业或者其他单位管理的与国家铁路或者其他铁路线路接轨的岔线。

2. 铁路主管部门及主要企业

《中华人民共和国铁路法》第三条规定,国务院铁路主管部门主管全国铁路工作,对国家铁路实行高度集中、统一指挥的运输管理体制,对地方铁路、专用铁路和铁路专用线进行指导、协调、监督和帮助。

中国国家铁路集团有限公司为国家授权投资机构和国家控股公司,以铁路客货运输为主业,负责铁路运输统一调度指挥,统筹安排路网性运力资源配置,承担国家规定的公益性运输任务。

(二)铁路运输合同当事人的权利与义务

《中华人民共和国铁路法》第十一条规定,铁路运输合同是明确铁路运输企业与旅客、托运人之间权利义务关系的协议。旅客车票、行李票、包裹票和货物运单是合同或者合同的组成部分。

1. 铁路运输企业的权利和义务

1)基本权利

①依照规定收取运输费用;②要求旅客遵守国家法律法规和铁路规章制度,保证安全;③对损害他人利益和铁路设施设备的行为有权制止、消除危险和要求赔偿。

2)基本义务

①确保旅客运输安全正点;②为旅客提供良好的旅行环境和服务设施,不断提高服务质量,文明礼貌地为旅客服务;③对运送期间发生的旅客身体损害予以赔偿;④对运送期间因承运人过错造成的旅客随身携带物品损失予以赔偿。

2. 旅客的权利和义务

1)基本权利

①依据车票票面记载的内容乘车;②要求承运人提供与车票等级相适应的服务并保障其旅行安全;③对运送期间发生的人身损害有权要求承运人赔偿;④对运送期间承运人过错造成的随身携带物品损失有权要求承运人赔偿。

2)基本义务

①支付运输费用;②遵守国家法律法规和铁路运输制度,听从列车工作人员的引导,按照车站的引导标识进出站;③爱护铁路设施设备,维护公共秩序和运输安全。

3. 铁路运输企业的法律责任

依据《中华人民共和国铁路法》第十二条的规定,因铁路运输企业的责任,包括列车晚点、车次取消等,造成旅客不能按车票载明的日期、车次乘车的,铁路运输企业应当按照旅客的要求,退还全部票款或者安排改乘到达相同目的站的其他列车。在这种情况下的退票或改签列车,铁路运输企业不得收取任何费用。

1) 对人身伤害的赔偿责任

依据《中华人民共和国铁路法》第五十八条的规定,因铁路行车事故及其他铁路运营事故造成人身伤亡的,铁路运输企业应当承担赔偿责任;如果人身伤亡是因不可抗力或者受害人自身造成的,铁路运输企业不承担赔偿责任。

2) 对行李、货物的赔偿责任

依据《中华人民共和国铁路法》第十六条至第十八条的规定,铁路运输企业逾期三十日仍未将货物、包裹、行李交付收货人或者旅客的,托运人、收货人或者旅客有权按货物、包裹、行李灭失向铁路运输企业要求赔偿。铁路运输企业应当对承运的货物、包裹、行李自接受承运时起到交付时止发生的灭失、短少、变质、污染或者损坏,承担赔偿责任。但因不可抗力,货物或者包裹、行李中的物品本身的自然属性,或者合理损耗,托运人、收货人或者旅客的过错造成的除外。由于《中华人民共和国铁路法》规定了赔偿限额,旅客或托运人可通过自愿进行保价运输和货物运输保险,最大限度地保护自己的权益。

同步案例

动车票款能不能退?

刘某通过手机客户端分别购买了2021年1月14日中国联合航空KN2389航班北京大兴至福州长乐的机票和D3111次福州南至泉州的动车票。当天,刘某所搭乘的KN2389航班受天气影响备降厦门,导致刘某未能乘坐原定D3111次动车。事后,刘某要求铁路局退还D3111次动车票款,铁路局以刘某未在限期内退票、改签或到车站现场办理退票手续为由予以拒绝。刘某遂诉至法院,请求判令铁路局全额退还动车票款54元。

(资料来源:福州铁路运输法院)

点评

6-6

三、道路客运管理

1997年7月3日,第八届全国人民代表大会常务委员会第二十六次会议通过了《中华人民共和国公路法》,而后此法于2017年进行了第五次修正。2004年4月30日,国务院公布了《中华人民共和国道路运输条例》,而后此条例于2023年进行了第五次修订。2020年7月6日,交通运输部公布了《道路旅客运输及客运站管理规定》,此规定自2020年9月1日起施行,于2023年进行了第二次修正。

(一) 道路客运概述

1. 道路类别

《中华人民共和国公路法》第六条规定,公路按其在公路路网中的地位分为国道、省道、县道和乡道,并按技术等级分为高速公路、一级公路、二级公路、三级公路和四级公路。

2. 道路客运经营方式

《道路旅客运输及客运站管理规定》第三条规定:道路客运经营,是指使用客车运送旅客、为社会公众提供服务、具有商业性质的道路客运活动,包括班车(加班车)客运、包车客运、旅游客运。

(1)班车客运是指客车在城乡道路上按照固定的线路、时间、站点、班次运行的一种客运方式。加班车客运是班车客运的一种补充形式,是在客运班车不能满足需要或者无法正常运营时,临时增加或者调配客车按客运班车的线路、站点运行的方式。

(2)包车客运是指以运送团体旅客为目的,将客车包租给用户安排使用,提供驾驶劳务,按照约定的起始地、目的地和路线行驶,由包车用户统一支付费用的一种客运方式。

(3)旅游客运是指以运送旅游观光的旅客为目的,在旅游景区内运营或者其线路至少有一端在旅游景区(点)的一种客运方式。

本规定所称客运站经营,是指以站场设施为依托,为道路客运经营者和旅客提供有关运输服务的经营活动。

其中,旅游客运按照营运方式分为定线旅游客运和非定线旅游客运。定线旅游客运按照班车客运管理,非定线旅游客运按照包车客运管理。非定线旅游客车可持注明客运事项的旅游客票或者旅游合同取代包车票或者包车合同。

3. 道路客运经营条件

依据《中华人民共和国道路运输条例》第八条的规定,申请从事客运经营的,应当具备下列条件:①有与其经营业务相适应并经检测合格的车辆。其中,从事高速公路客运、旅游客运和营运线路长度在800千米以上的客运车辆,其车辆类型等级应当达到行业标准《营运客车类型划分及等级评定》(JT/T 325—2018)规定的中级以上。②有符合本条例第九条规定条件的驾驶人员。③有健全的安全生产管理制度。申请从事班线客运经营的,还应当有明确的线路和站点方案。

依据《中华人民共和国道路运输条例》第十条的规定,申请从事客运经营的,应当依法向市场监督管理部门办理有关登记手续后,要按照规定提出申请并提交相关材料。交通运输主管部门应当自受理申请之日起20日内审查完毕,作出许可或者不予许可的决定。予以许可的,向申请人颁发道路运输经营许可证,并向申请人投入运输的车辆配发车辆营运证;不予许可的,应当书面通知申请人并说明理由。

4. 道路旅游客运要求

《中华人民共和国道路运输条例》第十九条规定,从事包车客运的,应当按照约定的起始地、目的地和线路运输。从事旅游客运的,应当在旅游区域按照旅游线路运输。

《中华人民共和国旅游法》第五十三条规定,从事道路旅游客运的经营者应当遵守道路客运安全管理的各项制度,并在车辆显著位置明示道路旅游客运专用标识,在车厢内显著位置公示经营者和驾驶人信息、道路运输管理机构监督电话等事项。

《文化和旅游部办公厅 公安部办公厅 交通运输部办公厅关于进一步规范旅游客运安全带使用 保障游客出行安全有关工作的通知》要求,严格安全带使用合同约定、严格车辆安全带技术状况管理、严格安全带使用提醒和检查、严格安全带使用执法检查、严格事故倒查和曝光警示,强化行业自律,引导游客安全文明出行,乘车期间全程规范使用安全带。

5. 道路客运的法律责任

1) 关于道路运输许可证件的责任

《中华人民共和国道路运输条例》第六十三条规定,有下列情形之一的,由县级以上地方人民政府交通运输主管部门责令停止经营,并处罚款;构成犯罪的,依法追究刑事责任:①未取得道路运输经营许可,擅自从事道路普通货物运输经营,违法所得超过1万元的,没收违法所得,处违法所得1倍以上5倍以下的罚款;没有违法所得或者违法所得不足1万元的,处3000元以上1万元以下的罚款,情节严重的,处1万元以上5万元以下的罚款。②未取得道路运输经营许可,擅自从事道路客运经营,违法所得超过2万元的,没收违法所得,处违法所得2倍以上10倍以下的罚款;没有违法所得或者违法所得不足2万元的,处1万元以上10万元以下的罚款。③未取得道路运输经营许可,擅自从事道路危险货物运输经营,违法所得超过2万元的,没收违法所得,处违法所得2倍以上10倍以下的罚款;没有违法所得或者违法所得不足2万元的,处3万元以上10万元以下的罚款。

《中华人民共和国道路运输条例》第六十六条规定,客运经营者、货运经营者、道路运输相关业务经营者非法转让、出租道路运输许可证件的,由县级以上地方人民政府交通运输主管部门责令停止违法行为,收缴有关证件,处2000元以上1万元以下的罚款;有违法所得的,没收违法所得。

2) 驾驶人员不符合规定的责任

《中华人民共和国道路运输条例》第六十四条规定,不符合本条例第九条、第二十二条规定条件的人员驾驶道路运输经营车辆的,由县级以上地方人民政府交通运输主管部门责令改正,处200元以上2000元以下的罚款;构成犯罪的,依法追究刑事责任。

3) 未投保的责任

《中华人民共和国道路运输条例》第六十七条规定,客运经营者、危险货物运输经营者未按规定投保承运人责任险的,由县级以上地方人民政府交通运输主管部门责令限期投保;拒不投保的,由原许可机关吊销道路运输经营许可证。

4) 不按规定经营的责任

《中华人民共和国道路运输条例》第六十八条规定,客运经营者有下列情形之一的,由县级以上地方人民政府交通运输主管部门责令改正,处1000元以上2000元以下的罚款;情节严重的,由原许可机关吊销道路运输经营许可证:①不按批准的客运站点停靠或者不按规定的线路、公布的班次行驶的;②在旅客运输途中擅自变更运输车辆或者将旅客移交他人运输的;③未报告原许可机关,擅自终止客运经营的。客运经营者强行招揽旅客,货运经营者强行招揽货物或者没有采取必要措施防止货物脱落、扬撒等的,由县级以上地方人民政府交通运输主管部门责令改正,处1000元以上3000元以下的罚款;情节严重的,由原许可机关吊销道路运输经营许可证。

5) 不按规定维护和检测运输车辆的责任

《中华人民共和国道路运输条例》第六十九条规定,客运经营者、货运经营者不按规定维护和检测运输车辆的,由县级以上地方人民政府交通运输主管部门责令改正,处1000元以上5000元以下的罚款。客运经营者、货运经营者擅自改装已取得车辆营运证的车辆的,由县级以上地方人民政府交通运输主管部门责令改正,处5000元以上2万元以下的罚款。

同步案例

查处旅游客车长期异地经营行为

2023年4月12日,南宁市交通执法支队发现南宁市某旅游运输有限责任公司名下一辆桂A牌照的大客车,在3月疑似存在违法经营行为。经核实,该车已取得道路运输证,经营范围是包车客运(省际、省内)。该公司于3月期间共向该车签发了3块包车牌,起始地为南宁市,终到地为厦门市。经核查3月行车轨迹图,发现该车3月主要途经广东省湛江市、茂名市、阳江市、广州市、揭阳市、珠海市等地,其间提供的包车旅客运输经营服务两端均不在车籍地。南宁市交通执法支队对车辆经营者处以1000元以上2000元以下的罚款。

(资料来源:南宁市交通运输局网站)

点评

6-7

(二)旅游客车设施与服务规范

为了促进旅游客车生产企业设计、制造出更能满足旅游市场需求的旅游客车,提高旅游客车服务提供者的服务水平,使旅游客车的使用者能够享受到更高质量的产品和更规范的服务,国家标准《旅游客车设施与服务规范》(GB/T 26359—2010)于2011年6月1日正式实施,2022年《旅游客车设施与服务规范》(修订稿)面向社会公开征求意见。

1. 旅游客车设施要求

根据《旅游客车设施与服务规范》,旅游客车需通过当地车辆管理部门的检验并获得合格证明。车辆总成和零部件应正确、齐全、完好,功能有效,符合《汽车大修竣工出厂技术条件》的规定。为确保车辆运营状况良好,其维护和检测应符合《汽车维护、检测、诊断技术规范》的规定。

同时,旅游客车设施设备应符合安全、舒适、环保、人性化、节约能源的要求,应满足旅游者在旅行过程中各种合理的需求。因此,旅游客车应包括必要的导游设施、行车设施、服务设施和安全设施。此外,驾驶人员应确保旅游客车的车辆运营标志及有关证件齐全,车身整洁、完好且无明显撞击或擦痕,车窗玻璃齐全、无破损,漆皮、镀件光亮、无损,轮胎无油污、无泥土等。

2. 旅游客车服务规范

旅游客车驾驶人员应持有相应车型的驾驶证并符合其他从业要求。在车辆行驶过程中,旅游客车驾驶人员应按照运营规范提供服务,确保言谈举止符合服务要求,同时提升安全意识、提高安全技能、消除安全隐患,妥善处理各种安全意外事件,以切实保证车辆安全、行车安全、人身与财产安全。

旅游客车上应设置"服务质量监督卡",驾驶人员要根据游客和用车单位对车辆和服务的反馈,不断改进服务工作。服务质量监督检查机构由专人负责,会定期对企业的质量管理以及服务人员和调度人员的服务情况进行监督、检查与评定,保证旅游客车的服务质量。

四、水路运输管理

为了保障旅游者、承运人和代理商等的合法权益,我国按照《国内水路运输管理条例》《国内水路运输管理规定》《中华人民共和国国际海运条例》《中华人民共和国旅游法》和《中华人民共和国海商法》等有关规定,对水路运输进行规范管理。

(一)水路运输概述

1. 范围

《国内水路运输管理规定》第二条规定,本规定所称水路运输,是指始发港、挂靠港和目的港均在中华人民共和国管辖的通航水域内使用船舶从事的经营性旅客运输和货物运输。

2. 水路运输分类

《国内水路运输管理规定》第三条规定,水路运输按照经营区域分为沿海运输和内河运输,按照业务种类分为货物运输和旅客运输。其中,旅客运输包括普通客船运输、客货船运输和滚装客船运输。

3. 水路运输经营要求

《国内水路运输管理规定》第五条规定,申请经营水路运输业务,除个人申请经营内河普通货物运输业务外,申请人应当符合下列条件:①具备企业法人资格。②有明确的经营范围,包括经营区域和业务种类。经营水路旅客班轮运输业务的,还应当有班期、班次以及拟停靠的码头安排等可行的航线营运计划。③有符合本规定要求的船舶,且自有船舶运力应当符合附件1的要求。④有符合本规定要求的海务、机务管理人员。⑤有符合本规定要求的与其直接订立劳动合同的高级船员。⑥有健全的安全管理机构及安全管理人员设置制度、安全管理责任制度、安全监督检查制度、事故应急处置制度、岗位安全操作规程等安全管理制度。

个人只能申请经营内河普通货物运输业务。外国的企业、其他经济组织和个人不得经营水路运输业务,也不得以租用中国籍船舶或者舱位等方式变相经营水路运输业务。香港特别行政区、澳门特别行政区和台湾地区的企业、其他经济组织以及个人参照适用前款规定,国务院另有规定的除外。

具有许可权限的部门,对符合条件的申请人颁发国内水路运输经营许可证,并向其投入运营的船舶配发船舶营业运输证。

(二) 邮轮客运管理

邮轮是在固定的港口之间提供定期、定船、定线、定费的旅客、行李运输服务的船舶,应属客运班轮。

1. 邮轮船票销售

邮轮旅游既具有水上运输的属性,又具备旅游的特点。邮轮船票销售模式的不同,涉及的法律关系也有所差异,因此,明确邮轮船票的销售模式,对于确定邮轮公司的法律性质和责任至关重要。目前的邮轮船票销售方式主要有两种。

1) 邮轮公司直销

直销即邮轮公司直接与旅客签订协议,向旅客出售邮轮船票,全面负责旅客的运输以及船上和岸上观光活动。直销涉及的主体为邮轮公司和旅客两个方面,这种方式在西方国家广泛应用。

2) 代理商承销

承销包括代销和包销两种形式。

代销是指旅行社等代理商与邮轮公司签署船票代销合同,代理销售船票,并根据销量收取一定比例的佣金。在这种模式下,代理商与邮轮公司一般构成委托代理关系,但并不深度参与组织具体的邮轮旅游活动,其在授权范围内产生的法律后果由邮轮公司承担。

包销是指在邮轮船票开售前,代理商与邮轮公司议定舱位价格,通过预付一定款项订购全部(包船)或部分(切舱)邮轮舱位。代理商应结合市场资源和自身需求,设计邮轮旅游产品并定价,将邮轮船票与岸上观光、签证、领队等服务打包销售,邮轮公司作为合同中的履行辅助人,需承担相应的服务责任。

2. 邮轮的行政许可、合规管理与法律责任

1) 行政许可

依据《中华人民共和国国际海运条例实施细则》第八条的规定,国际船舶运输经营

者申请经营进出中国港口国际班轮运输业务,应当向交通运输部提出申请,并报送《中华人民共和国国际海运条例》第十一条规定的材料。交通运输部按照《中华人民共和国国际海运条例》第十一条的规定进行审核。予以登记的,颁发国际班轮运输经营资格登记证。申请材料不真实、不齐备的,不予登记,应当书面通知申请人并告知理由。

《中华人民共和国国际海运条例》第十七条规定,从事国际班轮运输的国际船舶运输经营者之间订立涉及中国港口的班轮公会协议、运营协议、运价协议等,应当自协议订立之日起15日内将协议副本向国务院交通主管部门备案。

邮轮公司若要经营挂靠中国港口的国际邮轮航线,不论是中国邮轮公司、外资邮轮公司,还是以共同派船、舱位互换、联合经营等方式经营的邮轮公司,均须获得国际船舶运输经营许可证、国际班轮运输经营资格登记证。

在旅游经营方面,《旅行社条例》第二十三条规定,外商投资旅行社不得经营中国内地居民出国旅游业务以及赴香港特别行政区、澳门特别行政区和台湾地区旅游的业务,但是国务院决定或者我国签署的自由贸易协定和内地与香港、澳门关于建立更紧密经贸关系的安排另有规定的除外。因此,外国邮轮公司或其设立的旅行社不能经营我国旅客的出境游业务,无法单独开展我国居民境外邮轮旅游经营活动。我国邮轮公司要开展出境游业务,则需具备出境旅游业务资质。

2) 合规管理

《国内水路运输管理规定》第二十七条规定,水路旅客班轮运输业务经营者应当自取得班轮航线经营许可之日起60日内开航,并在开航的15日前通过媒体并在该航线停靠的各客运站点的明显位置向社会公布所使用的船舶、班期、班次、票价等信息。旅客班轮应当按照公布的班期、班次运行。变更班期、班次、票价的(因不可抗力变更班期、班次的除外),水路旅客班轮运输业务经营者应当在变更的15日前向社会公布。停止经营部分或者全部班轮航线的,经营者应当在停止经营的30日前向社会公布,并报原许可机关备案。

3) 法律责任

《国内水路运输管理条例》第四十条、第四十一条规定,班轮运输业务经营者未提前向社会公布所使用的船舶、班期、班次和运价或者其变更信息的,由负责水路运输管理的部门责令改正,处2000元以上2万元以下的罚款;旅客班轮运输业务经营者自取得班轮航线经营许可之日起60日内未开航的,由负责水路运输管理的部门责令改正;拒不改正的,由原许可机关撤销该项经营许可。

乘邮轮来华外国旅游团可免签入境

本章小结

本章主要介绍了出入境应持有的证件和需要办理的手续,出入境物品和人员的要求,领事保护与协助,以及航空、铁路、水路运输等方面的知识。学

第六章 出入有序，通途有法——出入境与交通法律法规制度

习这些内容后，我们能够更深入地了解出入境管理，并提升解决国际旅行中涉及证件、交通等方面问题的能力。

本章训练

一、知识训练

扫描二维码进行在线答题。

二、能力训练

查一查：乘飞机出行的个人物品怎么带？

随身携带

托运行李

禁止随身携带及托运的物品

在线答题

第六章

第七章
食安乐居，法度为先
—— 食品安全、娱乐场所、住宿业法律法规制度

 本章概要

本章主要介绍了食品安全、娱乐场所和住宿业的法律法规制度，并探讨了这些法律法规对相关行业的规范和影响。通过学习，学生能够了解如何通过法律手段确保食品的安全性，保障娱乐场所和住宿业的经营规范，维护公共安全和保护旅游者的合法权益。同时，本章还评析了相关案例，以增强学生的法律意识和责任感，提升学生解读与应用相关法规的能力。

 **学习目标**

知识目标

(1) 了解食品安全管理法律法规，界定相关责任主体的合法合规行为。
(2) 掌握娱乐场所管理法律法规，明确娱乐场所合法合规经营的必要性。
(3) 熟悉住宿业管理法律法规，概括提升住宿服务质量的途径。

能力目标

(1) 具备解读食品安全、娱乐场所和住宿业法律条款的能力，并能够在实际中应用。
(2) 具备发现和评估旅游行程在食品安全、娱乐场所和住宿业等方面风险的能力，并能够实施有效的保障措施和做好应急处理。

素养目标

(1) 增强学生的法律意识和社会责任感，使学生在工作、生活中能够严格遵守法律法规，积极履行社会责任。
(2) 引导学生在职业生涯中恪守职业道德，践行诚实守信的理念，将诚信做人、踏实做事作为人生的领航标，切实做到诚以养德，信以立身。

第七章 食安乐居，法度为先——食品安全、娱乐场所、住宿业法律法规制度

知识导图

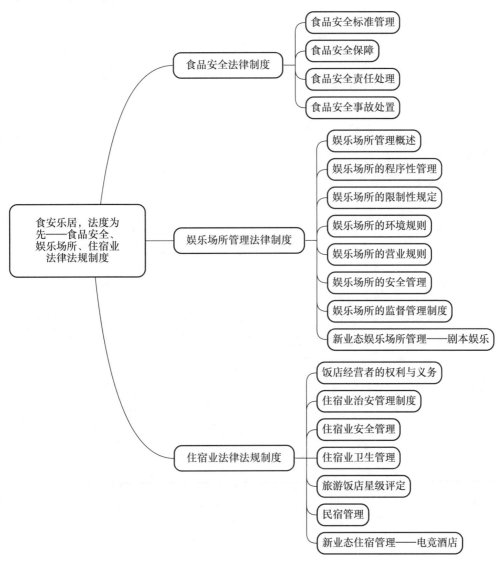

章节要点

食品安全事故处置、娱乐场所监督管理、住宿业服务质量。

章首案例

"脚尖上"的酸菜

2022年3月15日，央视3·15晚会曝光湖南岳阳多家酱菜生产企业存在收购"土坑

酸菜"、生产环境恶劣、超范围使用食品添加剂等严重影响食品安全的行为。这些企业还为众多知名品牌代加工酸菜制品，也为一些方便面企业代加工老坛酸菜包。事件曝光后，引起公众强烈反响，"土坑酸菜"词条立刻登上了微博热搜的首位。湖南省食安办第一时间决定对央视曝光的酸菜案进行挂牌督办。当地市委市政府第一时间调度处置；涉事地党政主要领导率领由市场监管、公安等部门组成的联合执法组，连夜赶赴涉事企业，对所有产品全部就地封存，对企业的相关人员予以控制，对外销产品立即启动追溯召回措施，并全面停止农户土坑腌制行为。

（资料来源：《四川日报》）

思考：

涉事企业侵害了消费者的哪些权利？

7-1

第一节　食品安全法律制度

2009年2月28日，第十一届全国人民代表大会常务委员会第七次会议通过了《中华人民共和国食品安全法》，而后此法于2015年进行了修订，并于2018年和2021年进行了两次修正。《中华人民共和国食品安全法》是中国食品安全管理的基本法律，规定了食品生产、加工、经营、销售等环节的安全要求，以保障公众健康和生命安全。2009年7月20日，中华人民共和国国务院令第557号公布了《中华人民共和国食品安全法实施条例》，而后此条例于2016年、2019年进行了两次修订。《中华人民共和国食品安全法实施条例》是针对《中华人民共和国食品安全法》的具体实施细则，细化了食品安全管理的具体操作和执行办法。2023年11月，国家卫生健康委员会发布了《食品安全标准管理办法》，从规范食品安全标准管理工作入手，落实"最严谨的标准"要求。

一、食品安全标准管理

《中华人民共和国食品安全法》第二十五条规定，食品安全标准是强制执行的标准。除食品安全标准外，不得制定其他食品强制性标准。

（一）主管部门

《食品安全标准管理办法》第三条规定，国家卫生健康委员会（以下简称国家卫生健康委）依法会同国务院有关部门负责食品安全国家标准的制定、公布工作，各省、自治区、直辖市人民政府卫生健康主管部门（以下简称省级卫生健康主管部门）负责食品安全地方标准制定、公布和备案工作。

《食品安全标准管理办法》第六条规定，国家卫生健康委组织成立食品安全国家标准审评委员会,负责审查食品安全国家标准,对食品安全国家标准工作提供咨询意见等。

《食品安全标准管理办法》第八条规定,县级以上卫生健康主管部门依职责对食品安全标准相关工作提供人员、经费等方面的保障。

(二) 管理原则

《食品安全标准管理办法》第四条规定,制定食品安全标准应当以保障公众身体健康为宗旨,以食品安全风险评估结果为依据,做到科学合理、安全可靠。

(三) 主要内容

1. 管理标准

《食品安全标准管理办法》第二条规定,食品安全标准包括食品安全国家标准和食品安全地方标准。

2. 国家标准管理

《食品安全标准管理办法》从规划、计划、立项、起草、征求意见、审查、批准、公布,以及跟踪评价、修订、修改等各环节,突出强调了以风险评估为科学依据、明确标准研制内容、具备相应技术能力、优化委员会审查机制和提升审查效能等重点措施。增加标准实施过渡期、标准修改单等方式要求。

3. 地方标准备案

《中华人民共和国食品安全法》第二十九条规定,对地方特色食品,没有食品安全国家标准的,省、自治区、直辖市人民政府卫生行政部门可以制定并公布食品安全地方标准,报国务院卫生行政部门备案。食品安全国家标准制定后,该地方标准即行废止。《食品安全标准管理办法》规定了地方标准职责和备案要求等,明确了地方标准与国家标准的衔接要求。

二、食品安全保障

(一) 许可制度

1. 食品生产经营实行许可制度

《中华人民共和国食品安全法》第三十五条规定,从事食品生产、食品销售、餐饮服务,应当依法取得许可。但是,销售食用农产品和仅销售预包装食品的,不需要取得许可。《中华人民共和国食品安全法实施条例》第十五条规定,食品生产经营许可的有效期为5年。

2. 食品添加剂生产实行许可制度

《中华人民共和国食品安全法》第三十九条规定,从事食品添加剂生产,应当具有与所生产食品添加剂品种相适应的场所、生产设备或者设施、专业技术人员和管理制度,并依照本法第三十五条第二款规定的程序,取得食品添加剂生产许可。

同步案例

未取得食品生产许可证,擅自从事食品生产经营活动受处罚

2023年4月8日,华阴市市场监管局在辖区罗敷镇某村巡查时发现一间放有大量腐竹外包装的民房,执法人员在该民房负责人董某的陪同下进行了监督检查,现场发现"黑"腐竹52箱、封口机3个、打码机2个,现场还发现大量印有某农产品有限公司的包装盒、包装袋,当事人董某未能提供食品生产许可证。执法单位依法没收违法生产的腐竹,以及封口机等生产设备,并依法对该当事人做出行政处罚。

(资料来源:"渭南市场监管"微信公众号)

点评 7-1

(二)卫生与安全控制制度

1. 原料控制、餐具饮具清洗消毒、食品留样等制度

依据《中华人民共和国食品安全法实施条例》第二十八条的规定,学校、托幼机构、养老机构、建筑工地等集中用餐单位的食堂应当执行原料控制、餐具饮具清洗消毒、食品留样等制度,并依法定期开展食堂食品安全自查。

2. 从业人员健康管理制度

《中华人民共和国食品安全法》第四十五条规定,食品生产经营者应当建立并执行从业人员健康管理制度。患有国务院卫生行政部门规定的有碍食品安全疾病的人员,不得从事接触直接入口食品的工作。从事接触直接入口食品工作的食品生产经营人员应当每年进行健康检查,取得健康证明后方可上岗工作。

同步案例

某中学未对食品成品进行留样受处罚

2023年7月13日,赣江某市场监管局对某高级中学(在校师生600人)学校食堂进行检查,发现缺少7月12日和13日的主食与汤品的留样,执法人员当场对当事人下达责令改正通知书,并给予警告,要求当事人日后按规定进行留样。7月21日,执法人员再次对当事人学校食堂进行检查,发现当事人未对7月20日和21日的早餐进行留样。2023年7月31日,赣江某市场监管局依法对某中学未对食品成品进行留样并且未按要求整改的违法行为作出罚款1万元的行政处罚。

(资料来源:"宝丰市场监管"微信公众号)

点评 7-2

(三)进货和销售管理制度

1. 进货查验记录制度

依据《中华人民共和国食品安全法》第五十条第一款、第五十三条第一款的规定,食品生产者采购食品原料、食品添加剂、食品相关产品,应当查验供货者的许可证和产品合格证明;食品经营者采购食品,应当查验供货者的许可证和食品出厂检验合格证或者其他合格证明。

依据《中华人民共和国食品安全法》第五十条第二款、第五十三条第二款的规定,食品生产企业和食品经营者应当建立进货查验记录制度,如实记录食品、食品原料、食品添加剂、食品相关产品的名称、规格、数量、生产日期或者生产批号、保质期、进货日期以及供货者名称、地址、联系方式等内容,并保存相关凭证。记录和凭证保存期限不得少于产品保质期满后6个月;没有明确保质期的,保存期限不得少于2年。

《中华人民共和国食品安全法》第六十五条规定,食用农产品销售者应当建立食用农产品进货查验记录制度,如实记录食用农产品的名称、数量、进货日期以及供货者名称、地址、联系方式等内容,并保存相关凭证。记录和凭证保存期限不得少于6个月。

2. 食品销售记录制度

《中华人民共和国食品安全法》第五十三条第四款规定,从事食品批发业务的经营企业应当建立食品销售记录制度,如实记录批发食品的名称、规格、数量、生产日期或者生产批号、保质期、销售日期以及购货者名称、地址、联系方式等内容,并保存相关凭证。

(四)出厂检验和记录制度

1. 食品出厂检验记录制度

《中华人民共和国食品安全法》第五十一条规定,食品生产企业应当建立食品出厂检验记录制度,查验出厂食品的检验合格证和安全状况,如实记录食品的名称、规格、数量、生产日期或者生产批号、保质期、检验合格证号、销售日期以及购货者名称、地址、联系方式等内容,并保存相关凭证。

2. 食品添加剂出厂检验记录制度

《中华人民共和国食品安全法》第五十九条规定,食品添加剂生产者应当建立食品添加剂出厂检验记录制度,查验出厂产品的检验合格证和安全状况,如实记录食品添加剂的名称、规格、数量、生产日期或者生产批号、保质期、检验合格证号、销售日期以及购货者名称、地址、联系方式等相关内容,并保存相关凭证。

3. 餐具饮具出厂检验记录制度

《中华人民共和国食品安全法实施条例》第二十七条规定,餐具饮具集中消毒服务单位应当建立餐具饮具出厂检验记录制度,如实记录出厂餐具饮具的数量、消毒日期和批号、使用期限、出厂日期以及委托方名称、地址、联系方式等内容。出厂检验记录保存期限不得少于消毒餐具饮具使用期限到期后6个月。消毒后的餐具饮具应当在独立包装上标注单位名称、地址、联系方式、消毒日期和批号以及使用期限等内容。

（五）食品安全监管和评估制度

1. 食品安全检查员制度

《中华人民共和国食品安全法实施条例》第六十条规定，国家建立食品安全检查员制度，依托现有资源加强职业化检查员队伍建设，强化考核培训，提高检查员专业化水平。

2. 食品安全自查制度

《中华人民共和国食品安全法》第四十七条规定，食品生产经营者应当建立食品安全自查制度，定期对食品安全状况进行检查评价。生产经营条件发生变化，不再符合食品安全要求的，食品生产经营者应当立即采取整改措施；有发生食品安全事故潜在风险的，应当立即停止食品生产经营活动，并向所在地县级人民政府食品安全监督管理部门报告。

3. 食品安全风险监测制度

《中华人民共和国食品安全法》第十四条规定，国家建立食品安全风险监测制度，对食源性疾病、食品污染以及食品中的有害因素进行监测。

4. 食品安全风险评估制度

《中华人民共和国食品安全法》第十七条规定，国家建立食品安全风险评估制度，运用科学方法，根据食品安全风险监测信息、科学数据以及有关信息，对食品、食品添加剂、食品相关产品中生物性、化学性和物理性危害因素进行风险评估。

（六）特殊食品严格监管制度

《中华人民共和国食品安全法》第七十四条规定，国家对保健食品、特殊医学用途配方食品和婴幼儿配方食品等特殊食品实行严格监督管理。

1. 保健食品

《中华人民共和国食品安全法》第七十五条第一款规定，保健食品声称保健功能，应当具有科学依据，不得对人体产生急性、亚急性或者慢性危害。《中华人民共和国食品安全法》第七十八条规定，保健食品的标签、说明书不得涉及疾病预防、治疗功能，内容应当真实，与注册或者备案的内容相一致，载明适宜人群、不适宜人群、功效成分或者标志性成分及其含量等，并声明"本品不能代替药物"。保健食品的功能和成分应当与标签、说明书相一致。

2. 特殊医学用途配方食品

《中华人民共和国食品安全法》第八十条规定,特殊医学用途配方食品应当经国务院食品安全监督管理部门注册。注册时,应当提交产品配方、生产工艺、标签、说明书以及表明产品安全性、营养充足性和特殊医学用途临床效果的材料。

3. 婴幼儿配方食品

《中华人民共和国食品安全法》第八十一条第一款规定,婴幼儿配方食品生产企业应当实施从原料进厂到成品出厂的全过程质量控制,对出厂的婴幼儿配方食品实施逐批检验,保证食品安全。《中华人民共和国食品安全法》第八十一条第二款规定,生产婴幼儿配方食品使用的生鲜乳、辅料等食品原料、食品添加剂等,应当符合法律、行政法规的规定和食品安全国家标准,保证婴幼儿生长发育所需的营养成分。

三、食品安全责任处理

(一)食品安全追溯和召回制度

1. 食品安全全程追溯制度

《中华人民共和国食品安全法》第四十二条规定,食品生产经营者应当依照本法的规定,建立食品安全追溯体系,保证食品可追溯。国家鼓励食品生产经营者采用信息化手段采集、留存生产经营信息,建立食品安全追溯体系。国务院食品安全监督管理部门会同国务院农业行政等有关部门建立食品安全全程追溯协作机制。

2. 食品召回制度

依据《中华人民共和国食品安全法》第六十三条第一款、第二款的规定,国家建立食品召回制度。食品生产者发现其生产的食品不符合食品安全标准或者有证据证明可能危害人体健康的,应当立即停止生产,召回已经上市销售的食品,通知相关生产经营者和消费者,并记录召回和通知情况。食品经营者发现其经营的食品有前款规定情形的,应当立即停止经营,通知相关生产经营者和消费者,并记录停止经营和通知情况。食品生产者认为应当召回的,应当立即召回。食品经营者造成其经营的食品有前款规定情形的,食品经营者应当召回。

(二)食品安全信息管理制度

1. 食品安全违法行为举报奖励制度

《中华人民共和国食品安全法实施条例》第六十五条规定,国家实行食品安全违法行为举报奖励制度,对查证属实的举报,给予举报人奖励。举报人举报所在企业食品安全重大违法犯罪行为的,应当加大奖励力度。有关部门应当对举报人的信息予以保密,保护举报人的合法权益。

2. 严重违法生产经营者黑名单制度

《中华人民共和国食品安全法实施条例》第六十六条规定,国务院食品安全监督管理部门应当会同国务院有关部门建立守信联合激励和失信联合惩戒机制,结合食品生产经营者信用档案,建立严重违法生产经营者黑名单制度,将食品安全信用状况与准入、融资、信贷、征信等相衔接,及时向社会公布。

3. 食品安全信息统一公布制度

《中华人民共和国食品安全法》第一百一十八条规定,国家建立统一的食品安全信息平台,实行食品安全信息统一公布制度。国家食品安全总体情况、食品安全风险警示信息、重大食品安全事故及其调查处理信息和国务院确定需要统一公布的其他信息由国务院食品安全监督管理部门统一公布。食品安全风险警示信息和重大食品安全事故及其调查处理信息的影响限于特定区域的,也可以由有关省、自治区、直辖市人民政府食品安全监督管理部门公布。未经授权不得发布上述信息。

四、食品安全事故处置

为建立健全应对食品安全事故的运行机制,有效预防、积极应对食品安全事故,高效组织应急处置工作,最大限度地减少食品安全事故的危害,保障公众健康与生命安全,2011年10月,国务院发布了《国家食品安全事故应急预案》。《国家食品安全事故应急预案》是对《国家重大食品安全事故应急预案》的修订。

(一) 范围

《国家食品安全事故应急预案》规定:食品安全事故,指食物中毒、食源性疾病、食品污染等源于食品,对人体健康有危害或者可能有危害的事故。

(二) 报告主体和时限

依据《国家食品安全事故应急预案》的规定:①食品生产经营者发现其生产经营的食品造成或者可能造成公众健康损害的情况和信息,应当在2小时内向所在地县级卫生行政部门和负责本单位食品安全监管工作的有关部门报告;②发生可能与食品有关的急性群体性健康损害的单位,应当在2小时内向所在地县级卫生行政部门和有关监管部门报告;③接收食品安全事故病人治疗的单位,应当按照卫健委有关规定及时向所在地县级卫生行政部门和有关监管部门报告;④食品安全相关技术机构、有关社会团体及个人发现食品安全事故相关情况,应当及时向县级卫生行政部门和有关监管部门报告或举报;⑤有关监管部门发现食品安全事故或接到食品安全事故报告或举报,应当立即通报同级卫生行政部门和其他有关部门,经初步核实后,要继续收集相关信息,并及时将有关情况进一步向卫生行政部门和其他有关监管部门通报;⑥经初步核实为食品安全事故且需要启动应急响应的,卫生行政部门应当按规定向本级人民政府及上级人民政府卫生行政部门报告;必要时,可直接向卫健委报告。

(三)分级响应

《国家食品安全事故应急预案》规定,食品安全事故共分四级,即特别重大食品安全事故、重大食品安全事故、较大食品安全事故和一般食品安全事故。根据食品安全事故分级情况,食品安全事故应急响应分为Ⅰ级、Ⅱ级、Ⅲ级和Ⅳ级响应。Ⅰ级特别重大食品安全事故的应急响应由国家应急指挥部或办公室组织实施;Ⅱ级重大食品安全事故的应急响应行动的组织实施由省级人民政府决定;Ⅲ级较大食品安全事故的应急响应行动的组织实施由市(地)级人民政府决定;Ⅳ级一般食品安全事故的应急响应行动的组织实施由县级人民政府负责组织有关部门开展应急救援工作。

(四)食品安全事故处置原则

《国家食品安全事故应急预案》规定,事故处置原则如下:

1. 以人为本,减少危害

把保障公众健康和生命安全作为应急处置的首要任务,最大限度减少食品安全事故造成的人员伤亡和健康损害。

2. 统一领导,分级负责

按照"统一领导、综合协调、分类管理、分级负责、属地管理为主"的应急管理体制,建立快速反应、协同应对的食品安全事故应急机制。

3. 科学评估,依法处置

有效使用食品安全风险监测、评估和预警等科学手段;充分发挥专业队伍的作用,提高应对食品安全事故的水平和能力。

4. 居安思危,预防为主

坚持预防与应急相结合,常态与非常态相结合,做好应急准备,落实各项防范措施,防患于未然。建立健全日常管理制度,加强食品安全风险监测、评估和预警;加强宣教培训,提高公众自我防范和应对食品安全事故的意识和能力。

(五)食品安全事故处置

《中华人民共和国食品安全法》第一百零五条规定,县级以上人民政府食品安全监督管理部门接到食品安全事故的报告后,应当立即会同同级卫生行政、农业行政等部门进行调查处理,并采取下列措施,防止或者减轻社会危害:①开展应急救援工作,组织救治因食品安全事故导致人身伤害的人员。②封存可能导致食品安全事故的食品及其原料,并立即进行检验;对确认属于被污染的食品及其原料,责令食品生产经营者依照本法第六十三条的规定召回或者停止经营。③封存被污染的食品相关产品,并责令进行清洗消毒。④做好信息发布工作,依法对食品安全事故及其处理情况进行发布,并对可能产生的危害加以解释、说明。

发生食品安全事故需要启动应急预案的,县级以上人民政府应当立即成立事故处置指挥机构,启动应急预案,依照前款和应急预案的规定进行处置。

发生食品安全事故,县级以上疾病预防控制机构应当对事故现场进行卫生处理,并对与事故有关的因素开展流行病学调查,有关部门应当予以协助。县级以上疾病预防控制机构应当向同级食品安全监督管理、卫生行政部门提交流行病学调查报告。

《中华人民共和国食品安全法》第一百零六条规定,发生食品安全事故,设区的市级以上人民政府食品安全监督管理部门应当立即会同有关部门进行事故责任调查,督促有关部门履行职责,向本级人民政府和上一级人民政府食品安全监督管理部门提出事故责任调查处理报告。涉及两个以上省、自治区、直辖市的重大食品安全事故由国务院食品安全监督管理部门依照前款规定组织事故责任调查。

第二节 娱乐场所管理法律制度

2008年4月21日,公安部部长办公会通过了《娱乐场所治安管理办法》(自2008年10月1日起施行)。2006年1月29日,中华人民共和国国务院令第458号公布了《娱乐场所管理条例》,而后此条例于2016年、2020年进行了两次修订。2013年2月4日,中华人民共和国文化部令第55号公布了《娱乐场所管理办法》,而后此办法于2017年、2022年进行了两次修订。这些政策法规进一步加强了娱乐场所经营活动管理,从而维护了娱乐场所健康发展,以及娱乐场所经营者、消费者和从业人员的合法权益。

一、娱乐场所管理概述

(一)适用范围

《娱乐场所管理条例》第二条规定,娱乐场所是指以营利为目的,并向公众开放、消费者自娱自乐的歌舞、游艺等场所。

(二)主管部门

《娱乐场所管理条例》第三条规定,县级以上人民政府文化主管部门负责对娱乐场所日常经营活动的监督管理;县级以上公安部门负责对娱乐场所消防、治安状况的监督管理。

二、娱乐场所的程序性管理

(一)申请、受理、核查

依据《娱乐场所管理条例》第九条的规定,娱乐场所申请从事娱乐场所经营活动,应当向所在地县级人民政府文化主管部门提出申请;外商投资的娱乐场所申请从事娱乐场所经营活动,应当向所在地省、自治区、直辖市人民政府文化主管部门提出申请。受理申请的文化主管部门应当就书面声明向公安部门或者其他有关单位核查,公安部门或者其他有关单位应当予以配合。

(二)听证

《娱乐场所管理条例》第十条规定,文化主管部门审批娱乐场所应当举行听证。有关听证的程序,依照《中华人民共和国行政许可法》的规定执行。

(三)许可

《娱乐场所管理办法》第十四条规定,文化和旅游主管部门应当根据听证和文化产品内容核查结果作出行政许可决定。予以批准的,核发娱乐经营许可证;不予批准的,应当书面告知申请人并说明理由。《娱乐场所管理办法》第十七条规定,娱乐经营许可证有效期2年。

(四)备案、变更登记

《娱乐场所管理条例》第十一条规定,娱乐场所依法取得营业执照和相关批准文件、许可证后,应当在15日内向所在地县级公安部门备案。

《娱乐场所管理条例》第十二条规定,娱乐场所改建、扩建营业场所或者变更场地、主要设施设备、投资人员,或者变更娱乐经营许可证载明的事项的,应当向原发证机关申请重新核发娱乐经营许可证,并向公安部门备案;需要办理变更登记的,应当依法向工商行政管理部门办理变更登记。

三、娱乐场所的限制性规定

(一)地点限制

《娱乐场所管理条例》第七条规定,娱乐场所不得设在下列地点:①居民楼、博物馆、图书馆和被核定为文物保护单位的建筑物内;②居民住宅区和学校、医院、机关周围;③车站、机场等人群密集的场所;④建筑物地下一层以下;⑤与危险化学品仓库毗连的区域。娱乐场所的边界噪声,应当符合国家规定的环境噪声标准。

(二)营业面积限制

《娱乐场所管理条例》第八条规定,娱乐场所的使用面积,不得低于国务院文化主管部门规定的最低标准;设立含有电子游戏机的游艺娱乐场所,应当符合国务院文化主管部门关于总量和布局的要求。

(三)经营者、从业人员、经营行为限制

《娱乐场所管理条例》第五条规定,有下列情形之一的人员,不得开办娱乐场所或

者在娱乐场所内从业：①曾犯有组织、强迫、引诱、容留、介绍卖淫罪，制作、贩卖、传播淫秽物品罪，走私、贩卖、运输、制造毒品罪，强奸罪，强制猥亵、侮辱妇女罪，赌博罪，洗钱罪，组织、领导、参加黑社会性质组织罪的；②因犯罪曾被剥夺政治权利的；③因吸食、注射毒品曾被强制戒毒的；④因卖淫、嫖娼曾被处以行政拘留的。

《娱乐场所管理条例》第十四条规定，娱乐场所及其从业人员不得实施下列行为，不得为进入娱乐场所的人员实施下列行为提供条件：①贩卖、提供毒品，或者组织、强迫、教唆、引诱、欺骗、容留他人吸食、注射毒品；②组织、强迫、引诱、容留、介绍他人卖淫、嫖娼；③制作、贩卖、传播淫秽物品；④提供或者从事以营利为目的的陪侍；⑤赌博；⑥从事邪教、迷信活动；⑦其他违法犯罪行为。娱乐场所的从业人员不得吸食、注射毒品，不得卖淫、嫖娼；娱乐场所及其从业人员不得为进入娱乐场所的人员实施上述行为提供条件。

《娱乐场所管理条例》第二十三条规定，歌舞娱乐场所不得接纳未成年人。除国家法定节假日外，游艺娱乐场所设置的电子游戏机不得向未成年人提供。

《娱乐场所管理条例》第二十四条规定，娱乐场所不得招用未成年人；招用外国人的，应当按照国家有关规定为其办理外国人就业许可证。

同步案例

歌舞娱乐场所不得接纳未成年人

2022年3月2日上午，衢州市文化广电旅游局执法人员在依法出示执法证件，告知相关权利义务后，对A歌厅进行检查，该场所正在营业中。执法人员在经营者陪同下检查，通过检查发现有涉嫌接纳未成年人的情况。当日，经批准予以立案调查。经查明，A歌厅未按规定核对未成年人何某某的身份信息，接纳未成年人进入场所的违法事实成立，但无违法所得。执法人员对当事人作出罚款1万元的行政处罚。

（资料来源："衢州文旅"微信公众号）

（四）经营内容限制

《娱乐场所管理条例》第十三条规定，国家倡导弘扬民族优秀文化，禁止娱乐场所内的娱乐活动含有下列内容：①违反宪法确定的基本原则的；②危害国家统一、主权或者领土完整的；③危害国家安全，或者损害国家荣誉、利益的；④煽动民族仇恨、民族歧视，伤害民族感情或者侵害民族风俗、习惯，破坏民族团结的；⑤违反国家宗教政策，宣扬邪教、迷信的；⑥宣扬淫秽、赌博、暴力以及与毒品有关的违法犯罪活动，或者教唆犯罪的；⑦违背社会公德或者民族优秀文化传统的；⑧侮辱、诽谤他人，侵害他人合法权益的；⑨法律、行政法规禁止的其他内容。

四、娱乐场所的环境规则

（一）监控设备

《娱乐场所管理条例》第十五条规定，歌舞娱乐场所应当按照国务院公安部门的规定在营业场所的出入口、主要通道安装闭路电视监控设备，并应当保证闭路电视监控设备在营业期间正常运行，不得中断。歌舞娱乐场所应当将闭路电视监控录像资料留存30日备查，不得删改或者挪作他用。

（二）包厢、包间

《娱乐场所管理条例》第十六条规定，歌舞娱乐场所的包厢、包间内不得设置隔断，并应当安装展现室内整体环境的透明门窗。包厢、包间的门不得有内锁装置。

（三）亮度

《娱乐场所管理条例》第十七条规定，营业期间，歌舞娱乐场所内亮度不得低于国家规定的标准。

（四）音像制品、电子游戏

《娱乐场所管理条例》第十八条规定，娱乐场所使用的音像制品或者电子游戏应当是依法出版、生产或者进口的产品。歌舞娱乐场所播放的曲目和屏幕画面以及游艺娱乐场所的电子游戏机内的游戏项目，不得含有本条例第十三条禁止的内容；歌舞娱乐场所使用的歌曲点播系统不得与境外的曲库联接。

（五）设施设备

《娱乐场所管理条例》第十九条规定，游艺娱乐场所不得设置具有赌博功能的电子游戏机机型、机种、电路板等游戏设施设备，不得以现金或者有价证券作为奖品，不得回购奖品。

（六）标志

《娱乐场所管理条例》第三十条规定，娱乐场所应当在营业场所的大厅、包厢、包间内的显著位置悬挂含有禁毒、禁赌、禁止卖淫嫖娼等内容的警示标志、未成年人禁入或者限入标志。标志应当注明公安部门、文化主管部门的举报电话。

慎思笃行

歌舞娱乐场所播放的曲目不得含有违禁内容

2021年2月，安溪县文化市场综合执法大队开展日常检查，在对位于凤城镇的某娱乐场所进行日常检查时，发现其包厢内设置的"点歌系统"含有相关"违禁歌曲",安溪县文化市场综合执法大队现场责令当事人进行删除,并对该违法违规行为给予立案查处。案件调查终结,安溪县文化体育和旅游局依法向当事人送达了"行政处罚事先告知书",当事人没有提出陈述申辩意见。最终,对当事人处以1万元罚款,并要求及时整改到位。

(资料来源:安溪县文化体育和旅游局)

五、娱乐场所的营业规则

（一）营业时间

《娱乐场所管理条例》第二十八条规定,每日凌晨2时至上午8时,娱乐场所不得营业。

（二）从业人员要求

《娱乐场所管理条例》第二十七条规定,营业期间,娱乐场所的从业人员应当统一着工作服,佩带工作标志并携带居民身份证或者外国人就业许可证。从业人员应当遵守职业道德和卫生规范,诚实守信,礼貌待人,不得侵害消费者的人身和财产权利。

（三）服务要求

《娱乐场所管理条例》第二十九条规定,娱乐场所提供娱乐服务项目和出售商品,应当明码标价,并向消费者出示价目表;不得强迫、欺骗消费者接受服务、购买商品。

（四）管理要求

《娱乐场所管理条例》第三十一条规定,娱乐场所应当建立巡查制度,发现娱乐场所内有违法犯罪活动的,应当立即向所在地县级公安部门、县级人民政府文化主管部门报告。

六、娱乐场所的安全管理

（一）主体责任

《娱乐场所管理条例》第二十条第一款规定,娱乐场所的法定代表人或者主要负责人应当对娱乐场所的消防安全和其他安全负责。

（二）消防安全

《娱乐场所管理条例》第二十条第二款、第三款规定,娱乐场所应当确保其建筑、设施符合国家安全标准和消防技术规范,定期检查消防设施状况,并及时维护、更新。娱乐场所应当制定安全工作方案和应急疏散预案。

《娱乐场所管理条例》第二十一条规定，营业期间，娱乐场所应当保证疏散通道和安全出口畅通，不得封堵、锁闭疏散通道和安全出口，不得在疏散通道和安全出口设置栅栏等影响疏散的障碍物。娱乐场所应当在疏散通道和安全出口设置明显指示标志，不得遮挡、覆盖指示标志。

（三）安全检查

《娱乐场所管理条例》第二十二条规定，任何人不得非法携带枪支、弹药、管制器具或者携带爆炸性、易燃性、毒害性、放射性、腐蚀性等危险物品和传染病病原体进入娱乐场所。迪斯科舞厅应当配备安全检查设备，对进入营业场所的人员进行安全检查。

七、娱乐场所的监督管理制度

（一）警示记录

《娱乐场所管理条例》第三十四条规定，文化主管部门、公安部门和其他有关部门应当建立娱乐场所违法行为警示记录系统；对列入警示记录的娱乐场所，应当及时向社会公布，并加大监督检查力度。

（二）信用监管

《娱乐场所管理条例》第三十五条规定，文化主管部门应当建立娱乐场所的经营活动信用监管制度，建立健全信用约束机制，并及时公布行政处罚信息。

（三）信息通报

《娱乐场所管理条例》第三十六条规定，文化主管部门、公安部门和其他有关部门应当建立相互间的信息通报制度，及时通报监督检查情况和处理结果。

（四）及时处理举报

《娱乐场所管理条例》第三十七条规定，任何单位或者个人发现娱乐场所内有违反本条例行为的，有权向文化主管部门、公安部门等有关部门举报。文化主管部门、公安部门等有关部门接到举报，应当记录，并及时依法调查、处理；对不属于本部门职责范围的，应当及时移送有关部门。

八、新业态娱乐场所管理——剧本娱乐

2022年6月25日，《文化和旅游部 公安部 住房和城乡建设部 应急管理部 市场监管总局关于加强剧本娱乐经营场所管理的通知》（以下简称《通知》）正式发布，《通知》首次在全国范围将剧本杀、密室逃脱等剧本娱乐经营场所新业态纳入管理。2023年4月13日，中华人民共和国文化和旅游部向社会公开征求《剧本娱乐管理暂行规定（征求意见稿）》的意见。

（一）剧本娱乐及经营单位

《剧本娱乐管理暂行规定（征求意见稿）》第二条规定，剧本娱乐是指以营利为目的，由经营单位通过现场组织消费者扮演剧本角色或者解谜特定场景等方式开展的文化娱乐活动。

剧本娱乐经营单位包括专门经营剧本娱乐活动的剧本娱乐经营场所和混业经营剧本娱乐活动的旅游景区、宾馆等非剧本娱乐经营场所。

（二）经营范围

《通知》规定，剧本娱乐经营场所应当依法向所在地县级以上市场监管部门办理登记并领取营业执照，经营范围登记为"剧本娱乐活动"。

（三）内容管理

《通知》规定，剧本娱乐经营场所应当严格内容管理，坚持正确导向：

（1）使用内容健康、积极向上的剧本脚本，鼓励使用弘扬主旋律、传播正能量的剧本脚本。

（2）应当建立内容自审制度，对剧本脚本以及表演、场景、道具、服饰等进行内容自审，确保内容合法。

（3）剧本娱乐经营场所内的剧本娱乐活动不得含有《中华人民共和国未成年人保护法》《娱乐场所管理条例》《营业性演出管理条例》等法律法规禁止的内容。

第三节　住宿业法律法规制度

旅游住宿业是指为旅游者提供住宿、餐饮及多种综合服务的行业。在旅游业的食、住、行、游、购、娱六大要素中，旅游住宿业是一个十分重要的环节，与旅行社业、旅游交通业并称为旅游业的三大支柱，是人们在旅行游览活动中必不可少的"驿站"。

一、饭店经营者的权利与义务

目前，我国还没有专门的法律来规范旅游饭店的经营。实践中，旅游饭店通常依据《中华人民共和国旅游法》《中华人民共和国消费者权益保护法》《中华人民共和国民法典》《旅馆业治安管理办法》《公共场所卫生管理条例》《中华人民共和国消防法》《中国旅游饭店行业规范》等来进行管理。

（一）权利与义务的产生

旅游饭店和旅客之间的权利与义务的关系可以通过以下两种情况产生。

1. 直接投宿

在旅客直接前往旅游饭店的情况下,当旅游饭店接受了旅客的入住请求,完成了登记手续并将客房钥匙交给旅客时,双方的权利与义务的关系即告成立。

2. 预订房间

在旅客预订房间的情况下,旅客可以通过口头、电话、旅游饭店的官方网站或第三方网络平台等方式向旅游饭店预订房间。当旅游饭店明确或默示同意该预订后,双方的权利义务关系也随之成立。

(二)旅游饭店的权利

1. 合理拒绝接待旅客的权利

《中国旅游饭店行业规范》第八条规定,以下情况饭店可以不予接待:①携带危害饭店安全的物品入店者;②从事违法活动者;③影响饭店形象者(如携带动物者);④无支付能力或曾有过逃账记录者;⑤饭店客满;⑥法律、法规规定的其他情况。

2. 收取住宿费和其他合理费用的权利

《中国旅游饭店行业规范》第九条至第十一条规定,饭店应当将房价表置于总服务台显著位置,供客人参考。饭店如给予客人房价折扣,应当书面约定。饭店应在前厅显著位置明示客房价格和住宿时间结算方法,或者确认已将上述信息用适当方式告知客人。根据国家规定,饭店如果对客房、餐饮、洗衣、电话等服务项目加收服务费,应当在房价表或有关服务价目单上明码标价。

3. 要求旅客赔偿合理损失的权利

《中华人民共和国民法典》第二百三十八条规定,侵害物权,造成权利人损害的,权利人可以依法请求损害赔偿,也可以依法请求承担其他民事责任。

4. 对部分行为加以制止的权利

对于旅客在饭店内从事违背社会公序良俗但未构成犯罪的行为,以及给其他大多数旅客带来不良感受的行为加以制止的权利。对于旅客在饭店里进行的违法犯罪活动,饭店经营者和工作人员应当举报,并配合公安机关的执法行为。

5. 要求旅客遵守饭店规则的权利

饭店有权要求旅客正确使用饭店提供的设施设备,爱护饭店的公共财物,遵守饭店的作息时间,登记时查验旅客身份证明。旅客不得私自留客住宿或转让床位,不得卧床吸烟等。

(三)旅游饭店的义务

1. 按照合同约定提供服务的义务

《中华人民共和国民法典》第五百七十七条规定,当事人一方不履行合同义务或者履行合同义务不符合约定的,应当承担继续履行、采取补救措施或者赔偿损失等违约责任。

2. 保障旅客的人身安全的义务

《中华人民共和国民法典》第一千一百九十八条规定,宾馆、商场、银行、车站、机场、体育场馆、娱乐场所等经营场所、公共场所的经营者、管理者或者群众性活动的组织者,未尽到安全保障义务,造成他人损害的,应当承担侵权责任。因第三人的行为造成他人损害的,由第三人承担侵权责任;经营者、管理者或者组织者未尽到安全保障义务的,承担相应的补充责任。经营者、管理者或者组织者承担补充责任后,可以向第三人追偿。

《中华人民共和国旅游法》第五十四条规定,景区、住宿经营者将其部分经营项目或者场地交由他人从事住宿、餐饮、购物、游览、娱乐、旅游交通等经营的,应当对实际经营者的经营行为给旅游者造成的损害承担连带责任。因此,当实际旅游经营者的经营行为给旅客造成人身损害或财产损失时,旅客有权向饭店和实际经营者要求共同承担责任,也可以要求其中的任何一方承担全部责任。

3. 保障旅客财产安全的义务

《中国旅游饭店行业规范》第十二条、第十四条规定,为了保护客人的人身和财产安全,饭店客房房门应当装置防盗链、门镜、应急疏散图,卫生间内应当采取有效的防滑措施。客房内应当放置服务指南、住宿须知和防火指南。有条件的饭店应当安装客房电子门锁和公共区域安全监控系统。对可能损害客人人身和财产安全的场所,饭店应当采取防护、警示措施。警示牌应当中外文对照。

4. 尊重旅客隐私权的义务

《中华人民共和国旅游法》第五十二条规定,旅游经营者对其在经营活动中知悉的旅游者个人信息,应当予以保密。依据《最高人民法院关于审理旅游纠纷案件适用法律若干问题的规定》的规定,旅游经营者、旅游辅助服务者泄露旅游者个人信息或者未经旅游者同意公开其个人信息,旅游者请求其承担相应责任的,人民法院应予支持。

二、住宿业治安管理制度

为了保障旅馆业的正常经营和旅客的生命财物安全,维护社会治安,1987年11月10日,公安部发布了《旅馆业治安管理办法》,而后此办法于2011年、2020年、2022年进行了三次修订。

(一)适用范围

《旅馆业治安管理办法》第二条规定,凡经营接待旅客住宿的旅馆、饭店、宾馆、招待所、客货栈、车马店、浴池等(以下统称旅馆),不论是国营、集体经营,还是合伙经营、个体经营、外商投资经营,不论是专营还是兼营,不论是常年经营,还是季节性经营,都必须遵守本办法。

微课

发生在酒店洗浴中心的事故

微课

旅馆业治安管理办法

(二)开办条件

《旅馆业治安管理办法》第三条规定,开办旅馆,要具备必要的防盗等安全设施。

《旅馆业治安管理办法》第四条规定,申请开办旅馆,应取得市场监管部门核发的营业执照,向当地公安机关申领特种行业许可证后,方准开业。经批准开业的旅馆,如有歇业、转业、合并、迁移、改变名称等情况,应当在市场监管部门办理变更登记后3日内,向当地的县、市公安局、公安分局备案。

(三)经营要求

1. 建立各项制度

《旅馆业治安管理办法》第五条规定,经营旅馆,必须遵守国家的法律,建立各项安全管理制度,设置治安保卫组织或者指定安全保卫人员。

2. 严格住宿登记

《旅馆业治安管理办法》第六条规定,旅馆接待旅客住宿必须登记。登记时,应当查验旅客的身份证件,按规定的项目如实登记。接待境外旅客住宿,还应当在24小时内向当地公安机关报送住宿登记表。

3. 完善财物保管

《旅馆业治安管理办法》第七条规定,旅馆应当设置旅客财物保管箱、柜或者保管室、保险柜,指定专人负责保管工作。对旅客寄存的财物,要建立登记、领取和交接制度。

《旅馆业治安管理办法》第八条规定,旅馆对旅客遗留的物品,应当妥为保管,设法归还原主或揭示招领;经招领3个月后无人认领的,要登记造册,送当地公安机关按拾遗物品处理。对违禁物品和可疑物品,应当及时报告公安机关处理。

4. 协助配合检查

《旅馆业治安管理办法》第十四条规定,公安人员到旅馆执行公务时,应当出示证件,严格依法办事,要文明礼貌待人,维护旅馆的正常经营和旅客的合法权益。旅馆工作人员和旅客应当予以协助。

5. 履行报告责任

《旅馆业治安管理办法》第九条规定,旅馆工作人员发现违法犯罪分子,形迹可疑的人员和被公安机关通缉的罪犯,应当立即向当地公安机关报告,不得知情不报或隐瞒包庇。

(四)禁止性要求

《旅馆业治安管理办法》第十一条至第十三条规定,严禁旅客将易燃、易爆、剧毒、腐蚀性和放射性等危险物品带入旅馆;旅馆内,严禁卖淫、嫖宿、赌博、吸毒、传播淫秽物品等违法犯罪活动；旅馆内,不得酗酒滋事、大声喧哗,影响他人休息,旅客不得私自留客住宿或者转让床位。

（五）法律责任

1. 旅馆的开办人

《旅馆业治安管理办法》第十五条规定,违反本办法第四条规定开办旅馆的,公安机关可以酌情给予警告或者处以200元以下罚款；未经登记,私自开业的,公安机关应当协助工商行政管理部门依法处理。

2. 旅馆的工作人员和负责人

《旅馆业治安管理办法》第十六条规定,旅馆工作人员违反本办法第九条规定的,公安机关可以酌情给予警告或者处以200元以下罚款；情节严重构成犯罪的,依法追究刑事责任。旅馆负责人参与违法犯罪活动,其所经营的旅馆已成为犯罪活动场所的,公安机关除依法追究其责任外,对该旅馆还应当会同工商行政管理部门依法处理。

依据《旅馆业治安管理办法》第十七条的规定,旅馆接待旅客住宿不按规定登记的,依照《中华人民共和国治安管理处罚法》有关条款的规定,处罚有关人员；发生重大事故、造成严重后果构成犯罪的,依法追究刑事责任。

3. 旅客

依据《旅馆业治安管理办法》第十七条的规定,旅客将易燃、易爆、剧毒、腐蚀性和放射性等危险物品带入旅馆,在旅馆内从事卖淫、嫖宿、赌博、吸毒、传播淫秽物品等违法犯罪活动的,依照《中华人民共和国治安管理处罚法》有关条款的规定,处罚有关人员；发生重大事故、造成严重后果构成犯罪的,依法追究刑事责任。

三、住宿业安全管理

（一）消防安全

依据《中华人民共和国消防法》第十五条的规定,宾馆等公众聚集场所在投入使用、营业前,建设单位或者使用单位应当向场所所在地的县级以上地方人民政府消防救援机构申请消防安全检查。消防救援机构应自受理申请之日起10个工作日内,根据消防技术标准和管理规定,对该场所进行检查。经检查符合消防安全要求的,应当予以许可。因此,未经消防安全检查或者经检查不符合消防安全要求的住宿场所,不得投入使用、营业。

（二）人身、财产安全

依据《中华人民共和国消费者权益保护法》第十八条的规定,住宿场所经营者应当保证其提供的商品或者服务符合保障人身、财产安全的要求。对可能危及人身、财产安全的商品和服务,应当向消费者作出真实的说明和明确的警示,并说明和标明正确使用商品或者接受服务的方法以及防止危害发生的方法。

同步案例

宾馆暗藏摄像头侵犯顾客隐私权,谁担责?

小红被公司派往A城出差,回到宾馆关灯准备睡觉时,电视机旁的插座引起了小红的注意。经过一番查看,小红在插座内发现了一个微型摄像头。她立刻找来宾馆经理理论,双方争执不下,最后小红拨打了110报警。调查发现,房间内的摄像头是之前的房客老王安装的,宾馆对此并不知情。小红该如何维护自己的权益?宾馆需要对此承担责任吗?

(资料来源:"广西普法"微信公众号)

点评

7-4

四、住宿业卫生管理

为创造良好的公共场所卫生条件,预防疾病,保障人体健康,1987年4月1日,国务院公布了《公共场所卫生管理条例》,而后此条例于2016年、2019年进行了两次修订,并于2024年12月6日根据《国务院关于修改和废止部分行政法规的决定》(中华人民共和国国务院令第797号)进行了第三次修改。2011年3月10日,中华人民共和国卫生部令第80号公布了《公共场所卫生管理条例实施细则》,而后此细则于2016年、2017年进行了两次修订。

根据《公共场所卫生管理条例》第八条的规定,住宿场所等经营单位应当及时向卫生行政部门申请办理卫生许可证。卫生许可证两年复核一次。

(一)主体责任

依据《公共场所卫生管理条例实施细则》第七条的规定,住宿场所的法定代表人或者负责人是其经营场所卫生安全的第一责任人,对其经营场所卫生安全负全面责任。

(二)环境卫生

依据《公共场所卫生管理条例实施细则》第十一条、第十四条的规定,住宿业等公共场所经营者应当保持公共场所空气流通,室内空气质量应当符合国家卫生标准和要求;提供给顾客使用的用品用具应当保证卫生安全,可以反复使用的用品用具应当一客一换,按照有关卫生标准和要求清洗、消毒、保洁。禁止重复使用一次性用品用具。

(三)食品卫生

住宿场所设有食品经营项目的,应符合《中华人民共和国食品安全法》的有关要求。在住宿场所提供食品的经营者应当保证其提供的商品或者服务符合保障人身、财产安全的要求,应当对消费者尽到安全保障义务。

《食品经营许可和备案管理办法》第四条规定,在中华人民共和国境内从事食品销售和餐饮服务活动,应当依法取得食品经营许可。

(四)从业人员健康

《公共场所卫生管理条例实施细则》第十条第一款规定,公共场所经营者应当组织从业人员每年进行健康检查,从业人员在取得有效健康合格证明后方可上岗。健康合格证明不得涂改、伪造、转让、倒卖。

依据《公共场所卫生管理条例》第七条的规定,公共场所直接为顾客服务的人员,持有健康合格证方能从事本职工作。患有痢疾、伤寒、病毒性肝炎、活动期肺结核、化脓性或者渗出性皮肤病以及其他有碍公共卫生的疾病的,治愈前不得从事直接为顾客服务的工作。

同步案例

酒店安排无健康合格证明的从业人员服务顾客受处罚

2023年2月16日上午,天津市河西区卫生计生综合监督所卫生监督员在对天津市河西区某酒店管理有限公司进行日常监督检查时发现,酒店的前台工作人员常某无法提供有效的健康合格证明。经过调查核实,确认该酒店在2022年12月29日至2023年2月16日期间安排无有效的健康合格证明的从业人员常某在店内前台为顾客提供咨询服务。最终,该酒店被依法予以警告,并处以500元罚款。

点评

7-5

五、旅游饭店星级评定

国家标准《旅游饭店星级的划分与评定》(GB/T 14308—2023)于2023年11月27日发布,此次为第四次修订。

(一)范围

旅游饭店,是以间(套)夜为单位出租客房,以住宿服务为主,并提供商务、会议、休闲、度假等相应服务的住宿设施。按不同习惯,旅游饭店也被称为宾馆、酒店、旅馆、旅社、宾舍、度假村、俱乐部、大厦、中心等。

(二)星级和标识

旅游饭店星级分为五个级别,由低到高为一星级、二星级、三星级、四星级、五星级。星级标志由长城与五角星图案构成,用星的数量和颜色表示旅游饭店的星级。一颗金色五角星表示一星级,两颗金色五角星表示二星级,三颗金色五角星表示三星级,四颗金色五角星表示四星级,五颗金色五角星表示五星级。

（三）星级申报基本要求

饭店开业1年后可申请评定星级，经相应星级评定机构评定合格后取得星级标志，有效期为5年。

（四）各星级划分条件

（1）根据《旅游饭店星级的划分与评定》中附录A必备项目检查表所规定的各星级应具备的硬件设施和服务项目进行逐项评定检查，要求相应星级的每个项目都必须达标，缺一不可。

（2）根据《旅游饭店星级的划分与评定》中附录B设施设备及其他项目评分表所规定的各星级旅游饭店的位置、结构、数量、面积、功能、材质、设计、装饰等和其他项目的要求进行打分，一星级、二星级旅游饭店得分不作要求，三星级、四星级、五星级旅游饭店规定最低得分线：三星级220分、四星级320分、五星级420分。

（3）根据《旅游饭店星级的划分与评定》中附录C饭店运营质量评价表，从总体要求、前厅、客房、餐饮、其他服务项目与公共区域、周围环境与后台区域6个大项，对饭店运营质量进行评价。一星级、二星级旅游饭店得分率不作要求，三星级、四星级、五星级旅游饭店规定各项最低得分率：三星级70%、四星级80%、五星级85%。

六、民宿管理

行业标准《旅游民宿基本要求与评价》(LB/T 065—2019)于2019年7月13日发布，并于2021年进行修订。此标准在规范和引导旅游民宿发展，充分发挥行业标准的引领示范作用。

（一）适用范围

根据《旅游民宿基本要求与评价》的相关规定，旅游民宿，是指利用当地民居等相关闲置资源，经营用客房不超过4层、建筑面积不超过800平方米，主人参与接待，为游客提供体验当地自然、文化与生产生活方式的小型住宿设施，包括但不限于客栈、庄园、宅院、驿站、山庄等。

（二）等级和标识

根据《旅游民宿基本要求与评价》的相关规定，旅游民宿等级分为3个级别，由低到高分别为丙级、乙级和甲级。等级旅游民宿标志由民居图案与相应文字构成。

旅游民宿等级证书和标牌由全国旅游标准化技术委员会统一制作，由相应旅游民宿等级评定机构颁发。每块等级标牌的编号，与相应的等级证书号一致。每家旅游民宿只可申领一块等级标牌。

(三)评定要求

1. 基本要求检查表

根据《〈旅游民宿基本要求与等级划分〉(GB/T 41648—2022)实施工作导则》,基本要求检查表分别规定了丙级、乙级、甲级旅游民宿的"必备要求"和"选择内容",申请评定的旅游民宿应符合对应等级的"必备要求",丙级旅游民宿应满足"选择内容"任意13项条款,乙级旅游民宿应满足"选择内容"任意24项条款,甲级旅游民宿应满足"选择内容"任意30项条款。

2. 基本要求评分表

根据《〈旅游民宿基本要求与等级划分〉(GB/T 41648—2022)实施工作导则》,基本要求评分表共200分,由环境和建筑(30分)、设施和设备(60分)、卫生和服务(60分)、特色和其他(50分)四大项组成。丙级旅游民宿四大项总分最低得分率40%,乙级、甲级旅游民宿各大项最低得分率:乙级60%、甲级80%。

旅游民宿取得等级后,每年度应对照标准进行自我评估。因环境和建筑、设施和设备、卫生和服务、特色和其他发生变化,达不到原等级标准的,应按程序重新申请评定。

(四)经营规范

旅游民宿应符合治安、消防、卫生、环境保护、安全等有关规定与要求,取得当地政府要求的相关证照。经营场地应符合本市县国土空间总体规划(包括现行城镇总体规划、土地利用总体规划)、所在地民宿发展有关规划。服务项目应通过文字、图形方式公示,并标明营业时间,收费项目应明码标价。

同步案例

未经许可擅自经营民宿违法

2024年4月5日,民警在日常工作中发现,某小区内有一套住房涉嫌违规经营民宿。经查,业主陈某自2023年12月以来,在未向公安机关等部门申请并获得相关从业许可证,也未按要求在相关平台进行备案登记的情况下,租用多个房间,擅自经营旅馆式民宿,存在安全隐患,严重违反了国家相关法律规定。最终,公安机关对于陈某擅自经营需由公安机关许可的行业的行为,依法作出了行政拘留并处罚款的决定。

(资料来源:"平安乌海"微信公众号)

点评

7-6

七、新业态住宿管理——电竞酒店

(一)业态属性

《文化和旅游部 公安部关于加强电竞酒店管理中未成年人保护工作的通知》(文旅市场发〔2023〕82号),明确了电竞酒店是通过设置电竞房向消费者提供电子竞技娱乐服务的新型住宿业态,包括所有客房均为电竞房的专业电竞酒店和利用部分客房开设电竞房区域的非专业电竞酒店。根据电竞酒店容易产生未成年人沉迷网络问题的特点,其被定性为不适宜未成年人活动的场所。

(二)管理要求

(1)电竞酒店每间电竞房的床位数不得超过6张,计算机数量和入住人员不得超过床位数。

(2)严禁电竞酒店违规接待未成年人。专业电竞酒店和非专业电竞酒店的电竞房区域,属于不适宜未成年人活动的场所。电竞酒店经营者应当遵守《中华人民共和国未成年人保护法》等有关法律法规,不得允许未成年人进入专业电竞酒店和非专业电竞酒店的电竞房区域。

(三)主体责任

电竞酒店经营者采取以下措施严格落实未成年人保护规定:①设置禁入标志;②履行告知义务;③落实"五必须"规定;④实施网络安全技术措施;⑤实施图像采集技术措施;⑥建立日常巡查制度。

本章小结

本章讲解了食品安全、娱乐场所和住宿业相关法规和案例,能够帮助经营者识别行程中的食品安全隐患,确保娱乐项目合规安全,提升住宿服务质量。通过掌握这些知识,经营者能更好地避免法律风险和旅游者投诉,满足旅游者的多样化需求,从而提升旅游者的满意度和忠诚度。

本章训练

一、知识训练

扫描二维码进行在线答题。

二、能力训练

本地拟评级饭店调研

1. 任务目的

通过实际调研和资料分析,深入了解旅游饭店星级评定相关政策法规,提高信息收集、分析和团队协作的能力。

2. 任务内容

对照旅游饭店星级评定的标准,通过对比调研饭店的实际情况,提出改进建议和方向。

3. 任务时间

2课时。

4. 任务方法

学生以6至8人为一组,明确各自角色和任务,并展开分工合作。

5. 任务阶段

(1) 在线调研:通过查阅网上资料,收集星级旅游饭店相关评定标准和本地星级旅游饭店的基本情况。

(2) 实地调研:在所在城市,选取一家拟评级的饭店进行实地走访,深入了解饭店的各方面情况。

(3) 分析与整理:对收集到的数据和信息进行分类汇总,通过小组讨论,分析当前饭店在星级评级方面的优势和劣势,对照评分表完成模拟打分,并提出改进建议和方向。

(4) 制作展示材料:每组制作一份PPT,并用于成果展示。

6. 任务成果

通过本次任务,学生不仅能掌握当地星级旅游饭店评级相关的政策法规,也能增强对本地饭店行业的了解,提高调研和分析能力。

第八章
资源保护，文遗共守
——旅游资源管理法律法规制度

本章概要

旅游资源管理法律法规制度主要针对旅游资源的开发、保护、管理和利用等方面。这些法律法规旨在促进旅游业的健康发展，保护旅游资源和环境，提高旅游服务质量，维护旅游者的合法权益。本章主要介绍《风景名胜区条例》《中华人民共和国自然保护区条例》《中华人民共和国文物保护法》《博物馆条例》《保护非物质文化遗产公约》《中华人民共和国非物质文化遗产法》《保护世界文化和自然遗产公约》等内容。

知识目标

(1) 了解《博物馆条例》关于博物馆开展社会服务的原则、设立条件、社会服务及其相关法律责任的规定。

(2) 了解《保护世界文化和自然遗产公约》关于文化遗产和自然遗产的定义、国家保护和国际保护，以及保护世界文化和自然遗产政府间委员会的规定。

(3) 了解《保护非物质文化遗产公约》关于非物质文化遗产的定义、缔约国的作用、其他保护措施的规定。

(4) 熟悉《风景名胜区条例》关于风景名胜区及其设立、保护、利用和管理、法律责任的规定。

(5) 熟悉《中华人民共和国非物质文化遗产法》关于非物质文化遗产及其保护措施和原则，非物质文化遗产代表性项目传承与传播的规定。

(6) 掌握《中华人民共和国自然保护区条例》关于自然保护区及其类别、设立条件、区域构成、管理及相关法律责任的规定。

(7) 掌握《中华人民共和国文物保护法》关于适用范围、文物工作方针、所有权归属，以及不可移动文物、民间收藏文物、文物出境及其相关法律责任的规定。

能力目标

(1) 能够践行《风景名胜区条例》《中华人民共和国自然保护区条例》《中华人民共和国文物保护法》《博物馆条例》《保护非物质文化遗产公约》《中华人民共和国非物质文化遗产法》《保护世界文化和自然遗产公约》的保护、管理和利用规定。

(2) 能够区分文物的种类和文物的所有权。

素养目标

(1) 引导学生在旅游资源管理和利用过程中树立法律意识,培养学生法律思维及法治理念。

(2) 引导学生树立"绿水青山就是金山银山"的理念,增强资源保护意识。

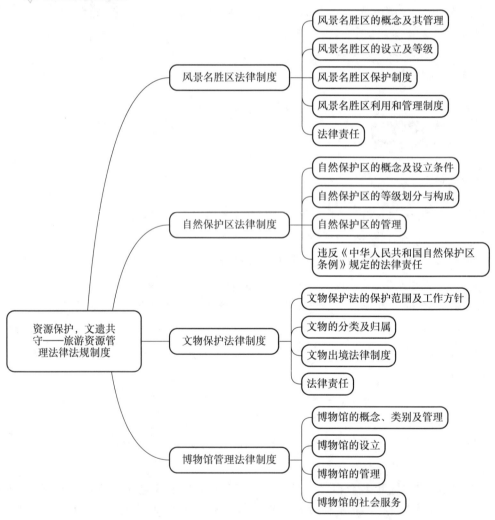

第八章 资源保护，文遗共守——旅游资源管理法律法规制度

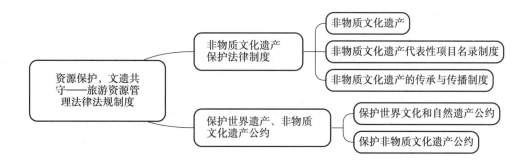

章节要点

风景名胜区法律制度、自然保护区法律制度、文物保护法律制度、博物馆管理法律制度、非物质文化遗产保护法律制度等。

章首案例

三清山巨蟒峰损毁案

三清山风景名胜区是世界自然遗产地、世界地质公园、国家5A级景区。巨蟒峰地质遗迹点位于其核心景区，是被世界纪录认证机构认证的"世界最高的天然蟒峰"，也是景区内珍贵的标志性景观。

2017年4月前后，张某明、毛某明、张某3人通过微信联系，约定共同前往攀爬巨蟒峰。2017年4月15日凌晨4时左右，张某明、毛某明、张某3人携带电钻、岩钉（即膨胀螺栓，不锈钢材质）、铁锤、绳索等工具到达巨蟒峰底部。张某明首先攀爬，毛某明、张某在下面拉住绳索保护其安全。张某明在攀爬过程中，在有危险的地方使用电钻在巨蟒峰岩体上钻孔，并用铁锤将岩钉打入孔内，再用扳手拧紧后，在岩钉上布置绳索。通过这种方式，张某明于早上6时49分左右攀爬至巨蟒峰顶部。随后，毛某明沿着张某明布好的绳索攀爬到巨蟒峰顶部。在峰顶，张某明将多余的工具交给毛某明。毛某明在将多余的工具带下山并送回宾馆后，又折返至巨蟒峰，攀爬至10多米处时，被三清山风景名胜区管委会工作人员发现并劝下，后被民警控制。张某在回宾馆拿无人机后，也返回巨蟒峰，同样沿着张某明布好的绳索于早上7时30分左右攀爬至巨蟒峰顶部。在工作人员的劝说下，张某、张某明先后于上午9时左右、9时40分左右下到巨蟒峰底部并被民警控制。经专家论证，他们的行为对巨蟒峰地质遗迹点造成了严重破坏。

2018年8月15日，江西省上饶市人民检察院以张某明等3人涉嫌故意损毁名胜古迹罪向江西省上饶市中级人民法院提起公诉。

（资料来源：《中国审判》2020年度十大典型案例之七）

思考：

案例中，张某明、毛某明、张某3人的行为是否违反《风景名胜区条例》的相关规定？他们将会面临着什么样的处罚？

第一节　风景名胜区法律制度

一、风景名胜区的概念及其管理

《风景名胜区条例》是为了加强对风景名胜区的管理，有效保护和合理利用风景名胜资源而制定的。《风景名胜区条例》于2006年9月19日公布，2016年2月修订。2023年11月14日，国家林业和草原局发布了《风景名胜区条例（修订草案）》（征求意见稿），公开征求社会各界意见。

（一）风景名胜区的概念

《风景名胜区条例》第二条规定，本条例所称风景名胜区，是指具有观赏、文化或者科学价值，自然景观、人文景观比较集中，环境优美，可供人们游览或者进行科学、文化活动的区域。

（二）风景名胜区的管理

1. 管理原则

《风景名胜区条例》第三条规定，国家对风景名胜区实行科学规划、统一管理、严格保护、永续利用的原则。

2. 管理部门

《风景名胜区条例》第五条规定，国务院建设主管部门负责全国风景名胜区的监督管理工作。国务院其他有关部门按照国务院规定的职责分工，负责风景名胜区的有关监督管理工作。省、自治区人民政府建设主管部门和直辖市人民政府风景名胜区主管部门，负责本行政区域内风景名胜区的监督管理工作。省、自治区、直辖市人民政府其他有关部门按照规定的职责分工，负责风景名胜区的有关监督管理工作。

《风景名胜区条例》第四条规定，风景名胜区所在地县级以上地方人民政府设置的风景名胜区管理机构，负责风景名胜区的保护、利用和统一管理工作。

二、风景名胜区的设立及等级

（一）风景名胜区的设立

《风景名胜区条例》第十条规定，设立国家级风景名胜区，由省、自治区、直辖市人民政府提出申请,国务院建设主管部门会同国务院环境保护主管部门、林业主管部门、文物主管部门等有关部门组织论证,提出审查意见,报国务院批准公布。设立省级风景名胜区,由县级人民政府提出申请,省、自治区人民政府建设主管部门或者直辖市人民政府风景名胜区主管部门,会同其他有关部门组织论证,提出审查意见,报省、自治区、直辖市人民政府批准公布。

《风景名胜区条例》第七条规定,设立风景名胜区,应当有利于保护和合理利用风景名胜资源。新设立的风景名胜区与自然保护区不得重合或者交叉;已设立的风景名胜区与自然保护区重合或者交叉的,风景名胜区规划与自然保护区规划应当相协调。

(二)风景名胜区的等级划分

《风景名胜区条例》第八条规定,风景名胜区划分为国家级风景名胜区和省级风景名胜区。自然景观和人文景观能够反映重要自然变化过程和重大历史文化发展过程,基本处于自然状态或者保持历史原貌,具有国家代表性的,可以申请设立国家级风景名胜区;具有区域代表性的,可以申请设立省级风景名胜区。

三、风景名胜区保护制度

保护风景名胜区是颁布《风景名胜区条例》的主要目的,也是风景名胜区工作的核心内容。风景名胜区保护制度涉及风景名胜区的保护原则、保护机构及其职责、居民及游览者的义务、禁止性行为、活动的审批、风景名胜区的动态监控等。

(一)风景名胜区的保护原则

《风景名胜区条例》第二十四条第一款规定,风景名胜区内的景观和自然环境,应当根据可持续发展的原则,严格保护,不得破坏或者随意改变。

(二)保护机构及其职责

依据《风景名胜区条例》第二十四第二款、第二十五条的规定,风景名胜区管理机构是风景名胜资源保护的责任主体,应当建立健全风景名胜资源保护的各项管理制度,对风景名胜区内的重要景观进行调查、鉴定,并制定相应的保护措施。

(三)居民及游览者的义务

《风景名胜区条例》第二十四条第三款规定,风景名胜区内的居民和游览者应当保护风景名胜区的景物、水体、林草植被、野生动物和各项设施。

(四)禁止性行为

(1)《风景名胜区条例》第二十六条规定,在风景名胜区内禁止进行下列活动:①开山、采石、开矿、开荒、修坟立碑等破坏景观、植被和地形地貌的活动;②修建储存爆炸性、易燃性、放射性、毒害性、腐蚀性物品的设施;③在景物或者设施上刻划、涂污;④乱

知识活页

我国风景名胜区概况

扔垃圾。

(2)《风景名胜区条例》第二十七条规定,禁止违反风景名胜区规划,在风景名胜区内设立各类开发区和在核心景区内建设宾馆、招待所、培训中心、疗养院以及与风景名胜资源保护无关的其他建筑物;已经建设的,应当按照风景名胜区规划,逐步迁出。

(五)活动的审批

《风景名胜区条例》第二十八条规定,在风景名胜区内从事本条例第二十六条、第二十七条禁止范围以外的建设活动,应当经风景名胜区管理机构审核后,依照有关法律、法规的规定办理审批手续。在国家级风景名胜区内修建缆车、索道等重大建设工程,项目的选址方案应当报省、自治区人民政府建设主管部门和直辖市人民政府风景名胜区主管部门核准。

《风景名胜区条例》第二十九条规定,在风景名胜区内进行下列活动,应当经风景名胜区管理机构审核后,依照有关法律、法规的规定报有关主管部门批准:①设置、张贴商业广告;②举办大型游乐等活动;③改变水资源、水环境自然状态的活动;④其他影响生态和景观的活动。

(六)风景名胜区的动态监测

《风景名胜区条例》第三十一条规定,国家建立风景名胜区管理信息系统,对风景名胜区规划实施和资源保护情况进行动态监测。

国家级风景名胜区所在地的风景名胜区管理机构应当每年向国务院建设主管部门报送风景名胜区规划实施和土地、森林等自然资源保护的情况;国务院建设主管部门应当将土地、森林等自然资源保护的情况,及时抄送国务院有关部门。

四、风景名胜区利用和管理制度

(一)开发利用原则

《风景名胜区条例》第三十二条规定,风景名胜区管理机构应当根据风景名胜区的特点,保护民族民间传统文化,开展健康有益的游览观光和文化娱乐活动,普及历史文化和科学知识。

(二)监督检查和评估

《风景名胜区条例》第三十五条规定,国务院建设主管部门应当对国家级风景名胜区的规划实施情况、资源保护状况进行监督检查和评估。对发现的问题,应当及时纠正、处理。

(三)安全保障制度

《风景名胜区条例》第三十六条规定,风景名胜区管理机构应当建立健全安全保障制度,加强安全管理,保障游览安全,并督促风景名胜区内的经营单位接受有关部门依据法律、法规进行的监督检查。

禁止超过允许容量接纳游客和在没有安全保障的区域开展游览活动。

(四) 门票和资源有偿使用

《风景名胜区条例》第三十七条第一款规定,进入风景名胜区的门票,由风景名胜区管理机构负责出售。门票价格依照有关价格的法律、法规的规定执行。

《风景名胜区条例》第三十八条规定,风景名胜区的门票收入和风景名胜资源有偿使用费,实行收支两条线管理。风景名胜区的门票收入和风景名胜资源有偿使用费应当专门用于风景名胜资源的保护和管理以及风景名胜区内财产的所有权人、使用权人损失的补偿。

(五) 经营项目的管理

《风景名胜区条例》第三十七条第二款规定,风景名胜区内的交通、服务等项目,应当由风景名胜区管理机构依照有关法律、法规和风景名胜区规划,采用招标等公平竞争的方式确定经营者。

《风景名胜区条例》第三十七条第三款规定,风景名胜区管理机构应当与经营者签订合同,依法确定各自的权利义务。经营者应当缴纳风景名胜资源有偿使用费。

《风景名胜区条例》第三十九条规定,风景名胜区管理机构不得从事以营利为目的的经营活动,不得将规划、管理和监督等行政管理职能委托给企业或者个人行使。风景名胜区管理机构的工作人员,不得在风景名胜区内的企业兼职。

五、法律责任

(一) 违反风景名胜区禁止性规定的法律责任

《风景名胜区条例》第四十条规定,有下列行为之一的,由风景名胜区管理机构责令停止违法行为、恢复原状或者限期拆除,没收违法所得,并处50万元以上100万元以下的罚款:①在风景名胜区内进行开山、采石、开矿等破坏景观、植被、地形地貌的活动的;②在风景名胜区内修建储存爆炸性、易燃性、放射性、毒害性、腐蚀性物品的设施的;③在核心景区内建设宾馆、招待所、培训中心、疗养院以及与风景名胜资源保护无关的其他建筑物的。县级以上地方人民政府及其有关主管部门批准实施本条第一款规定的行为的,对直接负责的主管人员和其他直接责任人员依法给予降级或者撤职的处分;构成犯罪的,依法追究刑事责任。

《风景名胜区条例》第四十三条规定,个人在风景名胜区内进行开荒、修坟立碑等破坏景观、植被、地形地貌的活动的,由风景名胜区管理机构责令停止违法行为、限期恢复原状或者采取其他补救措施，没收违法所得，并处1000元以上1万元以下的罚款。

《风景名胜区条例》第四十四条规定，在景物、设施上刻划、涂污或者在风景名胜区内乱扔垃圾的，由风景名胜区管理机构责令恢复原状或者采取其他补救措施，处50元的罚款；刻划、涂污或者以其他方式故意损坏国家保护的文物、名胜古迹的，按照《中华人民共和国治安管理处罚法》的有关规定予以处罚；构成犯罪的，依法追究刑事责任。

（二）违反风景名胜区条例审批制度的法律责任

《风景名胜区条例》第四十一条规定，在风景名胜区内从事禁止范围以外的建设活动，未经风景名胜区管理机构审核的，由风景名胜区管理机构责令停止建设、限期拆除，对个人处2万元以上5万元以下的罚款，对单位处20万元以上50万元以下的罚款。

《风景名胜区条例》第四十二条规定，在国家级风景名胜区内修建缆车、索道等重大建设工程，项目的选址方案未经省、自治区人民政府建设主管部门和直辖市人民政府风景名胜区主管部门核准，县级以上地方人民政府有关部门核发选址意见书的，对直接负责的主管人员和其他直接责任人员依法给予处分；构成犯罪的，依法追究刑事责任。

《风景名胜区条例》第四十五条规定，未经风景名胜区管理机构审核，在风景名胜区内进行下列活动的，由风景名胜区管理机构责令停止违法行为、限期恢复原状或者采取其他补救措施，没收违法所得，并处5万元以上10万元以下的罚款；情节严重的，并处10万元以上20万元以下的罚款：①设置、张贴商业广告的；②举办大型游乐等活动的；③改变水资源、水环境自然状态的活动的；④其他影响生态和景观的活动的。

（三）违反风景名胜区利用管理相关规定的法律责任

《风景名胜区条例》第四十六条规定，施工单位在施工过程中，对周围景物、水体、林草植被、野生动物资源和地形地貌造成破坏的，由风景名胜区管理机构责令停止违法行为、限期恢复原状或者采取其他补救措施，并处2万元以上10万元以下的罚款；逾期未恢复原状或者采取有效措施的，由风景名胜区管理机构责令停止施工。

《风景名胜区条例》第四十八条规定，风景名胜区管理机构有下列行为之一的，由设立该风景名胜区管理机构的县级以上地方人民政府责令改正；情节严重的，对直接负责的主管人员和其他直接责任人员给予降级或者撤职的处分；构成犯罪的，依法追究刑事责任：①超过允许容量接纳游客或者在没有安全保障的区域开展游览活动的；②未设置风景名胜区标志和路标、安全警示等标牌的；③从事以营利为目的的经营活动的；④将规划、管理和监督等行政管理职能委托给企业或者个人行使的；⑤允许风景名胜区管理机构的工作人员在风景名胜区内的企业兼职的；⑥审核同意在风景名胜区内进行不符合风景名胜区规划的建设活动的；⑦发现违法行为不予查处的。

第二节 自然保护区法律制度

一、自然保护区的概念及设立条件

《中华人民共和国自然保护区条例》是为了加强自然保护区的建设和管理,保护自然环境和自然资源而制定的。《中华人民共和国自然保护区条例》于1994年10月9日发布,历经2011年、2017年两次修订。2023年3月31日,《自然保护区条例(修订草案)》经自然资源部第一次部务会议审议通过,正式上报国务院,进入行政法规立法程序。

微课

自然保护区的保护和合理利用

(一)自然保护区的概念

《中华人民共和国自然保护区条例》第二条规定,本条例所称自然保护区,是指对有代表性的自然生态系统、珍稀濒危野生动植物物种的天然集中分布区、有特殊意义的自然遗迹等保护对象所在的陆地、陆地水体或者海域,依法划出一定面积予以特殊保护和管理的区域。

从以上的规定可以看出,要成为自然保护需要满足两个条件:一是必须是有代表性的、有特殊性的区域;二是这个区域是珍稀濒危野生动植物物种的天然集中分布区,自然遗迹等保护对象所在的陆地、陆地水体或者海域。

(二)自然保护区的设立条件

《中华人民共和国自然保护区条例》第十条规定,凡具有下列条件之一的,应当建立自然保护区:①典型的自然地理区域、有代表性的自然生态系统区域以及已经遭受破坏但经保护能够恢复的同类自然生态系统区域;②珍稀、濒危野生动植物物种的天然集中分布区域;③具有特殊保护价值的海域、海岸、岛屿、湿地、内陆水域、森林、草原和荒漠;④具有重大科学文化价值的地质构造、著名溶洞、化石分布区、冰川、火山、温泉等自然遗迹;⑤经国务院或者省、自治区、直辖市人民政府批准,需要予以特殊保护的其他自然区域。

二、自然保护区的等级划分与构成

(一)自然保护区的等级划分

《中华人民共和国自然保护区条例》第十一条规定,自然保护区分为国家级自然保护区和地方级自然保护区。在国内外有典型意义、在科学上有重大国际影响或者有特殊科学研究价值的自然保护区,列为国家级自然保护区。除列为国家级自然保护区的外,其他具有典型意义或者重要科学研究价值的自然保护区列为地方级自然保护区。

(二)自然保护区的区域构成

《中华人民共和国自然保护区条例》第十八条第一款规定,自然保护区可以分为核心区、缓冲区和实验区。

1. 核心区

核心区是自然保护区内保存完好的天然状态的生态系统以及珍稀、濒危动植物的集中分布地。非经批准,禁止任何单位和个人进入,也不允许进入从事科学研究活动。

2. 缓冲区

缓冲区是在核心区外围划定的一定面积的区域,只准进入从事科学研究观测活动。

3. 实验区

实验区指缓冲区的外围区域,可以进入从事科学试验、教学实习、参观考察、旅游以及驯化、繁殖珍稀、濒危野生动植物等活动。

同步案例

自然保护区内非法大面积种植速生丰产林

湖南东洞庭湖国家级自然保护区内有多种鸟类和湿地植物,以珍稀水禽及湿地生态系统为保护对象,还有独特的湖洲滩涂生态系统和景观,是我国第一批列入国际重要湿地目录的湿地保护区。保护区内大面积种植了杨树速生林,缓冲区、核心区均种植有意大利杨,其中在核心区栽种意大利杨1000多亩①。这种非法种植行为违反了《自然保护区条例》。

(资料来源:中华人民共和国生态环境部网站)

三、自然保护区的管理

(一)自然保护区的管理机构

《中华人民共和国自然保护区条例》第八条规定,国家对自然保护区实行综合管理与分部门管理相结合的管理体制。国务院环境保护行政主管部门负责全国自然保护区的综合管理。国务院林业、农业、地质矿产、水利、海洋等有关行政主管部门在各自的职责范围内,主管有关的自然保护区。县级以上地方人民政府负责自然保护区管理的部门的设置和职责,由省、自治区、直辖市人民政府根据当地具体情况确定。

---

① 1亩约等于666.667平方米。

《中华人民共和国自然保护区条例》第二十一条规定,国家级自然保护区,由其所在地的省、自治区、直辖市人民政府有关自然保护区行政主管部门或者国务院有关自然保护区行政主管部门管理。地方级自然保护区,由其所在地的县级以上地方人民政府有关自然保护区行政主管部门管理。有关自然保护区行政主管部门应当在自然保护区内设立专门的管理机构,配备专业技术人员,负责自然保护区的具体管理工作。

(二)自然保护区管理机构的管理职责

《中华人民共和国自然保护区条例》第二十二条规定,自然保护区管理机构的主要职责是:①贯彻执行国家有关自然保护的法律、法规和方针、政策;②制定自然保护区的各项管理制度,统一管理自然保护区;③调查自然资源并建立档案,组织环境监测,保护自然保护区内的自然环境和自然资源;④组织或者协助有关部门开展自然保护区的科学研究工作;⑤进行自然保护的宣传教育;⑥在不影响保护自然保护区的自然环境和自然资源的前提下,组织开展参观、旅游等活动。

(三)自然保护区的管理制度

凡在中华人民共和国领域和中华人民共和国管辖的其他海域内建设和管理自然保护区,都必须遵守《中华人民共和国自然保护区条例》。对于自然保护区的管理,《中华人民共和国自然保护区条例》主要规定了以下三个方面的内容。

1. 范围和界线的确定

《中华人民共和国自然保护区条例》第十四条规定,自然保护区的范围和界线由批准建立自然保护区的人民政府确定,并标明区界,予以公告。

2. 自然保护区的规划

《中华人民共和国自然保护区条例》第十七条规定,国务院环境保护行政主管部门应当会同国务院有关自然保护区行政主管部门,在对全国自然环境和自然资源状况进行调查和评价的基础上,拟订国家自然保护区发展规划,经国务院计划部门综合平衡后,报国务院批准实施。

3. 自然保护区管理的禁止性和义务性规定

《中华人民共和国自然保护区条例》第二十六条规定,禁止在自然保护区内进行砍伐、放牧、狩猎、捕捞、采药、开垦、烧荒、开矿、采石、挖沙等活动;但是,法律、行政法规另有规定的除外。

《中华人民共和国自然保护区条例》第二十八条规定,禁止在自然保护区的缓冲区开展旅游和生产经营活动。因教学科研的目的,需要进入自然保护区的缓冲区从事非破坏性的科学研究、教学实习和标本采集活动的,应当事先向自然保护区管理机构提交申请和活动计划,经自然保护区管理机构批准。

《中华人民共和国自然保护区条例》第三十二条规定,在自然保护区的核心区和缓冲区内,不得建设任何生产设施。在自然保护区的实验区内,不得建设污染环境、破坏资源或者景观的生产设施。

《中华人民共和国自然保护区条例》第二十五条规定,在自然保护区内的单位、居民和经批准进入自然保护区的人员,必须遵守自然保护区的各项管理制度,接受自然保护区管理机构的管理。

《中华人民共和国自然保护区条例》第三十一条规定,外国人进入自然保护区,应当事先向自然保护区管理机构提交活动计划,并经自然保护区管理机构批准;其中,进入国家级自然保护区的,应当经省、自治区、直辖市环境保护、海洋、渔业等有关自然保护区行政主管部门按照各自职责批准。进入自然保护区的外国人,应当遵守有关自然保护区的法律、法规和规定,未经批准,不得在自然保护区内从事采集标本等活动。

四、违反《中华人民共和国自然保护区条例》规定的法律责任

《中华人民共和国自然保护区条例》第三十四条规定,有下列行为之一的单位和个人,由自然保护区管理机构责令其改正,并可以根据不同情节处以100元以上5000元以下的罚款:①擅自移动或者破坏自然保护区界标的;②未经批准进入自然保护区或者在自然保护区内不服从管理机构管理的;③经批准在自然保护区的缓冲区内从事科学研究、教学实习和标本采集的单位和个人,不向自然保护区管理机构提交活动成果副本的。

《中华人民共和国自然保护区条例》第三十五条规定,在自然保护区进行砍伐、放牧、狩猎、捕捞、采药、开垦、烧荒、开矿、采石、挖沙等活动的单位和个人,除可以依照有关法律、行政法规规定给予处罚的以外,由县级以上人民政府有关自然保护区行政主管部门或者其授权的自然保护区管理机构没收违法所得,责令停止违法行为,限期恢复原状或者采取其他补救措施;对自然保护区造成破坏的,可以处以300元以上1万元以下的罚款。

《中华人民共和国自然保护区条例》第三十六条规定,自然保护区管理机构违反本条例规定,拒绝环境保护行政主管部门或者有关自然保护区行政主管部门监督检查,或者在被检查时弄虚作假的,由县级以上人民政府环境保护行政主管部门或者有关自然保护区行政主管部门给予300元以上3000元以下的罚款。

《中华人民共和国自然保护区条例》第三十七条规定,自然保护区管理机构违反本条例规定,有下列行为之一的,由县级以上人民政府有关自然保护区行政主管部门责令限期改正;对直接责任人员,由其所在单位或者上级机关给予行政处分:①开展参观、旅游活动未编制方案或者编制的方案不符合自然保护区管理目标的;②开设与自然保护区保护方向不一致的参观、旅游项目的;③不按照编制的方案开展参观、旅游活动的;④违法批准人员进入自然保护区的核心区,或者违法批准外国人进入自然保护区的;⑤有其他滥用职权、玩忽职守、徇私舞弊行为的。

第三节 文物保护法律制度

一、文物保护法的保护范围及工作方针

《中华人民共和国文物保护法》是为了加强对文物的保护,继承中华民族优秀的历史文化遗产,促进科学研究工作,进行爱国主义和革命传统教育,加强社会主义物质文明和精神文明建设而制定的。《中华人民共和国文物保护法》于1982年11月19日第五届全国人民代表大会常务委员会第二十五次会议通过,历经1991年、2007年、2013年、2015年、2017年五次修正,2002年和2024年两次修订。

(一)保护范围

《中华人民共和国文物保护法》第二条规定,文物受国家保护。本法所称文物,是指人类创造的或者与人类活动有关的,具有历史、艺术、科学价值的下列物质遗存:①古文化遗址、古墓葬、古建筑、石窟寺和古石刻、古壁画;②与重大历史事件、革命运动或者著名人物有关的以及具有重要纪念意义、教育意义或者史料价值的近代现代重要史迹、实物、代表性建筑;③历史上各时代珍贵的艺术品、工艺美术品;④历史上各时代重要的文献资料、手稿和图书资料等;⑤反映历史上各时代、各民族社会制度、社会生产、社会生活的代表性实物。此外,具有科学价值的古脊椎动物化石和古人类化石同文物一样受国家保护。

(二)文物工作方针

《中华人民共和国文物保护法》第四条规定,文物工作坚持中国共产党的领导,坚持以社会主义核心价值观为引领,贯彻保护为主、抢救第一、合理利用、加强管理的方针。

二、文物的分类及归属

(一)文物的分类

文物按照不同的存续方式可以分为可移动文物和不可移动文物,按照保护方式可以分为馆藏文物和民间收藏文物。

1. 可移动文物和不可移动文物

1)可移动文物

可移动文物是指历史上各时代重要实物、艺术品、工艺美术品、文献资料、手稿、图

微课

文物及文物的分类

书资料、代表性实物等,分为珍贵文物和一般文物。其中,珍贵文物分为一级文物、二级文物、三级文物。

2)不可移动文物

不可移动文物主要包括古文化遗址、古墓葬、古建筑、石窟寺、古石刻、古壁画、近代现代重要史迹和代表性建筑等,分为文物保护单位和未核定公布为文物保护单位的不可移动文物。其中,文物保护单位分为全国重点文物保护单位,省级文物保护单位,设区的市级、县级文物保护单位。

2. 馆藏文物和民间收藏文物

1)馆藏文物

馆藏文物是指博物馆、图书馆和其他文物收藏单位收藏的具有文化价值的物品、物件等。《中华人民共和国文物保护法》第五十一条规定,博物馆、图书馆和其他文物收藏单位对其收藏的文物(以下称馆藏文物),必须按照国家有关文物定级标准区分文物等级,设置档案,建立严格的管理制度,并报主管的文物行政部门备案。县级以上地方人民政府文物行政部门应当建立本行政区域内的馆藏文物档案;国务院文物行政部门应当建立全国馆藏一级文物档案和其主管的国有文物收藏单位馆藏文物档案。

《中华人民共和国文物保护法》第五十二条规定,文物收藏单位可以通过下列方式取得文物:①购买;②接受捐赠;③依法交换;④法律、行政法规规定的其他方式。国有文物收藏单位还可以通过文物行政部门指定收藏或者调拨方式取得文物。

2)民间收藏文物

民间收藏文物是指文物收藏单位以外的公民、法人和其他组织通过一定方式取得的收藏的文物。《中华人民共和国文物保护法》第六十七条规定,文物收藏单位以外的公民、组织可以收藏通过下列方式取得的文物:①依法继承或者接受赠与;②从文物销售单位购买;③通过经营文物拍卖的拍卖企业购买;④公民个人合法所有的文物相互交换或者依法转让;⑤国家规定的其他合法方式。文物收藏单位以外的公民、组织收藏的前款文物可以依法流通。

《中华人民共和国文物保护法》第六十八条规定,禁止买卖下列文物:①国有文物,但是国家允许的除外;②国有不可移动文物中的壁画、雕塑、建筑构件等,但是依法拆除的国有不可移动文物中的壁画、雕塑、建筑构件等不属于本法第三十一条第四款规定的应由文物收藏单位收藏的除外;③非国有馆藏珍贵文物;④国务院有关部门通报或者公告的被盗文物以及其他来源不符合本法第六十七条规定的文物;⑤外国政府、相关国际组织按照有关国际公约通报或者公告的流失文物。

(二)文物所有权归属

《中华人民共和国文物保护法》第五条规定,中华人民共和国境内地下、内水和领海中遗存的一切文物,以及中国管辖的其他海域内遗存的起源于中国的和起源国不明的文物,属于国家所有。古文化遗址、古墓葬、石窟寺属于国家所有。国家指定保护的纪念建筑物、古建筑、古石刻、古壁画、近代现代代表性建筑等不可移动文物,除国家另有规定的以外,属于国家所有。国有不可移动文物的所有权不因其所依附的土地的所有权或者使用权的改变而改变。

《中华人民共和国文物保护法》第六条规定,下列可移动文物,属于国家所有:①中国境内地下、内水和领海以及中国管辖的其他海域内出土、出水的文物,国家另有规定的除外;②国有文物收藏单位以及其他国家机关、部队和国有企业、事业单位等收藏、保管的文物;③国家征集、购买或者依法没收的文物;④公民、组织捐赠给国家的文物;⑤法律规定属于国家所有的其他文物。国有可移动文物的所有权不因其收藏、保管单位的终止或者变更而改变。

《中华人民共和国文物保护法》第七条第二款规定,属于集体所有和私人所有的纪念建筑物、古建筑和祖传文物以及依法取得的其他文物,其所有权受法律保护。文物的所有者必须遵守国家有关文物保护的法律、法规的规定。

同步案例

在自家承包的山地中挖到青铜器

2020年10月25日,陈某旺在湖北省黄石市阳新县某村自家承包的山地中拾捡到一件青铜器后,没有向有关部门报告,而是私自进行再挖掘,先后共挖出9件青铜编甬钟,其中有3件因挖掘受损。2021年5月,陈某旺在非法倒卖青铜编甬钟时被九江市公安机关当场抓获。

(资料来源:央视财经频道《经济信息联播》栏目)

点评

8-2

三、文物出境法律制度

《中华人民共和国文物保护法》第七十七条规定,国有文物、非国有文物中的珍贵文物和国家禁止出境的其他文物,不得出境;依照本法规定出境展览,或者因特殊需要经国务院批准出境的除外。

《中华人民共和国文物保护法》第七十八条规定,文物出境,应当经国务院文物行政部门指定的文物进出境审核机构审核。经审核允许出境的文物,由国务院文物行政部门颁发文物出境许可证,从国务院文物行政部门指定的口岸出境。任何单位或者个人运送、邮寄、携带文物出境,应当向海关申报;海关凭文物出境许可证放行。

《中华人民共和国文物保护法》第七十九条规定,文物出境展览,应当报国务院文物行政部门批准;一级文物超过国务院规定数量的,应当报国务院批准。一级文物中的孤品和易损品,禁止出境展览。出境展览的文物出境,由文物进出境审核机构审核、登记。海关凭国务院文物行政部门或者国务院的批准文件放行。出境展览的文物复进境,由原审核、登记的文物进出境审核机构审核查验。

《中华人民共和国文物保护法》第八十条规定,文物临时进境,应当向海关申报,并报文物进出境审核机构审核、登记。文物进出境审核机构发现临时进境的文物属于本法第六十八条规定的文物的,应当向国务院文物行政部门报告并通报海关。临时进境的文物复出境,必须经原审核、登记的文物进出境审核机构审核查验;经审核查验无误的,由国务院文物行政部门颁发文物出境许可证,海关凭文物出境许可证放行。

四、法律责任

1. 民事责任

《中华人民共和国文物保护法》第九十六条规定,违反本法规定,损害他人民事权益的,依法承担民事责任。

同步案例

私自买卖祖传的青花瓷瓶

个体工商户刘某家中有一对祖传的青花瓷瓶,一名美籍游客在他购物的时候看到橱窗中放置的青花瓷瓶很喜欢,欲出高价购买,刘某想到最近生意惨淡,急需资金周转,于是同意将青花瓷瓶以每只10000元的价格卖给该美籍游客。刘某的行为是否合法?

(资料来源:百度文库)

点评
8-3

2. 刑事责任

《中华人民共和国文物保护法》第九十六条规定,构成违反治安管理行为的,由公安机关依法给予治安管理处罚;构成犯罪的,依法追究刑事责任。

3. 行政责任

《中华人民共和国文物保护法》第八十八条规定,买卖国家禁止买卖的文物或者将国家禁止出境的文物转让、出租、抵押、质押给境外组织或者个人的,由县级以上人民政府文物行政部门责令改正,没收违法所得、非法经营的文物;违法经营额5000元以上的,并处违法经营额2倍以上10倍以下的罚款;没有违法经营额或者违法经营额不足5000元的,并处1万元以上5万元以下的罚款。文物销售单位、文物拍卖企业有前款规定的违法行为的,由县级以上人民政府文物行政部门没收违法所得、非法经营的文物;违法经营额3万元以上的,并处违法经营额2倍以上10倍以下的罚款;没有违法经营额或者违法经营额不足3万元的,并处5万元以上25万元以下的罚款;情节严重的,由原发证机关吊销许可证书。

《中华人民共和国文物保护法》第九十一条规定,有下列行为之一的,由县级以上人民政府文物行政部门会同公安机关、海上执法机关追缴文物,给予警告;情节严重的,对单位处10万元以上300万元以下的罚款,对个人处5000元以上5万元以下的罚款:①发现文物隐匿不报或者拒不上交;②未按照规定移交拣选文物。

《中华人民共和国文物保护法》第九十二条规定,文物进出境未依照本法规定申报的,由海关或者海上执法机关依法给予处罚。

第四节　博物馆管理法律制度

一、博物馆的概念、类别及管理

《博物馆条例》是为了促进博物馆事业发展,发挥博物馆功能,满足公民精神文化需求,提高公民思想道德和科学文化素质而制定的。《博物馆条例》于2015年2月9日公布,自2015年3月20日起施行。

（一）博物馆的概念

《博物馆条例》第二条规定,本条例所称博物馆,是指以教育、研究和欣赏为目的,收藏、保护并向公众展示人类活动和自然环境的见证物,经登记管理机关依法登记的非营利组织。

（二）博物馆的类别

博物馆包括国有博物馆和非国有博物馆。其中,利用或者主要利用国有资产设立的博物馆为国有博物馆;利用或者主要利用非国有资产设立的博物馆为非国有博物馆。国家在博物馆的设立条件、提供社会服务、规范管理、专业技术职称评定、财税扶持政策等方面,公平对待国有和非国有博物馆。

（三）博物馆的管理

《博物馆条例》第七条规定,国家文物主管部门负责全国博物馆监督管理工作。国务院其他有关部门在各自职责范围内负责有关的博物馆管理工作。县级以上地方人民政府文物主管部门负责本行政区域的博物馆监督管理工作。县级以上地方人民政府其他有关部门在各自职责范围内负责本行政区域内有关的博物馆管理工作。

《博物馆条例》第八条规定,博物馆行业组织应当依法制定行业自律规范,维护会员的合法权益,指导、监督会员的业务活动,促进博物馆事业健康发展。

二、博物馆的设立

（一）博物馆的设立条件

《博物馆条例》第十条规定,设立博物馆,应当具备下列条件:①固定的馆址以及符合国家规定的展室、藏品保管场所;②相应数量的藏品以及必要的研究资料,并能够形成陈列展览体系;③与其规模和功能相适应的专业技术人员;④必要的办馆资金和稳定的运行经费来源;⑤确保观众人身安全的设施、制度及应急预案。博物馆馆舍建设应当坚持新建馆舍和改造现有建筑相结合,鼓励利用名人故居、工业遗产等作为博物馆馆舍。新建、改建馆舍应当提高藏品展陈和保管面积占总面积的比重。

(二)博物馆的章程制定

《博物馆条例》第十一条规定,设立博物馆,应当制定章程。博物馆章程应当包括下列事项:①博物馆名称、馆址;②办馆宗旨及业务范围;③组织管理制度,包括理事会或者其他形式决策机构的产生办法、人员构成、任期、议事规则等;④藏品展示、保护、管理、处置的规则;⑤资产管理和使用规则;⑥章程修改程序;⑦终止程序和终止后资产的处理;⑧其他需要由章程规定的事项。

(三)博物馆的备案制度

1. 国有博物馆

《博物馆条例》第十二条规定,国有博物馆的设立、变更、终止依照有关事业单位登记管理法律、行政法规的规定办理,并应当向馆址所在地省、自治区、直辖市人民政府文物主管部门备案。

2. 古生物化石博物馆

《博物馆条例》第十三条规定,藏品属于古生物化石的博物馆,其设立、变更、终止应当遵守有关古生物化石保护法律、行政法规的规定,并向馆址所在地省、自治区、直辖市人民政府文物主管部门备案。

3. 非国有博物馆

《博物馆条例》第十四条规定,设立藏品不属于古生物化石的非国有博物馆的,应当向馆址所在地省、自治区、直辖市人民政府文物主管部门备案,并提交下列材料:①博物馆章程草案;②馆舍所有权或者使用权证明,展室和藏品保管场所的环境条件符合藏品展示、保护、管理需要的论证材料;③藏品目录、藏品概述及藏品合法来源说明;④出资证明或者验资报告;⑤专业技术人员和管理人员的基本情况;⑥陈列展览方案。

《博物馆条例》第十五条规定,设立藏品不属于古生物化石的非国有博物馆的,应当到有关登记管理机关依法办理法人登记手续。前款规定的非国有博物馆变更、终止的,应当到有关登记管理机关依法办理变更登记、注销登记,并向馆址所在地省、自治区、直辖市人民政府文物主管部门备案。

三、博物馆的管理

（一）经营管理

《博物馆条例》第十九条规定，博物馆依法管理和使用的资产，任何组织或者个人不得侵占。博物馆不得从事文物等藏品的商业经营活动。博物馆从事其他商业经营活动，不得违反办馆宗旨，不得损害观众利益。博物馆从事其他商业经营活动的具体办法由国家文物主管部门制定。

（二）藏品管理

《博物馆条例》第二十条规定，博物馆接受捐赠的，应当遵守有关法律、行政法规的规定。博物馆可以依法以举办者或者捐赠者的姓名、名称命名博物馆的馆舍或者其他设施；非国有博物馆还可以依法以举办者或者捐赠者的姓名、名称作为博物馆馆名。

《博物馆条例》第二十一条规定，博物馆可以通过购买、接受捐赠、依法交换等法律、行政法规规定的方式取得藏品，不得取得来源不明或者来源不合法的藏品。

《博物馆条例》第二十二条规定，博物馆应当建立藏品账目及档案。藏品属于文物的，应当区分文物等级，单独设置文物档案，建立严格的管理制度，并报文物主管部门备案。未依照前款规定建账、建档的藏品，不得交换或者出借。

《博物馆条例》第二十四条规定，博物馆应当加强对藏品的安全管理，定期对保障藏品安全的设备、设施进行检查、维护，保证其正常运行。对珍贵藏品和易损藏品应当设立专库或者专用设备保存，并由专人负责保管。

《博物馆条例》第二十五条规定，博物馆藏品属于国有文物、非国有文物中的珍贵文物和国家规定禁止出境的其他文物的，不得出境，不得转让、出租、质押给外国人。国有博物馆藏品属于文物的，不得赠与、出租或者出售给其他单位和个人。

《博物馆条例》第二十七条规定，博物馆藏品属于文物或者古生物化石的，其取得、保护、管理、展示、处置、进出境等还应当分别遵守有关文物保护、古生物化石保护的法律、行政法规的规定。

四、博物馆的社会服务

（一）公众开放制度

《博物馆条例》第二十八条规定，博物馆应当自取得登记证书之日起6个月内向公众开放。

《博物馆条例》第二十九条规定，博物馆应当向公众公告具体开放时间。在国家法定节假日和学校寒暑假期间，博物馆应当开放。

《博物馆条例》第三十三条规定，国家鼓励博物馆向公众免费开放。县级以上人民政府应当对向公众免费开放的博物馆给予必要的经费支持。博物馆未实行免费开放的,其门票、收费的项目和标准按照国家有关规定执行,并在收费地点的醒目位置予以公布。博物馆未实行免费开放的,应当对未成年人、成年学生、教师、老年人、残疾人和军人等实行免费或者其他优惠。博物馆实行优惠的项目和标准应当向公众公告。

《博物馆条例》第四十一条规定,博物馆自取得登记证书之日起6个月内未向公众开放,或者未依照本条例的规定实行免费或者其他优惠的,由省、自治区、直辖市人民政府文物主管部门责令改正;拒不改正的,由登记管理机关撤销登记。

(二)陈列展览

《博物馆条例》第三十条规定,博物馆举办陈列展览,应当遵守下列规定:①主题和内容应当符合宪法所确定的基本原则和维护国家安全与民族团结、弘扬爱国主义、倡导科学精神、普及科学知识、传播优秀文化、培养良好风尚、促进社会和谐、推动社会文明进步的要求;②与办馆宗旨相适应,突出藏品特色;③运用适当的技术、材料、工艺和表现手法,达到形式与内容的和谐统一;④展品以原件为主,使用复制品、仿制品应当明示;⑤采用多种形式提供科学、准确、生动的文字说明和讲解服务;⑥法律、行政法规的其他有关规定。陈列展览的主题和内容不适宜未成年人的,博物馆不得接纳未成年人。

《博物馆条例》第三十一条规定,博物馆举办陈列展览的,应当在陈列展览开始之日10个工作日前,将陈列展览主题、展品说明、讲解词等向陈列展览举办地的文物主管部门或者其他有关部门备案。各级人民政府文物主管部门和博物馆行业组织应当加强对博物馆陈列展览的指导和监督。

《博物馆条例》第三十九条规定,博物馆取得来源不明或者来源不合法的藏品,或者陈列展览的主题、内容造成恶劣影响的,由省、自治区、直辖市人民政府文物主管部门或者有关登记管理机关按照职责分工,责令改正,有违法所得的,没收违法所得,并处违法所得2倍以上5倍以下罚款;没有违法所得的,处5000元以上2万元以下罚款;情节严重的,由登记管理机关撤销登记。

民间博物馆非法购买文物案

某博物馆是一家2007年在甘肃省天水市登记成立的民营博物馆,张某为其法定代表人。2017年4月,陕西省淳化县公安局以涉嫌掩饰、隐瞒犯罪所得收益罪将张某刑事拘留,次月执行逮捕。张某被捕与一个盗墓团伙的落网有关。2016年7月,陕西省淳化县境内一古代墓葬传出将被盗掘的消息。当地警方循线追踪,挖出盗墓团伙。最终,人称"西北盗墓第一人"的孟某落网。

经调查,当地警方掌握了与孟某有关的文物购买者网络,其中就有张某的名字。从2013年到2017年,孟某先后将131件文物卖给该博物馆。

2019年6月5日,张某被指控非法购买文物一案在陕西省咸阳市中级人民法院开庭。检方起诉称,张某明知涉案文物是赃物,为了馆藏需要非法收购,构成掩饰、隐瞒犯罪所得罪。民间博物馆能否购买文物、张某在购买时是否知道其为盗墓所获的出土文物,成为法庭辩论的焦点。

(资料来源:https://www.sohu.com/a/493288458_121124385)

讨论:

该博物馆获取藏品的行为是否违法?

案例分析

8-2

慎思笃行

民间博物馆非法购买文物案的启示

虽然在民间博物馆非法购买文物案中,购买单位及购买人最终被认定为不构成犯罪,但自本案进入刑事程序时起,民间博物馆与收藏界便对民间文物购买与收藏的合法性问题表达了担忧。这种担忧并非没有道理的,文物市场本就鱼龙混杂,民间文物收藏者难以辨认文物来源,且文物交易素有"不保真"的惯例,对不知情的文物购买者动辄科以刑事责任将使得文物收藏者人人自危。那么,我们在收藏文物时要注意哪些事项才能规避法律风险呢?

(资料来源:https://mp.weixin.qq.com/s/Hmp6cx0wGXTEdk23bTsgcQ)

知行合一

8-1

(三)社会教育与服务制度

1. 博物馆的义务

《博物馆条例》第三十二条规定,博物馆应当配备适当的专业人员,根据不同年龄段的未成年人接受能力进行讲解;学校寒暑假期间,具备条件的博物馆应当增设适合学生特点的陈列展览项目。

《博物馆条例》第三十四条规定,博物馆应当根据自身特点、条件,运用现代信息技术,开展形式多样、生动活泼的社会教育和服务活动,参与社区文化建设和对外文化交流与合作。国家鼓励博物馆挖掘藏品内涵,与文化创意、旅游等产业相结合,开发衍生产品,增强博物馆发展能力。

《博物馆条例》第三十六条规定,博物馆应当发挥藏品优势,开展相关专业领域的理论及应用研究,提高业务水平,促进专业人才的成长。博物馆应当为高等学校、科研机构和专家学者等开展科学研究工作提供支持和帮助。

2. 主管部门的义务

《博物馆条例》第三十五条规定,国务院教育行政部门应当会同国家文物主管部门,制定利用博物馆资源开展教育教学、社会实践活动的政策措施。地方各级人民政府教育行政部门应当鼓励学校结合课程设置和教学计划,组织学生到博物馆开展学习实践活动。博物馆应当对学校开展各类相关教育教学活动提供支持和帮助。

3. 社会公众的义务

《博物馆条例》第三十七条规定,公众应当爱护博物馆展品、设施及环境,不得损坏博物馆的展品、设施。

第五节　非物质文化遗产保护法律制度

一、非物质文化遗产

《中华人民共和国非物质文化遗产法》是为了继承和弘扬中华民族优秀传统文化,加强社会主义精神文明建设,加强非物质文化遗产保护、保存工作而制定的,于2011年2月25日通过公布,自2011年6月1日起施行。

(一)非物质文化遗产的概念

《中华人民共和国非物质文化遗产法》第二条规定,本法所称非物质文化遗产,是指各族人民世代相传并视为其文化遗产组成部分的各种传统文化表现形式,以及与传统文化表现形式相关的实物和场所。包括:①传统口头文学以及作为其载体的语言;②传统美术、书法、音乐、舞蹈、戏剧、曲艺和杂技;③传统技艺、医药和历法;④传统礼仪、节庆等民俗;⑤传统体育和游艺;⑥其他非物质文化遗产。

(二)保护措施和原则

《中华人民共和国非物质文化遗产法》第三条规定,国家对非物质文化遗产采取认定、记录、建档等措施予以保存,对体现中华民族优秀传统文化,具有历史、文学、艺术、科学价值的非物质文化遗产采取传承、传播等措施予以保护。

《中华人民共和国非物质文化遗产法》第四条规定,保护非物质文化遗产,应当注重其真实性、整体性和传承性,有利于增强中华民族的文化认同,有利于维护国家统一和民族团结,有利于促进社会和谐和可持续发展。

二、非物质文化遗产代表性项目名录制度

(一)非物质文化遗产代表性项目名录

《中华人民共和国非物质文化遗产法》第十八条规定,国务院建立国家级非物质文化遗产代表性项目名录,将体现中华民族优秀传统文化,具有重大历史、文学、艺术、科

学价值的非物质文化遗产项目列入名录予以保护。省、自治区、直辖市人民政府建立地方非物质文化遗产代表性项目名录,将本行政区域内体现中华民族优秀传统文化,具有历史、文学、艺术、科学价值的非物质文化遗产项目列入名录予以保护。

（二）非物质文化遗产代表性项目名录入选流程

1. 推荐

《中华人民共和国非物质文化遗产法》第十九条规定,省、自治区、直辖市人民政府可以从本省、自治区、直辖市非物质文化遗产代表性项目名录中向国务院文化主管部门推荐列入国家级非物质文化遗产代表性项目名录的项目。推荐时应当提交下列材料:①项目介绍,包括项目的名称、历史、现状和价值;②传承情况介绍,包括传承范围、传承谱系、传承人的技艺水平、传承活动的社会影响;③保护要求,包括保护应当达到的目标和应当采取的措施、步骤、管理制度;④有助于说明项目的视听资料等材料。

《中华人民共和国非物质文化遗产法》第二十条规定,公民、法人和其他组织认为某项非物质文化遗产体现中华民族优秀传统文化,具有重大历史、文学、艺术、科学价值的,可以向省、自治区、直辖市人民政府或者国务院文化主管部门提出列入国家级非物质文化遗产代表性项目名录的建议。

《中华人民共和国非物质文化遗产法》第二十一条规定,相同的非物质文化遗产项目,其形式和内涵在两个以上地区均保持完整的,可以同时列入国家级非物质文化遗产代表性项目名录。

2. 评审

《中华人民共和国非物质文化遗产法》第二十二条规定,国务院文化主管部门应当组织专家评审小组和专家评审委员会,对推荐或者建议列入国家级非物质文化遗产代表性项目名录的非物质文化遗产项目进行初评和审议。初评意见应当经专家评审小组成员过半数通过。专家评审委员会对初评意见进行审议,提出审议意见。评审工作应当遵循公开、公平、公正的原则。

3. 公示

《中华人民共和国非物质文化遗产法》第二十三条规定,国务院文化主管部门应当将拟列入国家级非物质文化遗产代表性项目名录的项目予以公示,征求公众意见。公示时间不得少于20日。

4. 批准公布

《中华人民共和国非物质文化遗产法》第二十四条规定,国务院文化主管部门根据专家评审委员会的审议意见和公示结果,拟订国家级非物质文化遗产代表性项目名录,报国务院批准、公布。

（三）非物质文化遗产代表性项目保护

《中华人民共和国非物质文化遗产法》第二十五条规定,国务院文化主管部门应当

国家级非物质文化遗产代表性项目名录

组织制定保护规划,对国家级非物质文化遗产代表性项目予以保护。省、自治区、直辖市人民政府文化主管部门应当组织制定保护规划,对本级人民政府批准公布的地方非物质文化遗产代表性项目予以保护。制定非物质文化遗产代表性项目保护规划,应当对濒临消失的非物质文化遗产代表性项目予以重点保护。

《中华人民共和国非物质文化遗产法》第二十六条规定,对非物质文化遗产代表性项目集中、特色鲜明、形式和内涵保持完整的特定区域,当地文化主管部门可以制定专项保护规划,报经本级人民政府批准后,实行区域性整体保护。确定对非物质文化遗产实行区域性整体保护,应当尊重当地居民的意愿,并保护属于非物质文化遗产组成部分的实物和场所,避免遭受破坏。实行区域性整体保护涉及非物质文化遗产集中地村镇或者街区空间规划的,应当由当地城乡规划主管部门依据相关法规制定专项保护规划。

《中华人民共和国非物质文化遗产法》第二十七条规定,国务院文化主管部门和省、自治区、直辖市人民政府文化主管部门应当对非物质文化遗产代表性项目保护规划的实施情况进行监督检查;发现保护规划未能有效实施的,应当及时纠正、处理。

三、非物质文化遗产的传承与传播制度

根据《中华人民共和国非物质文化遗产法》第二十八条规定,国家鼓励和支持开展非物质文化遗产代表性项目的传承、传播。

(一)非物质文化遗产的传承

1. 认定条件

根据《中华人民共和国非物质文化遗产法》第二十九条规定,国务院文化主管部门和省、自治区、直辖市人民政府文化主管部门对本级人民政府批准公布的非物质文化遗产代表性项目,可以认定代表性传承人。非物质文化遗产代表性项目的代表性传承人应当符合下列条件:①熟练掌握其传承的非物质文化遗产;②在特定领域内具有代表性,并在一定区域内具有较大影响;③积极开展传承活动。认定非物质文化遗产代表性项目的代表性传承人,应当参照执行本法有关非物质文化遗产代表性项目评审的规定,并将所认定的代表性传承人名单予以公布。

2. 支持措施

根据《中华人民共和国非物质文化遗产法》第三十条规定,县级以上人民政府文化主管部门根据需要,采取下列措施,支持非物质文化遗产代表性项目的代表性传承人开展传承、传播活动:①提供必要的传承场所;②提供必要的经费资助其开展授徒、传艺、交流等活动;③支持其参与社会公益性活动;④支持其开展传承、传播活动的其他措施。

3. 传承义务

根据《中华人民共和国非物质文化遗产法》第三十一条规定,非物质文化遗产代表性项目的代表性传承人应当履行下列义务:①开展传承活动,培养后继人才;②妥善保存相关的实物、资料;③配合文化主管部门和其他有关部门进行非物质文化遗产调查;④参与非物质文化遗产公益性宣传。非物质文化遗产代表性项目的代表性传承人无正当理由不履行前款规定义务的,文化主管部门可以取消其代表性传承人资格,重新认定该项目的代表性传承人;丧失传承能力的,文化主管部门可以重新认定该项目的代表性传承人。

（二）非物质文化遗产的传播

1. 宣传展示

《中华人民共和国非物质文化遗产法》第三十二条规定,县级以上人民政府应当结合实际情况,采取有效措施,组织文化主管部门和其他有关部门宣传、展示非物质文化遗产代表性项目。

2. 研究出版

《中华人民共和国非物质文化遗产法》第三十三条规定,国家鼓励开展与非物质文化遗产有关的科学技术研究和非物质文化遗产保护、保存方法研究,鼓励开展非物质文化遗产的记录和非物质文化遗产代表性项目的整理、出版等活动。

3. 宣传教育

《中华人民共和国非物质文化遗产法》第三十四条规定,学校应当按照国务院教育主管部门的规定,开展相关的非物质文化遗产教育。新闻媒体应当开展非物质文化遗产代表性项目的宣传,普及非物质文化遗产知识。

《中华人民共和国非物质文化遗产法》第三十五条规定,图书馆、文化馆、博物馆、科技馆等公共文化机构和非物质文化遗产学术研究机构、保护机构以及利用财政性资金举办的文艺表演团体、演出场所经营单位等,应当根据各自业务范围,开展非物质文化遗产的整理、研究、学术交流和非物质文化遗产代表性项目的宣传、展示。

4. 民间传承

《中华人民共和国非物质文化遗产法》第三十六条规定,国家鼓励和支持公民、法人和其他组织依法设立非物质文化遗产展示场所和传承场所,展示和传承非物质文化遗产代表性项目。

5. 合理利用

《中华人民共和国非物质文化遗产法》第三十七条规定,国家鼓励和支持发挥非物质文化遗产资源的特殊优势,在有效保护的基础上,合理利用非物质文化遗产代表性项目开发具有地方、民族特色和市场潜力的文化产品和文化服务。

开发利用非物质文化遗产代表性项目的,应当支持代表性传承人开展传承活动,保护属于该项目组成部分的实物和场所。

县级以上地方人民政府应当对合理利用非物质文化遗产代表性项目的单位予以扶持。单位合理利用非物质文化遗产代表性项目的,依法享受国家规定的税收优惠。

第六节　保护世界遗产、非物质文化遗产公约

一、保护世界文化和自然遗产公约

1972年11月16日,联合国教科文组织大会第十七届会议在巴黎通过了《保护世界文化和自然遗产公约》,中国于1985年正式加入该公约。

(一)文化和自然遗产的定义

从《保护世界文化和自然遗产公约》第一条的规定中可以了解到,文化遗产包括文物、建筑群和遗址。其中,文物是指从历史、艺术或科学角度看具有突出的普遍价值的建筑物、碑雕和碑画、具有考古性质的成分或构造物、铭文、窟洞以及景观的联合体;建筑群是指从历史、艺术或科学角度看在建筑式样、分布均匀或与环境景色结合方面具有突出的普遍价值的单立或连接的建筑群;遗址是指从历史、审美、人种学或人类学角度看具有突出的普遍价值的人类工程或自然与人的联合工程以及包括有考古地址的区域。

依据《保护世界文化和自然遗产公约》第二条的规定,自然遗产包括:从审美或科学角度看具有突出的普遍价值的由物质和生物结构或这类结构群组成的自然景观;从科学或保护角度看具有突出的普遍价值的地质和地文结构以及明确划为受到威胁的动物和植物生境区;从科学、保存或自然美角度看具有突出的普遍价值的天然名胜或明确划分的自然区域。

(二)文化和自然遗产的国家保护和国际保护

1. 国家保护

《保护世界文化和自然遗产公约》第四条规定,本公约缔约国承认,保证第一条和第二条中提及的、本国领土内的文化遗产和自然遗产的确定、保护、保存、展出和传与后代,主要是有关国家的责任。该国将为此目的竭尽全力,最大限度地利用本国资源,适当时利用所能获得的国际援助和合作,特别是财政、艺术、科学及技术方面的援助和合作。

依据《保护世界文化和自然遗产公约》第五条的规定,为确保本公约各缔约国为保护、保存和展出本国领土内的文化遗产和自然遗产采取积极有效的措施,本公约各缔约国应视本国具体情况尽力做到以下几点:①通过一项旨在使文化遗产和自然遗产在

我国的世界遗产

社会生活中起一定作用,并把遗产保护工作纳入全面规划纲要的总政策;②如本国内尚未建立负责文化遗产和自然遗产的保护、保存和展出的机构,则建立一个或几个此类机构,配备适当的工作人员和为履行其职能所需的手段;③发展科学和技术研究,并制订出能够抵抗威胁本国文化或自然遗产的危险的实际方法;④采取为确定、保护、保存、展出和恢复这类遗产所需的适当的法律、科学、技术、行政和财政措施;⑤促进建立或发展有关保护、保存和展出文化遗产和自然遗产的国家或地区培训中心,并鼓励这方面的科学研究。

2. 国际保护

依据《保护世界文化和自然遗产公约》第六条的规定,本公约缔约国,在充分尊重第一条和第二条中提及的文化遗产和自然遗产的所在国的主权,并不使国家立法规定的财产权受到损害的同时,承认这类遗产是世界遗产的一部分,因此,整个国际社会有责任进行合作,予以保护。缔约国有义务应有关国家的要求帮助该国确定、保护、保存和展出《世界遗产名录》和《处于危险的世界遗产名录》中提及的文化遗产和自然遗产。缔约国不得故意采取任何可能直接或间接损害位于本公约其他缔约国领土内的文化遗产和自然遗产的措施。

《保护世界文化和自然遗产公约》第七条指出,为实现本公约的宗旨,世界文化遗产和自然遗产的国际保护应被理解为建立一个旨在支持本公约缔约国保存和确定这类遗产的努力的国际合作和援助系统。

(三) 保护世界文化和自然遗产政府间委员会

1. 设立目的

依据《保护世界文化和自然遗产公约》第八条的规定,在联合国教育、科学及文化组织内,现建立一个保护具有突出的普遍价值的文化遗产和自然遗产的政府间委员会,称为"世界遗产委员会"。委员会委员的选举须保证均衡地代表世界的不同地区和不同文化。

2. 任务职责

1) 确定《世界遗产名录》

依据《保护世界文化和自然遗产公约》第十一条的规定,委员会根据各缔约国的申请制定、更新和出版《世界遗产名录》,一份最新目录应至少每两年分发一次。

2) 设立《处于危险的世界遗产名录》

依据《保护世界文化和自然遗产公约》第十一条的规定,委员会应在必要时制订、更新和出版一份《处于危险的世界遗产名录》,其中所列财产均为载于《世界遗产名录》之中、需要采取重大活动加以保护并根据本公约要求需给予援助的财产。

这些危险包括:蜕变加剧、大规模公共和私人工程、城市或旅游业迅速发展的项目造成的消失威胁;土地的使用变动或易主造成的破坏;未知原因造成的重大变化;随意抛弃;武装冲突的爆发或威胁;灾害和灾变;严重火灾、地震、山崩;火山爆发;水位变动、洪水和海啸等。在紧急情况下,世界遗产委员会可以随时把面临上述危险的遗产列入《处于危险的世界遗产名录》。

二、保护非物质文化遗产公约

2003年10月17日,联合国教科文组织大会第三十二届会议在巴黎通过了《保护非物质文化遗产公约》,中国于2004年正式加入该公约。

(一)非物质文化遗产的定义

依据《保护非物质文化遗产公约》第二条的规定,非物质文化遗产是指被各社区、群体,有时是个人,视为其文化遗产组成部分的各种社会实践、观念表述、表现形式、知识、技能以及相关的工具、实物、手工艺品和文化场所。这种非物质文化遗产世代相传,在各社区和群体适应周围环境以及与自然和历史的互动中,被不断地再创造,为这些社区和群体提供认同感和持续感,从而增强对文化多样性和人类创造力的尊重。

按照上述定义,非物质文化遗产主要包括以下方面:①口头传统和表现形式,包括作为非物质文化遗产媒介的语言;②表演艺术;③社会风俗、仪式、节庆;④有关自然界和宇宙的知识和实践;⑤传统的手工艺技能。

(二)缔约国的作用

依据《保护非物质文化遗产公约》第十一条的规定,各缔约国应该采取必要措施确保其领土上的非物质文化遗产受到保护,并由各社区、群体和有关非政府组织参与,确认和确定其领土上的各种非物质文化遗产。

依据《保护非物质文化遗产公约》第十二条的规定,为了使其领土上的非物质文化遗产得到确认以便加以保护,各缔约国应根据自己的国情拟订一份或数份关于这类遗产的清单,并应定期加以更新。各缔约国在定期向委员会提交报告时,应提供有关这些清单的情况。

(三)其他保护措施

1. 缔约国的义务

《保护非物质文化遗产公约》第十三条规定,为了确保其领土上的非物质文化遗产得到保护、弘扬和展示,各缔约国应努力做到:

(1)制定一项总的政策,使非物质文化遗产在社会中发挥应有的作用,并将这种遗产的保护纳入规划工作。

(2)指定或建立一个或数个主管保护其领土上的非物质文化遗产的机构。

(3)鼓励开展有效保护非物质文化遗产,特别是濒危非物质文化遗产的科学、技术和艺术研究以及方法研究。

(4)采取适当的法律、技术、行政和财政措施,以便:①促进建立或加强培训管理非物质文化遗产的机构以及通过为这种遗产提供活动和表现的场所和空间,促进这种遗产的传承;②确保对非物质文化遗产的享用,同时对享用这种遗产的特殊方面的习俗做法予以尊重;③建立非物质文化遗产文献机构并创造条件促进对它的利用。

2. 教育、宣传和能力培养

《保护非物质文化遗产公约》第十四条规定,各缔约国应竭力采取种种必要的手段,以便:

(1) 使非物质文化遗产在社会中得到确认、尊重和弘扬,主要通过:①向公众,尤其是向青年进行宣传和传播信息的教育计划;②有关社区和群体的具体的教育和培训计划;③保护非物质文化遗产,尤其是管理和科研方面的能力培养活动;④非正规的知识传播手段。

(2) 不断向公众宣传对这种遗产造成的威胁以及根据本公约所开展的活动。

(3) 促进保护表现非物质文化遗产所需的自然场所和纪念地点的教育。

3. 社区、群体和个人的参与

《保护非物质文化遗产公约》第十五条规定,缔约国在开展保护非物质文化遗产活动时,应努力确保创造、延续和传承这种遗产的社区、群体,有时是个人的最大限度的参与,并吸收他们积极地参与有关的管理。

本章小结

本章学习了风景名胜区法律制度、自然保护区法律制度、文物保护法律制度、博物馆管理法律制度、非物质文化遗产保护法律制度等内容。旅游资源是旅游业发展的前提,是旅游业的基础。旅游资源包括自然旅游资源和人文旅游资源,出台相应的法律法规保护并利用好旅游资源意义重大。

本章训练

一、知识训练

扫描二维码进行在线答题。

二、能力训练

内蒙古敖汉旗驿马吐遗址遭破坏案办结,11位村民被处罚

2021年6月1日13时10分至6月2日16时50分,敖汉旗文化市场综合行政执法局执法人员会同贝子府镇、驿马吐村工作人员对驿马吐遗址进行巡检时发现,遗址地貌发生明显变化。经现场实地勘查,整个遗址的东面、西面、南面、北面,以及中间部分均被破坏,破坏面积约占整个遗址80%,破坏深度为2—3.5米,文化堆积破坏1—3米,从破坏的地表和断面来看,房址、灰坑、白灰居住面、灶址、人骨、兽骨等清晰可见,地表散落大量灰土、红烧土、陶片和残石器。6月3日即获批立案调查。经调查,遗址破坏是因亦马吐村杨某等11位村民各自雇用大型机械平整土地修梯田所致,破坏面积26.79亩,经专业技术人员鉴定整个遗址破坏非常严重,无法恢复。

(资料来源:赤峰市文化和旅游局网站)

请分析:

(1)村民们的行为是否违反了《中华人民共和国文物保护法》的相关规定?

(2)村民们面临怎样的处罚?

第九章
无危则安，无损则全
——旅游安全法律法规制度

本章概要

在旅游业的蓬勃发展下，旅游安全成为公众关注的焦点。旅游安全法律法规制度的建立，不仅是为了保障游客的生命财产安全，也是为了维护旅游业的健康稳定发展。本章中，我们从旅游安全及旅游经营者安全责任、旅游突发事件应急处理和旅游目的地安全风险提示制度多个角度探讨旅游安全法律法规制度的具体内容和实施效果。

学习目标

知识目标

(1) 理解旅游安全的定义与涉及范围，掌握旅游安全管理办法；熟悉旅游经营者的安全责任划分，了解其在保障游客安全方面的职责和义务。

(2) 了解旅游突发事件的定义与分类，掌握不同类型突发事件的应急处理方法；学习旅游突发事件的预防措施，了解如何减少突发事件对游客的影响。

(3) 理解旅游目的地的概念，掌握旅游目的地安全风险监测、评估与预警的方法；熟悉旅游目的地安全风险提示制度，了解如何通过风险提示制度保障游客安全。

能力目标

(1) 增强对于旅游安全问题的敏感性，能够识别和预防潜在的安全风险；培养分析旅游经营者安全责任的能力，能够评估和监督旅游经营者的安全管理措施。

(2) 增强对于旅游突发事件的防范意识，能够制定预防策略；提升应对旅游突发事件的能力，遇到旅游突发事件能够迅速反应并采取有效的应急措施。

(3) 培养监测和评估旅游目的地安全风险的能力，能够运用相关技术和方法进行风险评估；提高预警能力，能够及时发布和传播安全风险提示信息，保障游客安全。

旅游政策与法规

素养目标

(1) 提高旅游安全意识，养成关注旅游安全的习惯；培养责任感和职业道德，增强旅游从业者的安全责任心。

(2) 培养临危不乱的勇气，增强面对突发事件时的自信；养成安全预防的思维习惯，时刻保持警觉，积极预防旅游突发事件。

(3) 增强风险意识，培养对旅游安全风险的敏锐洞察力。培养社会责任感，增强通过提示制度保护游客安全的意识和行动力。

知识导图

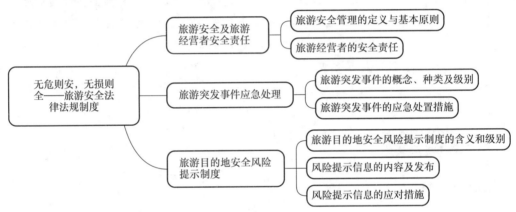

章节要点

旅游安全法律法规、旅游突发事件应急处理、旅游目的地安全风险提示。

章首案例

游客旅游行程中受伤纠纷案

游客章先生通过美团平台向深圳某旅行社为自己和母亲购买了两份2023年1月29日的一日游产品。旅游过程中，其60多岁的母亲不慎摔倒在礁石上，随团导游没有过问，后续也没有采取任何措施，章先生和母亲只能自行乘坐快艇返回岸上，提前结束了行程。返程后章先生来电投诉，要求该旅行社退款并赔偿其坐快艇的费用。经属地旅游投诉处理机构调查和调解，该旅行社承认导游在旅游行程中未能在意外发生后及时采取有效的应急措施，存在工作上的疏忽，同意将一日游费用和乘坐快艇的费用全部退还给游客，双方达成和解。

(资料来源:广东省文化和旅游厅网站)

思考:

(1)章先生提前结束行程所产生的游艇费应该谁来承担?

(2)本案中旅行社导游存在哪些失职的地方?

案例分析

9-1

第一节　旅游安全及旅游经营者安全责任

一、旅游安全管理的定义与基本原则

我国历来重视旅游安全,1990年2月20日,国务院旅游主管部门发布了《旅游安全管理暂行办法》(已废止),此后相继发布了一系列配套或相关规范性文件,初步形成旅游安全管理的基本制度体系。在2013年出台的《中华人民共和国旅游法》中,"旅游安全"单设一章,标志着旅游安全管理规范日趋完善,为构建我国旅游安全管理制度体系提供了法律依据和基础。2016年9月7日,为了加强旅游安全管理、提高应对旅游突发事件的能力、保障旅游者的人身和财产安全、促进旅游业持续健康发展,国家旅游局第十一次局长办公会议审议通过了《旅游安全管理办法》。《旅游安全管理办法》分为总则、经营安全、风险提示、安全管理、罚则和附则六章,基本覆盖了旅游安全管理的各项工作。

（一）旅游安全管理的基本概念

旅游安全管理,是指国家有关旅游安全管理机关、旅游企事业单位、旅游从业人员在旅游活动中为保障旅游者人身和财物安全,依据各项法律法规和规章制度而实施的各种行为的总称。

（二）旅游安全管理的基本内容

1. 综合管理

（1）综合性。旅游安全管理工作应该是综合性的,包括预防、应对和救援等方面。只有综合考虑各种因素,并制定相应的措施,才能有效地防范和应对各种潜在风险。

（2）法律法规遵守。旅游企业和从业人员必须严格遵守国家和地方相关法律法规,确保旅游活动符合法律要求。同时,还需要关注国际上的相关标准和规范,以提高旅游服务质量和安全水平。

（3）安全责任落实。旅游企业应明确安全责任,并将其落实到具体岗位和个人。每个从业人员都应该清楚自己在保障安全方面的职责和义务,并积极履行。

2. 风险评估与预防

（1）风险评估。旅游企业应该对旅游线路、设施和活动进行全面的风险评估，识别潜在的危险因素。评估结果应该及时更新，并作为制定安全措施的依据。

（2）安全标准和规范。旅游企业应制定并遵守相关的安全标准和规范，确保设施、设备和服务符合安全要求。同时，旅游企业还需要与相关部门合作，共同制定行业标准，提高整个行业的安全水平。

3. 危机管理与应对

（1）危机预警机制。旅游企业应建立健全危机预警机制，及时获取相关信息并采取相应措施。预警信息来源可以包括政府部门、媒体报道、社交媒体等，企业应建立与这些渠道的紧密联系。

（2）应急预案制定。旅游企业应制定完善的应急预案，明确各种突发事件的处理流程和责任分工。预案应包括紧急疏散、救援措施、媒体沟通等内容，并经常进行演练和修订。

（3）危机公关与声誉管理。旅游企业在危机事件发生时应及时采取有效的公关措施，保护企业声誉和形象。这包括及时发布准确信息、积极回应媒体关注、与相关方进行合作等。

4. 安全监管与评估

（1）监管责任明确。政府部门应加强对旅游行业的监管，明确监管责任，并建立健全的监管制度。监管部门要加大执法力度，对违法违规行为进行严厉打击和处罚。

（2）安全评估与检查。政府部门可以委托第三方机构对旅游企业进行安全评估和检查，以确保其符合相关安全标准。同时，政府部门自身也要加强对旅游安全工作的监督和检查。

（3）信息共享与合作。政府部门、旅游企业和行业协会等应加强信息共享与合作，及时沟通安全风险和事件信息。这有助于提高行业整体的安全水平，推动各方共同应对各类挑战。

（三）旅游安全的表现形态

1. 犯罪

虽然学术界对犯罪与旅游的关系仍有争论，但鉴于犯罪行为给旅游者造成的严重心理创伤及其产生的广泛的社会影响，犯罪已成为旅游安全领域中较引人关注的表现形态之一，严重威胁到旅游者的生命、财产安全。国内外学者对旅游与犯罪给予了高度重视，并将犯罪视为影响旅游社会文化的重要因素。

2. 疾病（中毒）

旅途劳累、身处异地而"水土不服"和潜在的食品卫生问题等都可能导致旅游者生病。

3. 交通事故

在旅游经营的各环节中,旅游交通是安全问题较为突出的环节之一。旅游交通事故往往具有严重的破坏性。按照交通形式,旅游交通事故可分为道路交通事故、高速公路交通事故、航空事故、缆车等景区交通事故。

4. 火灾与爆炸

虽然旅游业中因火灾与爆炸而死亡的人数比死于旅游交通事故的人数少,但是火灾与爆炸往往会产生严重的后续影响,如基础设施损毁、巨大的财产损失等,甚至可能导致整个旅游经济系统的瘫痪。

5. 自然灾害

相较于人为灾害,自然灾害是由天气、洪水等不可控的自然原因引起的安全问题,是旅游安全的常见表现形态之一。自然灾害因其对旅游活动的破坏性,以及对旅游者、旅游企业、从业人员生命、财产乃至资源的危害性而引起广泛的研究。旅游中的自然灾害可划分为四个类型。

（1）威胁人类生命及破坏旅游设施的自然灾害,包括:飓风、台风、龙卷风、洪水、暴雪、沙尘暴等气象灾害,地震、火山喷发、海啸、雪崩、泥石流等地质及地貌灾害,其他自然灾害如森林火灾。

（2）危及旅游者健康和生命的其他自然因素和现象,包括缺氧、极端气温、生物钟节律失调等。缺氧和高山反应多发生在海拔较高的旅游地,并可能由此引发肺气肿、脑水肿等致命的症状。极端气温主要是指极端高温和极端低温。生物钟节律失调通常在航空旅行中表现明显,并可能伴随着疲乏、睡眠障碍、食欲不振等症状。其他影响旅游者健康的因素还有晕动病等。

（3）旅游者与野生动植物、昆虫等的接触产生的危险,主要是大型凶猛动物对旅游者产生的伤害与威胁。如热带亚热带海滨时常出现的鲨鱼咬伤旅游者的现象。其他如有毒昆虫、植物也容易导致旅游者的皮肤疾病或身体伤害。

（4）环境因素导致的疾病,主要指传染性疾病在旅游者中间发作的可能性及其对旅游者的危害。与旅游活动有关的环境疾病中较具威胁的多为热带地区的环境所特有的疾病如疟疾、登革热等。其他环境因素引发的问题还有水土不服等。

6. 其他意外事故

除上述五种表现形态外,旅游安全表现形态还包括其他一些特殊、意外的突发性事件。例如,2023年,游客在华山游玩时失联、遇龙河景区筏工殴打游客、老人坐在庐山景区台阶上休息被泼水驱赶、游客在武功山因排队发生纠纷后互殴等。

教学互动

游客受伤纠纷案

某游客在佛山市某景区游玩期间,体验水上项目时不慎受伤,导致右侧头至耳后根位置受伤、肩膀半脱臼,因此住院治疗3天。随后,该游客向景区提出赔偿相关损失的要求。经属地旅游投诉受理机构调查,景区在游客受伤时已承担部分医疗费用,而后续相关费用则需景区与保险公司确认后方能赔付。由于赔付时间较长,游客进行了投诉。经协调,相关医疗费用经保险公司确认后赔付,景区另赔付投诉人误工费。

(资料来源:佛山市人民政府网站)

讨论:

(1)景区的做法是否合理?

(2)通过本案例,景区应该在经营过程中加强哪些方面的工作?

案例分析 9-2

二、旅游经营者的安全责任

(一)安全防范、管理和保障义务

《旅游安全管理办法》对《中华人民共和国旅游法》的相关规定进行了细化。

1. 安全防范

《中华人民共和国旅游法》第七十九条第一款规定,旅游经营者应当严格执行安全生产管理和消防安全管理的法律、法规和国家标准、行业标准,具备相应的安全生产条件,制定旅游者安全保护制度和应急预案。

《旅游安全管理办法》第六条规定,旅游经营者应当遵守下列要求:①服务场所、服务项目和设施设备符合有关安全法律、法规和强制性标准的要求;②配备必要的安全和救援人员、设施设备;③建立安全管理制度和责任体系;④保证安全工作的资金投入。《旅游安全管理办法》第七条规定,旅游经营者应当定期检查本单位安全措施的落实情况,及时排除安全隐患;对可能发生的旅游突发事件及采取安全防范措施的情况,应当按照规定及时向所在地人民政府或者人民政府有关部门报告。

微课 旅游经营管理安全责任

教学互动

某私人承包经营景区游客游玩受伤纠纷案

2023年8月13日,周先生前往某私人承包经营景区,进入景区时,周先生被内部行驶的游乐小火车撞伤,景区经理将其送往医院,医生建议做磁共振成像检查,但由于当地医院做不了磁共振成像检查,景区经理便让周先生自行前往其他医院就诊,并承诺会报销后续产生的相关费用。然而,周先生认为景区存在明显安全隐患,要求景区赔偿其医药费及误工费等损失并停业整顿。双方经过协商未能达成一致意见,于是周先生决定进行投诉。

(资料来源:浙江省文化和广电旅游厅网站)

讨论:

谁应为周先生受伤负责任?

案例分析

9-3

2. 安全教育和培训

《中华人民共和国旅游法》第七十九条第二款规定,旅游经营者应当对直接为旅游者提供服务的从业人员开展经常性应急救助技能培训,对提供的产品和服务进行安全检验、监测和评估,采取必要措施防止危害发生。

《旅游安全管理办法》第九条规定,旅游经营者应当对从业人员进行安全生产教育和培训,保证从业人员掌握必要的安全生产知识、规章制度、操作规程、岗位技能和应急处理措施,知悉自身在安全生产方面的权利和义务。旅游经营者建立安全生产教育和培训档案,如实记录安全生产教育和培训的时间、内容、参加人员以及考核结果等情况。未经安全生产教育和培训合格的旅游从业人员,不得上岗作业;特种作业人员必须按照国家有关规定经专门的安全作业培训,取得相应资格。

3. 安全保障

《中华人民共和国旅游法》第七十九条第三款规定,旅游经营者组织、接待老年人、未成年人、残疾人等旅游者,应当采取相应的安全保障措施。

《旅游安全管理办法》第八条第二款规定,经营高风险旅游项目或者向老年人、未成年人、残疾人提供旅游服务的,应当根据需要采取相应的安全保护措施。

(二)安全说明或警示义务

《中华人民共和国旅游法》第八十条规定,旅游经营者应当就旅游活动中的下列事项,以明示的方式事先向旅游者作出说明或者警示:①正确使用相关设施、设备的方法;②必要的安全防范和应急措施;③未向旅游者开放的经营、服务场所和设施、设备;④不适宜参加相关活动的群体;⑤可能危及旅游者人身、财产安全的其他情形。

《旅游安全管理办法》第八条第一款规定,旅游经营者应当对其提供的产品和服务进行风险监测和安全评估,依法履行安全风险提示义务,必要时应当采取暂停服务、调整活动内容等措施。

《旅游安全管理办法》第十条规定,旅游经营者应当主动询问与旅游活动相关的个人健康信息,要求旅游者按照明示的安全规程,使用旅游设施和接受服务,并要求旅游者对旅游经营者采取的安全防范措施予以配合。

《旅游安全管理办法》第十二条规定,旅行社组织出境旅游,应当制作安全信息卡。安全信息卡应当包括旅游者姓名、出境证件号码和国籍,以及紧急情况下的联系人、联系方式等信息,使用中文和目的地官方语言(或者英文)填写。旅行社应当将安全信息卡交由旅游者随身携带，并告知其自行填写血型、过敏药物和重大疾病等信息。

游客安全信息卡参考式样如图9-1所示。

图9-1 游客安全信息卡参考式样

教学互动

游客骑马时摔伤，经营者、管理者应担责

2022年，吴某在某县一景区骑乘张某所牵的马匹时，从马背上跌落受伤。吴某就张某造成其骨折产生的经济损失索赔未果，以身体权纠纷向法院提起诉讼，请求张某、某县景区管理中心、某镇人民政府连带赔偿吴某各项经济损失共计7万余元。

一审法院结合本案事实，认定张某作为马匹经营者未尽到安全保障义务，应承担主要责任。吴某作为完全民事行为能力人，应当知道骑马是一项高危险运动，应当预见在骑马过程中存在的风险，自身未尽到相应的注意义务。某县景区管理中心与某镇人民政府作为景区的管理者未尽到管理义务，均应承担相应责任。

张某不服一审法院判决，上诉至甘南州中院，请求支持其上诉请求。甘南州中院二审审理认为，一审判决认定事实清楚、适用法律正确，判决驳回张某的上诉请求，维持原判。

（资料来源："甘肃高院"微信公众号）

讨论：

张某的上诉请求为什么会被驳回？

(三) 安全救助、处置和报告义务

《中华人民共和国旅游法》第八十一条规定，突发事件或者旅游安全事故发生后，旅游经营者应当立即采取必要的救助和处置措施，依法履行报告义务，并对旅游者作出妥善安排。

《旅游安全管理办法》第十三条规定，旅游经营者应当依法制定旅游突发事件应急预案，与所在地县级以上地方人民政府及其相关部门的应急预案相衔接，并定期组织演练。

《旅游安全管理办法》第十四条规定，旅游突发事件发生后，旅游经营者及其现场人员应当采取合理、必要的措施救助受害旅游者，控制事态发展，防止损害扩大。旅游经营者应当按照履行统一领导职责或者组织处置突发事件的人民政府的要求，配合其采取的应急处置措施，并参加所在地人民政府组织的应急救援和善后处置工作。旅游突发事件发生在境外的，旅行社及其领队应当在中国驻当地使领馆或者政府派出机构的指导下，全力做好突发事件应对处置工作。

《旅游安全管理办法》第十五条规定，旅游突发事件发生后，旅游经营者的现场人员应当立即向本单位负责人报告，单位负责人接到报告后，应当于1小时内向发生地县级旅游主管部门、安全生产监督管理部门和负有安全生产监督管理职责的其他相关部门报告；旅行社负责人应当同时向单位所在地县级以上地方旅游主管部门报告。情况紧急或者发生重大、特别重大旅游突发事件时，现场有关人员可直接向发生地、旅行社所在地县级以上旅游主管部门、安全生产监督管理部门和负有安全生产监督管理职责的其他相关部门报告。旅游突发事件发生在境外的，旅游团队的领队应当立即向当地警方、中国驻当地使领馆或者政府派出机构，以及旅行社负责人报告。旅行社负责人应当在接到领队报告后1小时内，向单位所在地县级以上地方旅游主管部门报告。

第二节　旅游突发事件应急处理

一、旅游突发事件的概念、种类及级别

(一) 旅游突发事件的概念

旅游突发事件，是指突然发生，造成或者可能造成旅游者人身伤亡、财产损失，需要采取应急处置措施予以应对的自然灾害、事故灾难、公共卫生事件和社会安全事件。

(二) 旅游突发事件的种类

旅游突发事件的种类主要包括以下几类。

（1）自然灾害、事故灾难导致的重大游客伤亡事件，包括：水旱等气象灾害，山体滑坡和泥石流等地质灾害，民航、铁路、公路、水运等重大交通运输事故，其他各类重大安全事故等。

（2）突发公共卫生事件造成的重大游客伤亡事件，包括：突发性重大传染性疾病疫情、群体性不明原因疾病、重大食物中毒以及其他严重影响公众健康的事件等。

（3）突发社会安全事件特指发生重大涉外旅游突发事件和大型旅游节庆活动事故，包括：发生港澳台和外国游客死亡事件，在大型旅游节庆活动中由于人群过度拥挤、火灾、建筑物倒塌等造成人员伤亡的突发事件。

慎思笃行

担心疫情波及算不算旅游突发事件

游客陆某原定参加某旅行社的新疆游，因担心疫情，陆某和旅行社协商退团，因退团损失问题未达成一致意见而投诉。经核查，陆某一家三口，预付旅行社9600元，定于2021年8月1日至8月5日前往新疆旅行，后因担心疫情，在7月22日提出退团。最终旅行社和游客达成一致，旅行社退还预付款共计8768元（投诉人需承担3人飞机退票损失832元）。

（资料来源："永州文旅"微信公众号）

（二）旅游突发事件的级别

《旅游安全管理办法》第三十九条第二款规定，根据旅游突发事件的性质、危害程度、可控性以及造成或者可能造成的影响，旅游突发事件一般分为特别重大、重大、较大和一般四级。

1. 特别重大旅游突发事件

特别重大旅游突发事件，是指下列情形：①造成或者可能造成人员死亡（含失踪）30人以上或者重伤100人以上；②旅游者500人以上滞留超过24小时，并对当地生产生活秩序造成严重影响；③其他在境内外产生特别重大影响，并对旅游者人身、财产安全造成特别重大威胁的事件。

2. 重大旅游突发事件

重大旅游突发事件，是指下列情形：①造成或者可能造成人员死亡（含失踪）10人以上30人以下或者重伤50人以上100人以下；②旅游者200人以上滞留超过24小时，对当地生产生活秩序造成较严重影响；③其他在境内外产生重大影响，并对旅游者人身、财产安全造成重大威胁的事件。

3. 较大旅游突发事件

较大旅游突发事件，是指下列情形：①造成或者可能造成人员死亡（含失踪）3人以上10人以下或者重伤10人以上50人以下;②旅游者50人以上200人以下滞留超过24小时,并对当地生产生活秩序造成较大影响;③其他在境内外产生较大影响,并对旅游者人身、财产安全造成较大威胁的事件。

4. 一般旅游突发事件

一般旅游突发事件,是指下列情形:①造成或者可能造成人员死亡(含失踪)3人以下或者重伤10人以下;②旅游者50人以下滞留超过24小时,并对当地生产生活秩序造成一定影响;③其他在境内外产生一定影响,并对旅游者人身、财产安全造成一定威胁的事件。

二、旅游突发事件的应急处置措施

(一)旅游主管部门关于旅游突发事件的应急处理

1. 制定和完善应急预案

《旅游安全管理办法》第二十三条规定,地方各级旅游主管部门应当根据有关法律、法规的规定,制定、修订本地区或者本部门旅游突发事件应急预案,并报上一级旅游主管部门备案,必要时组织应急演练。

2. 救援与善后处理

《旅游安全管理办法》第二十五条规定,旅游突发事件发生后,发生地县级以上旅游主管部门应当根据同级人民政府的要求和有关规定,启动旅游突发事件应急预案,并采取下列一项或者多项措施:①组织或者协调、配合相关部门开展对旅游者的救助及善后处置,防止次生、衍生事件;②协调医疗、救援和保险等机构对旅游者进行救助及善后处置;③按照同级人民政府的要求,统一、准确、及时发布有关事态发展和应急处置工作的信息,并公布咨询电话。

3. 事故调查处理

《旅游安全管理办法》第二十六条规定,旅游突发事件发生后,发生地县级以上旅游主管部门应当根据同级人民政府的要求和有关规定,参与旅游突发事件的调查,配合相关部门依法对应当承担事件责任的旅游经营者及其责任人进行处理。

4. 信息报告

依据《旅游安全管理办法》第二十八条的规定,旅游主管部门在接到旅游经营者依据本办法第十五条规定的报告后,应当向同级人民政府和上级旅游主管部门报告。一般旅游突发事件上报至设区的市级旅游主管部门;较大旅游突发事件逐级上报至省级旅游主管部门;重大和特别重大旅游突发事件逐级上报至文化和旅游部。向上级旅游主管部门报告旅游突发事件,应当包括下列内容:①事件发生的时间、地点、信息来源;②简要经过、伤亡人数、影响范围;③事件涉及的旅游经营者、其他有关单位的名称;④事件发生原因及发展趋势的初步判断;⑤采取的应急措施及处置情况;⑥需要支持协助的事项；⑦报告人姓名、单位及联系电话。前款所列内容暂时无法确定的,应当先报告已知情况；报告后出现新情况的,应当及时补报、续报。

4.突发事件总结

依据《旅游安全管理办法》第三十条的规定,旅游突发事件处置结束后,发生地旅游主管部门应当及时查明突发事件的发生经过和原因,总结突发事件应急处置工作的经验教训,制定改进措施,并在30日内按照下列程序提交总结报告：①一般旅游突发事件向设区的市级旅游主管部门提交；②较大旅游突发事件逐级向省级旅游主管部门提交；③重大和特别重大旅游突发事件逐级向文化和旅游部提交。旅游团队在境外遇到突发事件的,由组团社所在地旅游主管部门提交总结报告。

(二)各类旅游突发事件的救援处置程序

1.突发自然灾害和事故灾难事件的应急救援处置程序

步骤一：当自然灾害和事故灾难影响到旅游团队的人身安全时,随团导游人员在与当地有关部门取得联系争取救援的同时,应立即向当地旅游行政管理部门报告情况。

步骤二：当地旅游行政管理部门在接到旅游团队、旅游区(点)等发生突发自然灾害和事故灾难报告后,应积极协助有关部门为旅游团队提供紧急救援,并立即将情况报告上一级旅游行政管理部门。同时,及时向组团旅行社所在地旅游行政管理部门通报情况,配合处理有关事宜。

步骤三：文化和旅游部在接到相关报告后,要主动了解、核实有关信息,及时上报国务院；协调相关地区和部门做好应急救援工作。

2.突发重大传染病疫情的应急救援处置程序

步骤一：旅游团队在行程中发现疑似重大传染病疫情时,随团导游人员应立即向当地卫生防疫部门报告,服从卫生防疫部门作出的安排。同时向当地旅游行政管理部门报告,并提供团队的详细情况。

步骤二：旅游团队所在地旅游行政管理部门接到疫情报告后,要积极主动配合当地卫生防疫部门做好旅游团队住宿的旅游饭店的消毒防疫工作,以及游客的安抚工作。如果卫生防疫部门作出就地隔离观察的决定,旅游团队所在地旅游行政管理部门要积极安排好旅游者的食宿等后勤保障工作；同时向上一级旅游行政管理部门报告情况,并及时将有关情况通报组团社所在地旅游行政管理部门。

步骤三：经卫生防疫部门正式确诊为传染病病例后,旅游团队所在地旅游行政管理部门要积极配合卫生防疫部门做好消毒防疫工作,并监督相关旅游经营单位按照国家有关规定采取消毒防疫措施；同时向团队需经过地区旅游行政管理部门通报有关情况,以便及时采取相应防疫措施。

步骤四：发生疫情所在地旅游行政管理部门接到疫情确诊报告后,要立即向上一级旅游行政管理部门报告。省级旅游行政管理部门接到报告后,应按照团队的行程路线,在本省范围内督促该团队所经过地区的旅游行政管理部门做好相关的消毒防疫工作。同时,应及时上报文化和旅游部。文化和旅游部在接到相关报告后,要主动了解、核实有关信息,及时上报国务院,并协调相关地区和部门做好应急救援工作。

3. 重大食物中毒事件的应急救援处置程序

步骤一:旅游团队在行程中发生重大食物中毒事件时,随团导游人员应立即与卫生医疗部门取得联系争取救助,同时向当地旅游行政管理部门报告。

步骤二:当地旅游行政管理部门接到报告后,应立即协助卫生、检验检疫等部门认真检查团队用餐场所,找出毒源,采取相应措施。

步骤三:当地旅游行政管理部门在向上级旅游行政管理部门报告的同时,应向组团旅行社所在地旅游行政管理部门通报有关情况,并积极协助处理有关事宜。文化和旅游部在接到相关报告后,要主动了解、核实有关信息,及时协调相关地区和部门做好应急救援工作。

4. 突发社会安全事件的应急救援处置程序

步骤一:当发生港澳台和外国旅游者伤亡事件时,除积极采取救援外,要注意核查伤亡人员的团队名称、国籍、性别、护照号码以及在国内外的保险情况,由省级旅游行政管理部门或通过有关渠道,及时通知港澳台地区的相关急救组织或有关国家的急救组织,请求配合处理有关救援事项。

步骤二:在大型旅游节庆活动中发生突发事件时,由活动主办部门按照活动应急预案,统一指挥协调有关部门维持现场秩序,疏导人群,提供救援,当地旅游行政管理部门要积极配合,做好有关工作,并按有关规定及时上报事件有关情况。

5. 国(境)外发生突发事件的应急救援处置程序

在组织中国公民出国(境)旅游中发生突发事件时,旅行社领队要及时向所属旅行社报告,同时报告我国驻所在国或地区使(领)馆或有关机构,并通过所在国家或地区的接待社或旅游机构等相关组织进行救援,要接受我国驻所在国或地区使(领)馆或有关机构的领导和帮助,力争将损失降到最低程度。

第三节 旅游目的地安全风险提示制度

一、旅游目的地安全风险提示制度的含义和级别

(一)旅游目的地安全风险提示制度的含义

依据《中华人民共和国旅游法》第七十七条、《旅游安全管理办法》第十六条的规定,国家建立旅游目的地安全风险提示制度。旅游目的地安全风险提示制度主要是指预先发现境内外旅游目的地对旅游者的人身、财产可能造成损害的安全风险,并运用

定性和定量分析相结合的方法,识别这些风险的类别、等级,提出旅游出行的建议,并按规定的权限和程序,向社会发布相关提示信息的制度。

（二）安全风险提示的级别

依据《旅游安全管理办法》第十六条第二款、第三款的规定,根据可能对旅游者造成的危害程度、紧急程度和发展态势,风险提示级别分为一级(特别严重)、二级(严重)、三级(较重)和四级(一般),分别用红色、橙色、黄色和蓝色标示。风险提示级别的划分标准,由文化和旅游部会同外交、卫生、公安、国土、交通、气象、地震和海洋等有关部门制定或者确定。

二、风险提示信息的内容及发布

（一）风险提示信息的内容

《旅游安全管理办法》第十七条规定,风险提示信息,应当包括风险类别、提示级别、可能影响的区域、起始时间、注意事项、应采取的措施和发布机关等内容。

一级、二级风险的结束时间能够与风险提示信息内容同时发布的,应当同时发布；无法同时发布的,待风险消失后通过原渠道补充发布。

三级、四级风险提示可以不发布风险结束时间,待风险消失后自然结束。

（二）风险提示信息的发布

1. 发布权限

依据《旅游安全管理办法》第二十条的规定,文化和旅游部负责发布境外旅游目的地国家(地区),以及风险区域范围覆盖全国或者跨省级行政区域的风险提示。发布一级风险提示的,需经国务院批准；发布境外旅游目的地国家(地区)风险提示的,需经外交部门同意。

地方各级旅游主管部门应当及时转发上级旅游主管部门发布的风险提示,并负责发布前款规定之外涉及本辖区的风险提示。

2. 发布渠道

《旅游安全管理办法》第二十一条规定,风险提示信息应当通过官方网站、手机短信及公众易查阅的媒体渠道对外发布。一级、二级风险提示应同时通报有关媒体。

三、风险提示信息的应对措施

（一）旅行社

《旅游安全管理办法》第十八条第一款规定,风险提示发布后,旅行社应当根据风险级别采取下列措施:①四级风险的,加强对旅游者的提示。②三级风险的,采取必要的安全防范措施。③二级风险的,停止组团或者带团前往风险区域；已在风险区域的,调整或者中止行程。④一级风险的,停止组团或者带团前往风险区域,组织已在风险区域的旅游者撤离。

(二)其他旅游经营者

《旅游安全管理办法》第十八条第二款规定,其他旅游经营者应当根据风险提示的级别,加强对旅游者的风险提示,采取相应的安全防范措施,妥善安置旅游者,并根据政府或者有关部门的要求,暂停或者关闭易受风险危害的旅游项目或者场所。

(三)旅游者

《旅游安全管理办法》第十九条规定,风险提示发布后,旅游者应当关注相关风险,加强个人安全防范,并配合国家应对风险暂时限制旅游活动的措施,以及有关部门、机构或者旅游经营者采取的安全防范和应急处置措施。

本章小结

本章主要讲述了旅游安全管理及旅游经营者的安全责任,重点包括旅游安全管理的定义、基本内容、表现形态,以及旅游突发事件应急处理和旅游目的地安全风险提示制度。

本章训练

一、知识训练

扫描二维码进行在线答题。

二、能力训练

旅行社积极担当,妥善处理突发事件

市民张女士通过电话投诉:其公公、婆婆于3月24日参加由村委会和茂名某旅行社联合组织的一日游,在游玩期间,其婆婆突发疾病晕倒,后送医院ICU抢救,至今仍处于昏迷状态,由于住院期间开销巨大,现住院费已断缴,医院口头发出停药通知,张女士认为,旅行社没有履行告知义务、游客晕倒时没有得到及时救治,旅行社存在一定责任,希望旅行社能承担部分医疗费用。

属地文化广电旅游体育局调查后认为:旅游期间,行程不紧凑,且导游也没催促。患者陈某全程都有丈夫和同村人牵手陪同,慢慢行走,既无跑动和快走行为,也无碰撞的情况,在此过程中导游全程陪同病人,并积极护送陈某到当地医院就诊。

(资料来源:茂名市人民政府网站)

请分析:

旅行社及导游是否需要担责?

第十章
纠纷化解,法治为基
——解决旅游纠纷的相关法律法规制度

本章概要

　　旅游纠纷是指旅游者与旅游经营者、旅游辅助服务者之间因旅游发生的合同纠纷或者侵权纠纷。在旅游过程中旅游纠纷时有发生,本章主要从旅游投诉的受理与处理、旅游纠纷案件的处理规定等方面介绍了《旅游投诉处理办法》《最高人民法院关于审理旅游纠纷案件适用法律若干问题的规定》等旅游纠纷相关法律法规的主要内容。

学习目标

知识目标

(1) 了解旅游纠纷及其特点,以及《旅游投诉处理办法》中关于旅游投诉及其管辖的规定。

(2) 熟悉《最高人民法院关于审理旅游纠纷案件适用法律若干问题的规定》的主要内容。

(3) 掌握旅游投诉案件的受理和处理。

能力目标

(1) 能够通过各种方式,依据相关的法律规定解决好旅游纠纷。

(2) 能够按照规定的程序处理好旅游投诉案件。

素养目标

(1) 培养学生的法律意识、法律思维,引导学生树立法治观念。

(2) 帮助学生树立严谨、负责的职业态度。

第十章 纠纷化解，法治为基——解决旅游纠纷的相关法律法规制度

知识导图

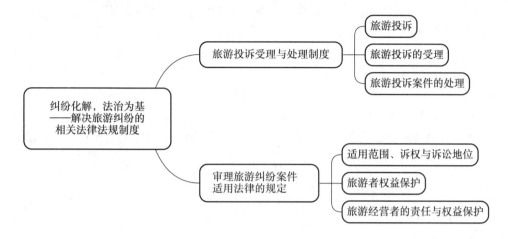

章节要点

旅游投诉、旅游纠纷。

章首案例

游客反复投诉就该退费吗？

2023年，四川一家旅行社遇到了一个棘手情况：一位先前通过抖音平台报名参加旅行的游客，因个人原因决定取消行程并要求退费，却不愿承担因此产生的损失及包价合同中规定的违约金，于是投诉到相关部门要求退费。旅行社为了妥善处理这一投诉，表示只要这位游客愿意签字确认没有争议了，即可退费。然而，这位游客坚决不愿意签字，要求旅行社马上退费，并且之后又反复投诉十多次。这令旅行社十分苦恼，感觉对此类情况束手无策。由于投诉已被提交至相关部门或其他平台，旅行社必须处理，无论最终结果如何，都必须给相关部门一个明确的回复。旅行社希望能够找到一个双方都满意的解决方案，以妥善处理这一难题。

（资料来源：https://mp.weixin.qq.com/s/g0i23EOxnBJycNcdLzj_Dg）

思考：

旅行社应该一味妥协吗？

案例分析

10-1

第一节　旅游投诉受理与处理制度

一、旅游投诉

《旅游投诉处理办法》是为了维护旅游者和旅游经营者的合法权益，依法公正处理旅游投诉而制定的。《旅游投诉处理办法》于2010年1月4日通过，自2010年7月1日起施行。

（一）旅游投诉的概念和特征

1. 概念

《旅游投诉处理办法》第二条规定，本办法所称旅游投诉，是指旅游者认为旅游经营者损害其合法权益，请求旅游行政管理部门、旅游质量监督管理机构或者旅游执法机构（以下统称旅游投诉处理机构），对双方发生的民事争议进行处理的行为。

2. 特征

旅游投诉具有如下特征：①投诉主体是旅游者；②被投诉主体是旅游经营者；③请求解决的纠纷属于民事争议；④受理旅游投诉的是指定的旅游投诉处理机构；⑤处理旅游投诉是旅游投诉处理机构的具体行政行为；⑥解决旅游纠纷是旅游投诉处理机构法定职权内的行为。

（二）旅游投诉的类型

1. 单独投诉和共同投诉

以投诉人的数量为依据，旅游投诉可分为单独投诉和共同投诉两类。旅游投诉通常是单个的个体行为。《旅游投诉处理办法》第十四条规定，投诉人4人以上，以同一事由投诉同一被投诉人的，为共同投诉。共同投诉可以由投诉人推选1至3名代表进行投诉。代表人参加旅游投诉处理机构处理投诉过程的行为，对全体投诉人发生效力，但代表人变更、放弃投诉请求或者进行和解，应当经全体投诉人同意。

2. 亲自投诉和委托投诉

以是否以自己的行为行使投诉权为依据，旅游投诉可分为亲自投诉和委托投诉两种。《旅游投诉处理办法》第十三条规定，投诉人委托代理人进行投诉活动的，应当向旅游投诉处理机构提交授权委托书，并载明委托权限。

（三）旅游投诉的构成要件

1. 受理旅游投诉案件的实质要件

《旅游投诉处理办法》第十条规定，旅游投诉应当符合下列条件：①投诉人与投事项有直接利害关系;②有明确的被投诉人、具体的投诉请求、事实和理由。

2. 受理旅游投诉案件的形式要件

1)形式

依据《旅游投诉处理办法》第十一条的规定,旅游投诉一般应当采取书面形式,一式两份,并载明规定的内容。

《旅游投诉处理办法》第十二条规定,投诉事项比较简单的,投诉人可以口头投诉,由旅游投诉处理机构进行记录或者登记,并告知被投诉人;对于不符合受理条件的投诉,旅游投诉处理机构可以口头告知投诉人不予受理及其理由,并进行记录或者登记。

2)投诉状的内容

依据《旅游投诉处理办法》第十一条的规定,投诉状应当载明以下事项:①投诉人的姓名、性别、国籍、通信地址、邮政编码、联系电话及投诉日期;②被投诉人的名称、所在地;③投诉的要求、理由及相关的事实根据。

二、旅游投诉的受理

(一)旅游投诉受理机构及其职责

《中华人民共和国旅游法》第九十一条规定,县级以上人民政府应当指定或者设立统一的旅游投诉受理机构。受理机构接到投诉,应当及时进行处理或者移交有关部门处理,并告知投诉者。此规定表明:①设置统一的旅游投诉受理机构是县级以上人民政府的义务;②旅游投诉受理机构的主要职能是统一接受旅游者的投诉、自行处理或将投诉转交各有关部门进行处理、对投诉人履行告知义务。

《旅游投诉处理办法》第四条规定,旅游投诉处理机构在处理旅游投诉中,发现被投诉人或者其从业人员有违法或犯罪行为的,应当按照法律、法规和规章的规定,作出行政处罚、向有关行政管理部门提出行政处罚建议或者移送司法机关。

依据《旅游投诉处理办法》第二十七条至第二十九条的规定,旅游投诉处理机构应当每季度公布旅游者的投诉信息,使用统一规范的旅游投诉处理信息系统,为受理的投诉制作档案并妥善保管相关资料。

(二)旅游投诉受理及其范围

1. 旅游投诉受理的含义及一般规定

旅游投诉的受理是指有管辖权的旅游投诉处理机构,接到旅游投诉者的投诉状或者口头投诉,经审查认为符合投诉受理条件,在法定期限内予以立案,或者认为投诉不符合投诉受理条件,决定不予受理的行政行为。

依据《旅游投诉处理办法》第十五条的规定,旅游投诉处理机构接到投诉,应当在5个工作日内作出以下处理:①投诉符合本办法的,予以受理;②投诉不符合本办法的,应当向投诉人送达旅游投诉不予受理通知书,告知不予受理的理由;③依照有关法律、法规和本办法规定,本机构无管辖权的,应当以旅游投诉转办通知书或者旅游投诉转办函,将投诉材料转交有管辖权的旅游投诉处理机构或者其他有关行政管理部门,并书面告知投诉人。旅游投诉受理通知书与旅游投诉不予受理通知书均由国务院旅游主管部门统一制作。

旅游投诉受理通知书如图10-1所示,旅游投诉不予受理通知书如图10-2所示。

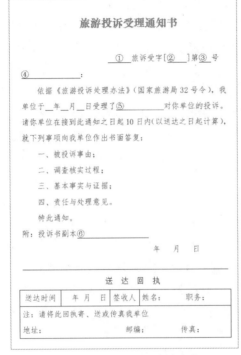

图10-1　旅游投诉受理通知书
①发文机关代字　②发文年度　③文件编号
④被投诉单位名称　⑤被投诉人姓名
⑥旅游投诉处理　机构名称、印章

图10-2　旅游投诉不予受理通知书
①发文机关代字　②发文年度　③文件编号
④投诉人姓名　⑤被投诉单位名称　⑥不予受理的理由
⑦旅游投诉处理机构名称、印章

2. 投诉案件受理的范围

《旅游投诉处理办法》第八条规定了旅游投诉案件的受理范围。投诉人可以就下列事项向旅游投诉处理机构投诉:①认为旅游经营者违反合同约定的;②因旅游经营者的责任致使投诉人人身、财产受到损害的;③因不可抗力、意外事故致使旅游合同不能履行或者不能完全履行,投诉人与被投诉人发生争议的;④其他损害旅游者合法权益的。

3. 不符合受理条件的情形

《旅游投诉处理办法》第九条规定,下列情形不予受理:①人民法院、仲裁机构、其他行政管理部门或者社会调解机构已经受理或者处理的;②旅游投诉处理机构已经作出处理,且没有新情况、新理由的;③不属于旅游投诉处理机构职责范围或者管辖范围的;④超过旅游合同结束之日90天的;⑤不符合本办法第十条规定的旅游投诉条件的;⑥本办法规定情形之外的其他经济纠纷。

4. 旅游投诉受理的时效

投诉时效,是指依照相关规定,投诉者在法定有效期限内不行使权利,就丧失了请求旅游投诉处理机构保护其合法旅游权益的权利。超过投诉时效规定的,旅游主管机关不予受理。

依据《旅游投诉处理办法》第九条第四项的规定,当事人向旅游投诉处理机构请求保护合法权益的投诉时效为旅游合同结束之日起90天内,即投诉时效从权利人知道或者应当知道合同结束之日起开始计算。需要注意的是,"应当知道"是一种法律上的推定,即不问当事人实际上是否知道合同结束,而是根据当事人客观上存在知道的条件和可能,来推定当事人可以意识到合同结束。

同步案例

购买三个半月后投诉,是否超出了投诉时效呢?

北京游客程女士到云南旅游,在景区附近花费3000元购买了两条"白金"项链,回家后将其妥善收藏起来。三个半月后,程女士拿出项链给别人看时大吃一惊,项链已生锈。经鉴定,这两条项链实际上是纯铁制品。程女士顿觉上当,气愤之余向好友李某诉说其受骗经历,并表示要进行投诉。然而,李某说,现在已经过了三个半月,显然已超过了旅游投诉时效,恐怕旅游投诉处理机构不会受理此事。程女士不愿放弃,决定写信给相关部门说明受骗经过并将两条项链作为证据一并寄去。相关部门收到信件后,迅即责令当地旅游投诉处理机构对该事件进行调查。调查结果显示,程女士投诉内容属实。

(资料来源:百度文库)

点评

10-1

(三)旅游投诉案件的管辖

旅游投诉案件的管辖,指各级旅游投诉处理机构和同级旅游投诉处理机构之间,在受理旅游投诉案件时的分工和权限。《旅游投诉处理办法》确立了以一般地域管辖为主、特殊地域管辖为辅的原则,充分体现出及时处理旅游投诉、快速化解纠纷、避免矛盾扩大的特点和优势。

1. 地域管辖

地域管辖,是指同级旅游投诉处理机构之间横向划分在各辖区内处理旅游投诉案件的分工和权限,即确定旅游投诉处理机构实施其行政权力的地域范围。《旅游投诉处理办法》第五条第一款规定,旅游投诉由旅游合同签订地或者被投诉人所在地县级以上地方旅游投诉处理机构管辖。

根据我国的实际情况以及旅游的特点,《旅游投诉处理办法》确定了三类地域:

(1)旅游合同签订地。旅游者与旅行社签订旅游合同的所在地,通常指组团社所在地。

(2)被投诉人所在地。《中华人民共和国民法典》第二十五条规定,自然人以户籍登记或者其他有效身份登记记载的居所为住所;经常居所与住所不一致的,经常居所视为住所。《中华人民共和国民法典》第六十三条规定,法人以其主要办事机构所在地为住所。被投诉者是公民的,所在地是其长久居住地。被投诉者是法人的,以其主要办事机构所在地为住所。法人的办事机构可以有一个,也可以有多个。旅游企业法人以其主要办事机构所在地或主要营业场所所在地为其所在地。

(3)损害行为发生地。导致投诉人人身、财产权利或其他权利受到损害的被投诉人的过错行为发生地即损害行为发生地。《旅游投诉处理办法》第五条第二款规定,需要立即制止、纠正被投诉人的损害行为的,应当由损害行为发生地旅游投诉处理机构管辖。

2. 级别管辖

级别管辖,是指划分上下级旅游投诉处理机构之间对处理投诉案件的分工和权限。《旅游投诉处理办法》第六条规定,上级旅游投诉处理机构有权处理下级旅游投诉处理机构管辖的投诉案件。

3. 指定管辖

指定管辖,是指上级旅游投诉处理机构以决定的方式指定下一级投诉处理机构对某一案件行使管辖权。《旅游投诉处理办法》第七条规定,发生管辖争议的,旅游投诉处理机构可以协商确定,或者报请共同的上级旅游投诉处理机构指定管辖。

三、旅游投诉案件的处理

(一)旅游投诉处理的简易程序

《旅游投诉处理办法》第十七条第二款规定了处理旅游投诉案件的简易程序:对于事实清楚、应当即时制止或者纠正被投诉人损害行为的,可以不填写旅游投诉立案表和向被投诉人送达旅游投诉受理通知书,但应当对处理情况进行记录存档。

(二)旅游投诉处理的一般程序

《旅游投诉处理办法》第十七条至第二十五条规定了处理旅游投诉案件的一般程序。按照先后顺序,旅游投诉处理的一般程序包括:立案、书面答复、调查取证、鉴定检测、和解、投诉处理等。

1. 立案

《旅游投诉处理办法》第十七条第一款规定,旅游投诉处理机构处理旅游投诉,应当立案办理,填写旅游投诉立案表,并附有关投诉材料,在受理投诉之日起5个工作日内,将旅游投诉受理通知书和投诉书副本送达被投诉人。

2. 书面答复

《旅游投诉处理办法》第十八条规定,被投诉人应当在接到通知之日起10日内作出书面答复,提出答辩的事实、理由和证据。书面答复是指被投诉人为维护其合法权益,针对投诉者提出的事实、理由、根据和请求事项,用对己有利的事实、理由、根据和请求事项回答、辩解、反驳时制作的一种书状。

3. 调查取证

《旅游投诉处理办法》第十九条规定,投诉人和被投诉人应当对自己的投诉或者答辩提供证据。

《旅游投诉处理办法》第二十条规定,旅游投诉处理机构应当对双方当事人提出的事实、理由及证据进行审查。旅游投诉处理机构认为有必要收集新的证据,可以根据有关法律、法规的规定,自行收集或者召集有关当事人进行调查。

《旅游投诉处理办法》第二十一条规定,需要委托其他旅游投诉处理机构协助调查、取证的,应当出具旅游投诉调查取证委托书,受委托的旅游投诉处理机构应当予以协助。

4. 鉴定检测

《旅游投诉处理办法》第二十二条规定,对专门性事项需要鉴定或者检测的,可以由当事人双方约定的鉴定或者检测部门鉴定。没有约定的,当事人一方可以自行向法定鉴定或者检测机构申请鉴定或者检测。鉴定、检测费用按双方约定承担。没有约定的,由鉴定、检测申请方先行承担;达成调解协议后,按调解协议承担。

5. 和解

《旅游投诉处理办法》第二十三条规定,在投诉处理过程中,投诉人与被投诉人自行和解的,应当将和解结果告知旅游投诉处理机构;旅游投诉处理机构在核实后应当予以记录并由双方当事人、投诉处理人员签名或者盖章。

6. 投诉处理

《旅游投诉处理办法》第二十二条第三款规定,鉴定、检测的时间不计入投诉处理时间。

依据《旅游投诉处理办法》第二十五条的规定,旅游投诉处理机构应当在受理旅游投诉之日起60日内,作出以下处理:①双方达成调解协议的,应当制作旅游投诉调解书,载明投诉请求、查明的事实、处理过程和调解结果,由当事人双方签字并加盖旅游投诉处理机构印章;②调解不成的,终止调解,旅游投诉处理机构应当向双方当事人出具旅游投诉终止调解书。调解不成的,或者调解书生效后没有执行的,投诉人可以按照国家法律、法规的规定,向仲裁机构申请仲裁或者向人民法院提起诉讼。

旅游投诉调解书如图10-3所示，旅游投诉终止调解书如图10-4所示。

旅游投诉调解书

①____旅诉调字[②____]第③__号

投诉人：________身份证号码：____________

地址：________________联系电话：________

被投诉人：________法定代表人（或委托人）：______

地址：________________联系电话：________

经我单位调查核实：④________________

____

____

依据以上事实经过，经本单位调解双方达成以下协议：____

____

协议履行时间：________地点：____________

本调解书自双方签字（盖章）后，即可按期执行。

投诉人签字（盖章）：　　被投诉人签字（盖章）：

经办人签字：

⑤________

年　月　日

图10-3　旅游投诉调解书

①发文机关代字　②发文年度　③文件编号

④纠纷事实经过　⑤旅游投诉处理机构名称、印章

旅游投诉终止调解书

①____旅投诉终字[②____]第③__号

投诉人：________身份证号码：____________

地址：________________联系电话：________

被投诉人：________法定代表人（或委托人）：______

地址：________________联系电话：________

④____于__年__月__日投诉⑤________

一案，我单位已立案受理，经调解，双方未在60日内达成调解协议，现依据《旅游投诉处理办法》（国家旅游局32号令），终止本投诉的调解。投诉人可按照有关法律法规，向仲裁机构申请仲裁或向人民法院提起诉讼。

投诉人签字（盖章）：　　被投诉人签字（盖章）：

经办人签字：

⑥________

年　月　日

图10-4　旅游投诉终止调解书

①发文机关代字　②发文年度　③文件编号

④被投诉人姓名　⑤被投诉单位名称

⑥旅游投诉处理机构名称、印章

第二节　审理旅游纠纷案件适用法律的规定

一、适用范围、诉权与诉讼地位

《最高人民法院关于审理旅游纠纷案件适用法律若干问题的规定》于2010年9月13日通过，自2010年11月1日施行，并于2020年12月23日修正。

（一）适用范围

依据《最高人民法院关于审理旅游纠纷案件适用法律若干问题的规定》第一条的规定，旅游纠纷案件的受理范围如下：本规定所称的旅游纠纷，是指旅游者与旅游经营者、旅游辅助服务者之间因旅游发生的合同纠纷或者侵权纠纷。“旅游经营者”是指以自己的名义经营旅游业务，向公众提供旅游服务的人，包括合法设立的旅行社和非法

经营旅行社业务的机构。"旅游辅助服务者"是指与旅游经营者存在合同关系,协助旅游经营者履行旅游合同义务,实际提供交通、游览、住宿、餐饮、娱乐等旅游服务的人,但不包括导游、领队以及公共交通提供者。旅游者在自行旅游过程中与旅游景点经营者因旅游发生的纠纷,参照适用本规定。

(二)诉权与诉讼地位

1. 集体旅游合同中旅游者的个人诉权

《最高人民法院关于审理旅游纠纷案件适用法律若干问题的规定》第二条规定,以单位、家庭等集体形式与旅游经营者订立旅游合同,在履行过程中发生纠纷,除集体以合同一方当事人名义起诉外,旅游者个人提起旅游合同纠纷诉讼的,人民法院应予受理。

2. 保险公司的诉讼地位

《最高人民法院关于审理旅游纠纷案件适用法律若干问题的规定》第五条规定,旅游经营者已投保责任险,旅游者因保险责任事故仅起诉旅游经营者的,人民法院可以应当事人的请求将保险公司列为第三人。

对《最高人民法院关于审理旅游纠纷案件适用法律若干问题的规定》第二条、第五条的司法解释

二、旅游者权益保护

(一)明确旅游经营者和旅游辅助服务者的义务

1. 安全保障

《最高人民法院关于审理旅游纠纷案件适用法律若干问题的规定》第七条规定,旅游经营者、旅游辅助服务者未尽到安全保障义务,造成旅游者人身损害、财产损失,旅游者请求旅游经营者、旅游辅助服务者承担责任的,人民法院应予支持。因第三人的行为造成旅游者人身损害、财产损失,由第三人承担责任;旅游经营者、旅游辅助服务者未尽安全保障义务,旅游者请求其承担相应补充责任的,人民法院应予支持。

景点里发生的事故

2. 告知

《最高人民法院关于审理旅游纠纷案件适用法律若干问题的规定》第八条第一款规定,旅游经营者、旅游辅助服务者对可能危及旅游者人身、财产安全的旅游项目未履行告知、警示义务,造成旅游者人身损害、财产损失,旅游者请求旅游经营者、旅游辅助服务者承担责任的,人民法院应予支持。

3. 保密

《最高人民法院关于审理旅游纠纷案件适用法律若干问题的规定》第九条规定,旅游经营者、旅游辅助服务者以非法收集、存储、使用、加工、传输、买卖、提供、公开等方式处理旅游者个人信息,旅游者请求其承担相应责任的,人民法院应予支持。

（二）全方位维护旅游者的合法权益

1. 请求权竞合

《最高人民法院关于审理旅游纠纷案件适用法律若干问题的规定》第三条规定，因旅游经营者方面的同一原因造成旅游者人身损害、财产损失，旅游者选择请求旅游经营者承担违约责任或者侵权责任的，人民法院应当根据当事人选择的案由进行审理。

2. 霸王条款无效

《最高人民法院关于审理旅游纠纷案件适用法律若干问题的规定》第六条规定，旅游经营者以格式条款、通知、声明、店堂告示等方式作出排除或者限制旅游者权利、减轻或者免除旅游经营者责任、加重旅游者责任等对旅游者不公平、不合理的规定，旅游者依据消费者权益保护法第二十六条的规定请求认定该内容无效的，人民法院应予支持。

3. 合同不得擅自转让

《最高人民法院关于审理旅游纠纷案件适用法律若干问题的规定》第十条规定，旅游经营者将旅游业务转让给其他旅游经营者，旅游者不同意转让，请求解除旅游合同、追究旅游经营者违约责任的，人民法院应予支持。旅游经营者擅自将其旅游业务转让给其他旅游经营者，旅游者在旅游过程中遭受损害，请求与其签订旅游合同的旅游经营者和实际提供旅游服务的旅游经营者承担连带责任的，人民法院应予支持。

4. 合同的转让效力

《最高人民法院关于审理旅游纠纷案件适用法律若干问题的规定》第十一条规定，除合同性质不宜转让或者合同另有约定之外，在旅游行程开始前的合理期间内，旅游者将其在旅游合同中的权利义务转让给第三人，请求确认转让合同效力的，人民法院应予支持。因前款所述原因，旅游经营者请求旅游者、第三人给付增加的费用或者旅游者请求旅游经营者退还减少的费用的，人民法院应予支持。

5. 解除合同费用处理

《最高人民法院关于审理旅游纠纷案件适用法律若干问题的规定》第十二条规定，旅游行程开始前或者进行中，因旅游者单方解除合同，旅游者请求旅游经营者退还尚未实际发生的费用，或者旅游经营者请求旅游者支付合理费用的，人民法院应予支持。

6. 旅游者有权要求退还未发生费用的其他情形

除《最高人民法院关于审理旅游纠纷案件适用法律若干问题的规定》第十一条、第十二条明确规定的旅游者在转让合同或解除合同时有权要求退还未发生费用外，以下情形中旅游者也有权要求退还未发生费用。

1) 公共交通工具延误

《最高人民法院关于审理旅游纠纷案件适用法律若干问题的规定》第十六条规定，

因飞机、火车、班轮、城际客运班车等公共客运交通工具延误,导致合同不能按照约定履行,旅游者请求旅游经营者退还未实际发生的费用的,人民法院应予支持。合同另有约定的除外。

2)证照纠纷

《最高人民法院关于审理旅游纠纷案件适用法律若干问题的规定》第二十一条规定,旅游经营者因过错致其代办的手续、证件存在瑕疵,或者未尽妥善保管义务而遗失、毁损,旅游者请求旅游经营者补办或者协助补办相关手续、证件并承担相应费用的,人民法院应予支持。因上述行为影响旅游行程,旅游者请求旅游经营者退还尚未发生的费用、赔偿损失的,人民法院应予支持。

微课

证照纠纷产生的法律责任

7. 旅游者有权请求违约赔偿

1)违反合同约定

《最高人民法院关于审理旅游纠纷案件适用法律若干问题的规定》第十五条第一款规定,旅游经营者违反合同约定,有擅自改变旅游行程、遗漏旅游景点、减少旅游服务项目、降低旅游服务标准等行为,旅游者请求旅游经营者赔偿未完成约定旅游服务项目等合理费用的,人民法院应予支持。

2)不同意转让而解除旅游合同

《最高人民法院关于审理旅游纠纷案件适用法律若干问题的规定》第十条第一款规定,旅游经营者将旅游业务转让给其他旅游经营者,旅游者不同意转让,请求解除旅游合同、追究旅游经营者违约责任的,人民法院应予支持。

慎思笃行

旅游巡回法庭成功化解旅游纠纷

杨某某等7人报名参加重庆某旅行社组织的"兰卡威6日游",合同约定2024年2月11日乘坐包机由重庆直飞兰卡威,2月15日乘坐包机由兰卡威乘机直飞返回重庆,提供一晚过渡酒店住宿。但是实际上航班出发后经停古晋国际机场,然后到达兰卡威,返程亦经停古晋国际机场,次日到达江北国际机场。杨某某认为重庆某旅行社违反了旅游服务合同约定,不是直飞,延长了交通时间,导致实际旅游时间变短,旅游体验差。此外,旅行社未按约定提供过渡酒店住宿。杨某某等7人要求重庆某旅行社赔偿每人2000元。双方协商未果,杨某某等人投诉至渝中区文化和旅游发展委员会。

渝中区文化和旅游发展委员会经调查,核实该航班涉及5个旅行社170余名游客,为快速化解纠纷,起到示范作用,重庆市渝中区人民法院以旅游巡回法庭为载体,联合渝中区文化和旅游发展委员会共同开展了诉前调解工作,并邀请同航班旅行社代表参与旁听。

在调解现场,重庆某旅行社辩称航班变更系客观原因,旅行社全程积极协调,且航班变更也增加了旅行社成本。重庆市渝中区人民法院法官综合案件具体情况提出建议赔偿金额并说明理由,最终在法官和调解员的耐心协调下,双方达成和解,由重庆某旅行社赔偿杨某某等7人每人1300元损失并当庭兑付。该案后,其他旁听调解的旅行社随即以相同的方案与游客达成和解。

(资料来源:重庆市渝中区人民法院)

8. 欺诈旅游者要双倍赔偿损失

依据《最高人民法院关于审理旅游纠纷案件适用法律若干问题的规定》第十五条第二款,旅游经营者提供服务时有欺诈行为,旅游者依据《中华人民共和国消费者权益保护法》第五十五条第一款规定请求旅游经营者承担惩罚性赔偿责任的,人民法院应予支持。

9. 拒绝购物、增收费用的退还

《最高人民法院关于审理旅游纠纷案件适用法律若干问题的规定》第二十条规定,旅游者要求旅游经营者返还下列费用的,人民法院应予支持:①因拒绝旅游经营者安排的购物活动或者另行付费的项目被增收的费用;②在同一旅游行程中,旅游经营者提供相同服务,因旅游者的年龄、职业等差异而增收的费用。

三、旅游经营者的责任与权益保护

(一)旅游经营者的责任

1. 连带责任

1)旅游经营者擅自转团

《最高人民法院关于审理旅游纠纷案件适用法律若干问题的规定》第十条第二款规定,旅游经营者擅自将其旅游业务转让给其他旅游经营者,旅游者在旅游过程中遭受损害,请求与其签订旅游合同的旅游经营者和实际提供旅游服务的旅游经营者承担连带责任的,人民法院应予支持。

2)旅游经营者准许挂靠的责任承担

依据《最高人民法院关于审理旅游纠纷案件适用法律若干问题的规定》第十四条,旅游经营者准许他人挂靠其名下从事旅游业务,造成旅游者人身损害、财产损失,旅游者依据《中华人民共和国民法典》第一千一百六十八条的规定请求旅游经营者与挂靠人承担连带责任的,人民法院应予支持。

2. 地接社违约的责任承担

《最高人民法院关于审理旅游纠纷案件适用法律若干问题的规定》第十三条规定,签订旅游合同的旅游经营者将其部分旅游业务委托旅游目的地的旅游经营者,因受托方未尽旅游合同义务,旅游者在旅游过程中受到损害,要求作出委托的旅游经营者承担赔偿责任的,人民法院应予支持。旅游经营者委托除前款规定以外的人从事旅游业务,发生旅游纠纷,旅游者起诉旅游经营者的,人民法院应予受理。

3. 自行安排活动期间的责任承担

《最高人民法院关于审理旅游纠纷案件适用法律若干问题的规定》第十七条规定,旅游者在自行安排活动期间遭受人身损害、财产损失,旅游经营者未尽到必要的提示义务、救助义务,旅游者请求旅游经营者承担相应责任的,人民法院应予支持。前款规定的自行安排活动期间,包括旅游经营者安排的在旅游行程中独立的自由活动期间、旅游者不参加旅游行程的活动期间以及旅游者经导游或者领队同意暂时离队的个人活动期间等。

4. 旅游者脱团的责任承担

《最高人民法院关于审理旅游纠纷案件适用法律若干问题的规定》第十八条规定,旅游者在旅游行程中未经导游或者领队许可,故意脱离团队,遭受人身损害、财产损失,请求旅游经营者赔偿损失的,人民法院不予支持。

5. 旅游者行李丢失的责任承担

《最高人民法院关于审理旅游纠纷案件适用法律若干问题的规定》第十九条规定,旅游经营者或者旅游辅助服务者为旅游者代管的行李物品损毁、灭失,旅游者请求赔偿损失的,人民法院应予支持,但下列情形除外:①损失是由于旅游者未听从旅游经营者或者旅游辅助服务者的事先声明或者提示,未将现金、有价证券、贵重物品由其随身携带而造成的;②损失是由于不可抗力造成的;③损失是由于旅游者的过错造成的;④损失是由于物品的自然属性造成的。

教学互动

游客遗失物品,谁赔偿?

市民李先生参加某旅行社组织的"港澳6日游"。旅游时,他不慎遗失了价值3万余元的背包,导致身无分文滞留在香港。对此,李先生认为,旅行社未能充分履行其职责,导致其随身携带物品丢失,因此,旅行社应该退还旅游团费。该旅行社则辩称,在组织此旅游团的过程中,他们遵守了国家的有关规定,对有关旅游者人身财物安全事项进行了多次明确的警示和说明,因此,不应对旅游者随身携带物品的丢失承担责任。

(资料来源:整理自互联网)

讨论:

游客遗失的物品应该由谁赔偿?

案例分析

10-2

6. "自由行"过程中的责任承担

《最高人民法院关于审理旅游纠纷案件适用法律若干问题的规定》第二十二条规

定,旅游经营者事先设计,并以确定的总价提供交通、住宿、游览等一项或者多项服务,不提供导游和领队服务,由旅游者自行安排游览行程的旅游过程中,旅游经营者提供的服务不符合合同约定,侵害旅游者合法权益,旅游者请求旅游经营者承担相应责任的,人民法院应予支持。

(二)旅游经营者的权益保护

1. 追加第三人

依据《最高人民法院关于审理旅游纠纷案件适用法律若干问题的规定》第四条的规定,旅游辅助服务者导致旅游经营者违约,旅游者仅起诉旅游经营者的,人民法院可以将旅游辅助服务者追加为第三人。

2. 免责情形

1) 旅游者未履行如实告知义务的

《最高人民法院关于审理旅游纠纷案件适用法律若干问题的规定》第八条第二款规定,旅游者未按旅游经营者、旅游辅助服务者的要求提供与旅游活动相关的个人健康信息并履行如实告知义务,或者不听从旅游经营者、旅游辅助服务者的告知、警示,参加不适合自身条件的旅游活动,导致旅游过程中出现人身损害、财产损失,旅游者请求旅游经营者、旅游辅助服务者承担责任的,人民法院不予支持。

2) 旅游者擅自脱团的

《最高人民法院关于审理旅游纠纷案件适用法律若干问题的规定》第十八条规定,旅游者在旅游行程中未经导游或者领队许可,故意脱离团队,遭受人身损害、财产损失,请求旅游经营者赔偿损失的,人民法院不予支持。

3. 要求旅游者支付合理费用权

1) 旅游者转让旅游合同的

依据《最高人民法院关于审理旅游纠纷案件适用法律若干问题的规定》第十一条的规定,在旅游行程开始前的合理期间内,由于旅游者将其在旅游合同中的权利义务转让给第三人,旅游经营者请求旅游者、第三人给付增加的费用,人民法院应予支持。

2) 旅游者单方解除合同的

依据《最高人民法院关于审理旅游纠纷案件适用法律若干问题的规定》第十二条,旅游行程开始前或者进行中,因旅游者单方解除合同,旅游经营者请求旅游者支付合理费用的,人民法院应予支持。

本章小结

本章学习了旅游投诉受理与处理制度、审理旅游纠纷案件适用法律的规定等内容。旅游过程中的各种行业乱象严重地损害了旅游者的合法权益，引发了很多的旅游纠纷，也阻碍了中国旅游业的健康可持续发展。妥善解决旅游纠纷对于推动旅游市场的良性发展具有重要意义。

本章训练

一、知识训练

扫描二维码进行在线答题。

二、能力训练

旅游过程中买到假玉佛，应该向谁投诉？

河南的王女士参加某旅行社组织的旅游团到四川乐山大佛旅游时，正巧遇到有人推销"开光"五佛饰物，并称开过光的玉佛可消病免灾。由于王女士身患多种慢性疾病，她听后立即动心，当场花15000元购买了一尊玉佛。回家途中，王女士经过一家知名的玉石鉴定机构，决定对所购玉佛进行鉴定，结果却被告知此玉佛并不是真的，于是，王女士向其所在城市的旅游投诉处理机构进行了投诉，诉称这尊假玉佛是她在旅行社组织的游览期间购买的，所以旅行社负有不可推卸的责任，应承担其15000元的损失。

请分析：

（1）王女士能否向所在城市的旅游投诉处理机构进行投诉？

（2）王女士能否以该旅行社为投诉对象进行投诉？

参考文献

[1] 全国导游资格考试统编教材专家编写组.政策与旅游法律法规[M].8版.北京:中国旅游出版社,2023.

[2] 王霞,蒋艳,徐宝群.旅游政策与法规[M].镇江:江苏大学出版社,2020.

[3] 陈学春,叶娅丽.旅游法规与政策[M].3版.桂林:广西师范大学出版社,2021.

[4] 奚晓明.最高人民法院审理旅游纠纷案件司法解释理解与适用[M].北京:人民法院出版社,2010.

[5] 李海峰.旅游政策与法规[M].3版.北京:清华大学出版社,2020.

[6] 法律出版社法规中心.中华人民共和国文化和旅游法律法规全书[M].5版.北京:法律出版社,2024.

[7] 梁峰.旅游政策与法规基础[M].北京:中国轻工业出版社,2017.

[8] 陈玲.旅游法规案例解析[M].北京:经济科学出版社,2023.

教学支持说明

为了改善教学效果,提高教材的使用效率,满足高校授课教师的教学需求,本套教材备有与纸质教材配套的教学课件和拓展资源(案例库、习题库等)。

为保证本教学课件及相关教学资料仅为教材使用者所得,我们将向使用本套教材的高校授课教师赠送教学课件或者相关教学资料,烦请授课教师通过加入旅游专家俱乐部QQ群或公众号等方式与我们联系,获取"电子资源申请表"文档并认真准确填写后发给我们,我们的联系方式如下:

地址:湖北省武汉市东湖新技术开发区华工科技园华工园六路

邮编:430223

旅游专家俱乐部QQ群号:758712998

旅游专家俱乐部QQ群二维码:

群名称:旅游专家俱乐部5群
群　号:758712998

扫码关注
柚书公众号

电子资源申请表

填表时间：_____年___月___日

1. 以下内容请教师按实际情况写，★为必填项。
2. 根据个人情况如实填写，相关内容可以酌情调整提交。

★姓名		★性别	□男 □女	出生年月		★职务	
						★职称	□教授 □副教授 □讲师 □助教

★学校		★院/系	
★教研室		★专业	
★办公电话		家庭电话		★移动电话	
★E-mail（请填写清晰）				★QQ号/微信号	
★联系地址				★邮编	

★现在主授课程情况	学生人数	教材所属出版社	教材满意度
课程一			□满意 □一般 □不满意
课程二			□满意 □一般 □不满意
课程三			□满意 □一般 □不满意
其 他			□满意 □一般 □不满意

教 材 出 版 信 息			
方向一		□准备写 □写作中 □已成稿 □已出版待修订 □有讲义	
方向二		□准备写 □写作中 □已成稿 □已出版待修订 □有讲义	
方向三		□准备写 □写作中 □已成稿 □已出版待修订 □有讲义	

请教师认真填写表格下列内容，提供索取课件配套教材的相关信息，我社根据每位教师填表信息的完整性、授课情况与索取课件的相关性，以及教材使用的情况赠送教材的配套课件及相关教学资源。

ISBN（书号）	书名	作者	索取课件简要说明	学生人数（如选作教材）
			□教学 □参考	
			□教学 □参考	

★您对与课件配套的纸质教材的意见和建议，希望提供哪些配套教学资源：